Bence Bauer

UNGARN IST ANDERS

Budapest, 2023

Bence Bauer: Ungarn ist anders
Beiträge zur deutsch-ungarischen Verständigung, Band 1
Herausgegeben von Frank-Lothar Kroll

ISBN 978-963-644-034-3
ISSN 3004-1163

DEUTSCH-UNGARISCHES INSTITUT
FÜR EUROPÄISCHE ZUSAMMENARBEIT

Verleger: Tamás Novák, MCC Press Kft., Budapest
Redaktion: Péter Dobrowiecki & Alexander Rasthofer
Lektorat: Alexander Rasthofer
Umschlaggestaltung: Miklós E. Zsemberi-Szígyártó
Satz und Layout: Zoltán Pintér
Druck und Bindung: Prime Rate Kft., Budapest

Inhaltsverzeichnis

Vorwort
Ungarn ist anders

von Frank-Lothar Kroll

I.

Das Deutsch-Ungarische Institut für Europäische Zusammenarbeit wurde im Dezember 2020 unter dem Dach des Mathias Corvinus Collegiums in Budapest gegründet. Sein erklärtes Ziel ist die Förderung von Austausch und Dialog zwischen Repräsentanten des öffentlichen Lebens beider Länder. Wissenschaftler und Politiker zählen ebenso dazu wie Publizisten, Journalisten, Schriftsteller oder Medienschaffende.

In diesem Rahmen hat das Institut in den knapp drei Jahren seines Bestehens eine erstaunliche Regsamkeit entfaltet. Mehr als 80 teils sehr prominente Gäste aus Deutschland, Österreich und der Schweiz folgten bisher der Einladung nach Budapest. Sie hielten Fachvorträge aus ihren jeweiligen Tätigkeitsfeldern und Themengebieten, beteiligten sich an Tagungen, Konferenzen und Symposien, führten Expertengespräche mit Entscheidungsträgern aus allen politischen und gesellschaftlichen Lagern des Gastlandes und gewannen so profunde Einblicke in die für fremde Besucher nicht immer leicht eingängigen ungarischen Befindlichkeiten. Umgekehrt konnten die Gäste des Instituts einem interessierten ungarischen Publikum spezifisch deutsche Sichtweisen auf aktuelle Tagesprobleme vermitteln und die Zuhörer mit Trends, Tendenzen und gegenwärtig in Deutschland geführten Debatten vertraut machen. Davon profitierten vor allem viele studentische Diskussionsteilnehmer, was von besonderem Gewicht sein dürfte. Denn die EU-Kommission hat Anfang 2023 Fördermittel für ungarische Studierende an deutschen Universitäten im Rahmen der Erasmuspartnerschaft eingefroren und damit die Möglichkeit studentischer Auslandsaufenthalte gerade für sozial und finanziell schwächer Gestellte deutlich erschwert.

Seit der Gründung des Instituts firmiert der aus einer ungarndeutschen Familie stammende Jurist Bence Bauer als dessen Direktor. Bauer, der in Budapest und Passau Staats-, Rechts- und Wirtschaftswissenschaften studierte und darüber hinaus eine solide politik- und geschichtswissenschaftliche Ausbildung erfuhr, hat das Institut nicht nur organisatorisch fest verankert. Er hat sich zudem mit zahlreichen Artikeln publizistisch zu Wort gemeldet, die allesamt um das nicht immer spannungsfreie deutsch-ungarische Verhältnis kreisen.

Aus westlicher, speziell westdeutscher Perspektive, die seit mehr als einem halben Jahrhundert an freiheitliche Kommunikationsmechanismen gewöhnt ist, mögen manche Stimmen aus Budapest schrill und befremdlich klingen. Dabei gilt es jedoch zu bedenken, dass es Ländern wie Ungarn und Polen weiterhin nicht eben leichtfällt, ihre nach der Befreiung von sowjetischer Vormundschaft glücklich wiedererlangte nationalstaatliche Souveränität der supranationalen Verfügungsmacht EU-konformer Vorgaben zu überantworten. Eine in diesem Zusammenhang für die meisten Ungarn geltende Selbstverständlichkeit kann der überraschte deutsche Beobachter an den drei Nationalfeiertagen des Landes, dem 15. März, dem 20. August und dem 23. Oktober, wahrnehmen: Von nahezu allen größeren Gebäuden, von jedem Fahrzeug des öffentlichen Nahverkehrs, ja sogar von den diversen Gefährten der städtischen Müllbeseitigung weht die ungarische Nationalflagge – selbst in der von einer links-grünen Mehrheit regierten Hauptstadt Budapest.

II.

Viele Konflikte, die Ungarn in den letzten Jahren mit der Europäischen Union ausgetragen hat, speisen sich aus dem Gefühl, von einer dort tonangebenden „westlich" geprägten bürokratischen Elite in seinen spezifischen Belangen nicht wirklich ernst genommen, nicht als ein vom Westen verschiedenes mitteleuropäisches Land verstanden zu werden – ein Land mit anderen Wertvorstellungen, anderen Mentalitäten und einer vom Westen deutlich abweichenden historischen Erfahrung. Einige Vertragsverletzungsverfahren, die das Europäische Parlament in den letzten Jahren gegen Ungarn angestrengt hat, sind überdies parteipolitisch motiviert. Sie richten sich gegen ein Regierungshandeln, dessen dezidiert konservative Grundierung ein Gegenmodell zu links-grünen, links-liberalen und identitätspolitischen Vorgaben bietet.

In der deutschen Öffentlichkeit wirkt die in Ungarn weithin vorherrschende Betonung von Familie und Heimat, Staat und Nation, Geschichte und Tradition, Christentum und Kultur mit den dazugehörigen Symbolen – Wappen, Kreuz und Krone – wie aus der Zeit gefallen. Eine an bürgerlichen Werten orientierte Gesellschaftspolitik wird in der Berichterstattung deutscher Medien oftmals gönnerhaft und mit moralisierenden Untertönen als vormodern und undemokratisch abgetan – ohne näher auf die konkreten Inhalte dieser Politik einzugehen, und ohne jeden Versuch, sie auch nur im Ansatz zu verstehen.

III.

Zu diesen Inhalten zählen – unter anderem – das Bemühen um eine familien- und kinderfreundliche Sozialpolitik, eine ablehnende Haltung zu unkontrollierter Massenzuwanderung und illegaler Wirtschaftsmigration sowie, ganz allgemein, die unmissverständliche Frontstellung gegen alle wohlfeilen Wiederbelebungsversuche realsozialistischer oder postkommunistischer Problemlösungen, wie sie in nicht wenigen west- und südeuropäischen Ländern leider erneut zunehmendes Gehör gewinnen. Zumindest im Fall der Migrationspolitik dürfte der gerade in Deutschland von den Apologeten einer Willkommenskultur so heftig kritisierte Widerstand Ungarns gegen ein Europa der offenen Außengrenzen mittlerweile seine Berechtigung erwiesen haben.

Eine sich durch die skizzierten Maßnahmen empfehlende, dezidiert konservative Reformagenda, wie sie momentan von der ungarischen Regierung praktiziert wird, findet bei einem Großteil der Bevölkerung ungeteilte Zustimmung und ist durch unzweifelhaft demokratisch verlaufende Wahlen legitimiert.

Das gilt freilich auch für die trotz nachvollziehbarer Argumente aus deutscher Perspektive dennoch inopportune Haltung, mit der Ungarn dem von einem verbrecherischen Regime in Moskau verübten Raubüberfall auf die Ukraine begegnet – dem Überfall auf ein Land, dessen Westteil bis 1918 politisch und kulturell mit Österreich-Ungarn verbunden war, und dessen souveräne Existenz nun von den Verfechtern eines imperialen Hegemonialstrebens gewaltsam auszulöschen versucht wird. Ungarn sollte niemals vergessen, welch unsägliches Leid das rücksichtslose russische Vormachtgebaren gerade dem eigenen Land in der Vergangenheit zugefügt hat.

Vorbildlich für deutsche Beobachter erscheint die ungarische Regierung hingegen in ihrem rückhaltlosen Bekenntnis zu Israel – anders als die deutsche, die es Ende Oktober 2023 anlässlich einer unverbindlichen UN-Resolution vorzog, sich nicht eindeutig an die Seite des vom Terror der Hamas betroffenen Landes zu stellen: Während Ungarn zu den 14 Staaten gehörte, die Israel stützten, wählten die deutschen Vertreter bei der UN den bequemen Weg der Stimmenthaltung. Die ungarische Staatspräsidentin

Katalin Novák stattete nur wenige Tage nach dem Angriff auf Israel als eine der ersten Spitzenpolitikerinnen Europas dem bedrohten Land einen Solidaritätsbesuch ab. Auch wenn Bundeskanzler Olaf Scholz ebenfalls nach Israel reiste, vernahm man in seiner Heimat lautstarke Stimmen links- und rechtsradikaler Palästina-Verehrer, die nicht den Mördern, sondern den Ermordeten die Schuld zuwiesen. Und während auf den Straßen deutscher Großstädte islamistische Judenhasser zur Vernichtung Israels und zu einem zweiten Holocaust aufriefen und sich auch an zahlreichen anderen Orten immer lautere antisemitische Stimmen in Kundgebungen und Demonstrationen vernehmen ließen, sind solche Exzesse in keiner einzigen ungarischen Stadt beobachtet worden. Ist die in Deutschland immer wieder vollmundig betonte Bereitschaft zur Unterstützung des Judenstaates vielleicht doch nur ein Lippenbekenntnis?

IV.

Die hier versammelten 24 Beiträge aus der Feder von Bence Bauer widmen sich den mit alledem verbundenen Fragestellungen und gruppieren sich um sechs übergeordnete Themenkreise. Sie erörtern (I.) Aspekte des historischen und kulturellen Selbstverständnisses der Ungarn, skizzieren (II.) spezifisch ungarische Auffassungen zu aktuellen politischen und gesellschaftlichen Herausforderungen, nehmen (III.) das Verhältnis des Landes und seiner Bevölkerung zu den Nachbarn in West und Ost unter die Lupe, eröffnen (IV. und V.) Einsichten in ungarische Deutschlandbilder und in deutsche Ungarnbilder und richten zuletzt (VI.) den Blick auf die Stellung Ungarns in Europa.

Alle Beiträge – darunter zwei bisher unveröffentlichte – sind während dreier Jahre zwischen 2021 und 2023 im Arbeitsumfeld des Deutsch-Ungarischen Instituts für Europäische Zusammenarbeit entstanden und wurden an unterschiedlichen Publikationsorten präsentiert. Für die erneute Drucklegung wurden sie gründlich überarbeitet, teilweise erweitert und um einen knappen Anmerkungsteil ergänzt. Die ursprünglichen Erscheinungsorte sind im Anhang verzeichnet. Da die Beiträge hier weitgehend in Form ihrer Erstveröffentlichungen wiedergegeben werden, sind gelegentliche Doppelungen einzelner Gedankengänge in verschiedenen Texten unvermeidlich. Auf die Tilgung solcher Passagen wurde auch deshalb verzichtet, weil die Bekanntschaft mit entsprechenden Aussagen beim jeweils neuen Leserkreis seinerzeit nicht vorausgesetzt werden konnte.

V.

Mit dem Band „Ungarn ist anders" eröffnet das Deutsch-Ungarische Institut für Europäische Zusammenarbeit unter dem Dach des Mathias Corvinus Collegiums seine eigene Buchreihe „Beiträge zur deutsch-ungarischen Verständigung", deren Informationsangebot sich in erster Linie an ein deutsches Lesepublikum richtet. In lockerer Folge sollen hinfort Veröffentlichungen zu den unterschiedlichsten Themenbereichen vorgelegt werden – mit dem Ziel, zum Überdenken tradierter deutscher Ungarnbilder anzuregen. Die Reihe will Verständnis wecken für mancherlei ungarische Besonderheiten, die von vielen deutschen Urteilsmaßstäben deutlich abweichen. Jahrhundertelang waren Deutschland und der deutschsprachige Raum jene Regionen in Europa, mit denen Ungarn die meisten historischen, kulturellen, sprachlichen und mentalitätsmäßigen Bindungen besessen und gepflegt hat. Dieser kontinuierlich gewachsene und vielfach bewährte gemeinsame Schatz sollte von beiden Seiten sorgfältig gehütet und nicht leichtfertig aufs Spiel gesetzt werden.

Einleitung

Brüssel, Berlin, Budapest, Bonn – auch mich verbinden mit diesen vier Städten Stationen meiner Biographie und Aktivitäten in Politik und Gesellschaft, die mich nachhaltig prägten. Alle Schauplätze haben ihren eigenen Genius Loci und stehen für unterschiedliche Politikansätze.

Geboren in Budapest, doch in Deutschland aufgewachsen, lernte ich schnell die interkulturellen Unterschiede im Denken und Handeln von Deutschen und Ungarn kennen. Dank meiner ungarndeutschen Vorfahren war ich zwar schon seit meiner Kindheit mit deren Tradition und Kultur vertraut, doch erlebte ich erst in Deutschland, wie nah und fern zugleich die Mentalitäten dieser beiden Gesellschaften doch manchmal sind. Erst wenn man wirklich lange Zeit in Deutschland gelebt, studiert oder gearbeitet hat, ist man als Außenstehender in der Lage, das Land mit seinen unterschiedlichen Facetten zu verstehen und richtig einzuordnen. Dies gilt für das Privatleben wie auch für die Politik.

In Berlin herrscht ein rauer Wind und die Politikgestaltung geschieht anders als im mondänen, doch zugleich traditionsbewussten Budapest oder wie einst im behaglichen und jovialen Bonn. Die deutsche Kapitale schickte sich zu Beginn der 2000er Jahre an, die Berliner Republik in Echtzeit zu verwirklichen. Die Politik in dieser pulsierenden Metropole verlangt ganz andere Ansätze als man sie in den bequemen westdeutschen Städten gewohnt war. Alles ist schneller, oberflächlicher, unfreundlicher geworden – und die Gefahr, sich in der „Blase" zu vergessen, ist nicht zu verkennen. Die deutschen Machtstrukturen haben sich von Bonn nach Berlin verschoben, und nach gut 20 Jahren erkennt man auch aus Mitteleuropa längst, was dies bedeutet. Es verlangt einfach mehr Kraft, Innovation und Ausdauer, in Berlin gehört und verstanden zu werden, und die Arbeit in der Politik wurde dadurch komplexer – auch die meinige, die im Umfeld der CDU angesiedelt ist.

Zurück in Bonn erkennt man den echten Unterschied. Das bundesdeutsche Bildungsbürgertum in der Rheinmetropole und die neue Internationalität prägten die einstige Hauptstadt. Doch ist die Stadt Beethovens für das ungarische Denken nicht nur geographisch, sondern auch seelisch weiter entfernt als Berlin. Die Stadt, deren Politik die Nachkriegsjahre und darüber hinaus Konrad Adenauer maßgeblich bestimmte, stand für die alte Bundesrepublik mit all ihren menschlichen Zügen und unmittelbaren Zugängen, ihren kurzen Wegen und einer gelebten rheinischen Christdemokratie.

Brüssel hingegen ist – aus ungarischer Perspektive – die reine „Blase". Die Stadt als Ort des konzentrierten Politikbetriebs spuckt die Menschenmassen ein und aus. Auf Ideen und Politiktheorien kommt es nicht mehr so sehr an, gefragt sind Kontaktfreude, Ausdauer, Hartnäckigkeit und ein wenig Rücksichtslosigkeit. Die Stadt verlangt nach einem anderen Menschentypus, und nicht nur die Mitteleuropäer fremdeln mit dieser Metropole. Europäische Politik in Brüssel habe ich im Kreis der Europäischen Volkspartei hautnah erlebt und verfolgt. In der europäischen Hauptstadt kann man direkt erkennen und anschaulich verfolgen, wie Netzwerke und Machtstrukturen das Europa von heute bestimmen.

Nach mehr als 20 Jahren bin ich schließlich 2008 nach Budapest heimgekehrt. Sehr schnell schloss ich mich der damaligen großen Oppositionspartei an, die sich den Gedanken eines bürgerlichen Ungarns auf die Fahnen schrieb. Im internationalen und Jugendbereich von Fidesz tätig, war der Kontakt mit der Konrad-Adenauer-Stiftung naheliegend. So kam ich zur Stiftung und verbrachte die nächsten zehn Jahre in der Funktion des Projektkoordinators und später des Stellvertreters des Leiters des Auslandsbüros. Diese Aufgabe wirkte fast schon wie ein Scharnier und Relais zwischen Deutschen und Ungarn, deutscher und ungarischer Politik, deutschen und ungarischen Politikansätzen, Politikverständnissen und Politikerwartungen. Praktisch geschah dies durch Bildungstransfer, durch Begabtenförderungs- und Nachwuchsprogramme sowie durch die feinen Verästelungen politischer Kontakte und partnerschaftlicher Zugänge. Hier waren die Dialog- und Begegnungsformate politischer Entscheidungsträger eine feste Größe – sei dies in Brüssel, Berlin, Bonn, Budapest oder in ganz Europa. Das Wichtigste ist und bleibt, Menschen zusammenzubringen und Vertrauen zu schaffen. Dafür brauchen wir stabile, belastbare und nachhaltige Netzwerke in allen Teilen der Gesellschaft, besonders aber in der Politik – in beiden Ländern.

Aber was hat das alles mit dem Institut zu tun? Wir arbeiten an einem langfristig ausgerichteten Ansatz, um Politik, Gesellschaft und Wissenschaft eines anderen Landes anderen verständlich zu machen. Dann erst sind wir wohl befähigt, Verständnis und Vertrauen zu entwickeln. Dies habe ich in Brüssel, Berlin, Bonn und Budapest gesehen, verstanden und schließlich umzusetzen versucht.

Das am 1. Dezember 2020 gegründete Deutsch-Ungarische Institut für Europäische Zusammenarbeit soll anhand dieser Vorgaben ein Forum für den akademischen, wissenschaftlichen und politischen Dialog zwischen Deutschland und Ungarn bieten und Entscheidungsträger, vor allem aber junge Menschen beider Länder mit Themen, Debatten, Prozessen, Denkmustern und Ideen des jeweils anderen Landes bekanntmachen. Dabei spielen Informationsaustausch, Netzwerkbildung sowie Nachwuchs- und Begabtenförderung eine zentrale Rolle. Das Institut wird zu diesem Zweck Publikationen und Hintergrundberichte zu ausgewählten Fragestellungen veröffentlichen, Konferenzen, Symposien und Expertengespräche organisieren wie auch deutschsprachiges akademisches Personal einladen und in die Arbeit des Instituts wie auch in das öffentliche und wissenschaftliche Leben Ungarns einzubinden versuchen. Unser Ziel ist es, mit diesem neuen Forum eines deutsch-ungarischen Dialogs bestehende Kooperationen zu vertiefen und neue Ebenen des bilateralen Miteinanders zu eröffnen.

Bence Bauer

I.

Nation und Geschichte

Ungarns Freiheitsdrang

In den europäischen Debatten wird viel zu häufig übersehen, dass Ungarn mit seiner manchmal eigenwilligen und für viele westeuropäische Beobachter gewöhnungsbedürftigen Politik gerade nicht für Unfreiheit und Unterdrückung, sondern für Freiheit und Freiheitswillen steht. Die Hintergründe für den besonderen ungarischen Freiheitsbegriff und den ausgeprägten Hang zum Individualismus lassen sich ohne ideengeschichtliche, politische und kulturhistorische Vorkenntnisse des Landes sowie der Mentalität und der eingespielten Muster und Verhaltensweisen seiner Bewohner kaum verstehen.

Das Fremdbild von Ungarn

In der breiten medialen Öffentlichkeit in Deutschland wird Ungarn als eine defekte Demokratie, als halbautoritärer Staat mit eingeschränkten Grundrechten dargestellt und von einem immer größeren Teil der deutschen Bevölkerung auch so wahrgenommen. Als Beleg wird die Reformpolitik der letzten drei Legislaturperioden seit Amtsantritt von Ministerpräsident Viktor Orbán angeführt, die Freiheiten angeblich einschränke und von den Ungarn – so das Narrativ westlicher Medien – stoisch und gleichgütig hingenommen wird. Dies ist schon deshalb besonders beirrend, da die Ungarn ganz im Gegenteil große Anhänger der Freiheit und treue Kämpfer gegen jede Art von tatsächlicher oder vermeintlicher Unterdrückung sind. Die Politik kann nur sehr behutsam Reformen durchsetzen, da die Bevölkerung jede mögliche Einschränkung der von ihr wahrgenommenen Freiheiten kritisch beäugt. Das in vielen deutschen Medien vermittelte Bild verkennt aber diese Tatsachen und erzeugt mit fehlendem Wissen und falschen Unterstellungen nach und nach eine schlechte Reputation von Ungarn, die ausländische Beobachter dazu verleitet, immer skeptischer und abweisender, ja feindseliger dem Land gegenüber zu werden. Diese mediale Wahrnehmung – und teils auch Irreführung – wurde bereits in vielen Monographien nachgezeichnet und beurteilt.[1] In der Tat erzeugt die negative Wahrnehmung von Ungarn gerade in der deutschen Öffentlichkeit viele Friktionen und Nachwirkungen, die bis zum heutigen Tag nicht hinreichend aufgearbeitet wurden.

Das Land der 10 Millionen Freiheitskämpfer

Ein bekannter Staatsmann pflegte einst zu sagen, es sei schwer, Ungarn zu regieren, denn das Land habe zehn Millionen Freiheitskämpfer. An dieser Aussage ist kaum zu rütteln, sie beschreibt ein Grundverständnis der Ungarn, das tief in ihrer Volksseele und im nationalen Bewusstsein verankert ist. Der ständige Kampf, das permanente Rebellieren und das nicht enden wollende Hinterfragen gerade von Entscheidungen der Obrigkeit und des Staates reichen weit zurück in die wechselvolle Geschichte des Landes und fanden ihre Ausprägungen während diverser Fremdherrschaften.[2] Perfektioniert wurde diese Attitüde in den Jahrzehnten des Kommunismus und in den darauffolgenden wirren und unsteten Neunzigerjahren. Seine Höhepunkte fand der ungarische Freiheitsdrang in der Geschichte immer wieder in Revolten, Aufständen und Revolutionen gegen Osmanen, Habsburger und Sowjets.[3]

Während es in Zeiten der Fremdherrschaft und Besatzung immer auf Neue galt, sich gegen die von außen kommenden Einflüsse zu stemmen, gipfelte im Kommunismus diese Herangehensweise mit der Herstellung der zweiten Öffentlichkeit, eines klug austarierten Systems der Wechselwirkung zwischen öffentlichen und privaten Meinungsäußerungen sowie auch offiziellen und inoffiziellen Verfahrensweisen. Es galt als besonders clever und feinsinnig, dem autoritären Staat etwa dadurch passiv Widerstand zu leisten, dass man sich an bestimmte Regeln nicht hielt und mit Chuzpe, List und Geschick den Machthabern kleine und große Schnippchen schlug. Diese Einstellung lebt auch heute noch fort, weshalb es keinesfalls absonderlich ist, sich seine eigenen persönlichen Freiheiten selbst zu definieren und auszuleben – oft ohne Rücksicht auf das Gemeinwohl.[4]

Freiheitskampf auch in der Politik

Auf der Ebene der Politik sind diese Prägungen, Erfahrungen und daraus resultierende Mentalitäten nicht immer leicht zu erkennen. Oftmals werden Entscheidungen aus Brüssel oder anderswo durch die Brille der eigenen nationalen Souveränität betrachtet und bewertet. Nach den Wirrungen und Irrungen der ungarischen Geschichte erlangte das Land mit der demokratischen Wende seine volle Souveränität. Als Wiederherstellung dieses wichtigen Merkmals eigener Staatlichkeit gilt der 2. Mai 1990, der Tag der konstituierenden Sitzung der ersten nach der Wende frei gewählten Ungarischen Nationalversammlung. Dass man nach langer Zeit diverser Abhängigkeitsverhältnisse als freier und souveräner Staat nunmehr für sich selbst zuständig ist und frei und selbstbestimmt entscheiden kann, bildet eine Grunderkenntnis, die viele in Westeuropa gar nicht mehr teilen. Für die Ungarn sind dies die schönsten, da freiesten Jahre, gelang es ihnen doch nunmehr, zu sich selbst zu finden. Die ungarische Politik muss sich an der eigenen Bevölkerung ausrichten und ihr Ideen, Orientierung und Entscheidungen angedeihen lassen, die dem Wohl des Landes zugutekommen. Anhand dieser Denkweise sind viele Aspekte der Kommunikation und der Politik der ungarischen Regierung zu erklären. Nur von diesem Standpunkt her ist zu verstehen, worauf die politische Führung des Landes hinauswill und welchen Herausforderungen sie sich gerade auch im feinfühligen Umgang mit der eigenen Bevölkerung zu stellen hat. Dies findet seine Entsprechung im Freiheitswillen der ungarischen Politik und ihrem Umgang mit internationalen Akteuren – oftmals mit den Verantwortlichen der Europäischen Union.

Individualismus und Freiheitsverständnis

Die Ungarn gelten als große Individualisten[5] und Freiheitskämpfer. Neben den geschichtlichen und politischen Aspekten sind diese Befindlichkeiten und Einstellungen im tagtäglichen Leben der Menschen auszumachen. Die Postdiktaturgesellschaft erlebte in den Neunzigerjahren einen in Deutschland kaum erklär- oder begreifbaren Boom an individuellen Freiheitsrechten, der darin gipfelte, staatlichen Maßnahmen immer skeptisch zu begegnen, sie fast rundweg abzulehnen und sie nur dann zu befolgen, wenn man selbst den Nutzen eingesehen hat. Diese Mentalität lebt auch heute noch fort, weshalb es für staatliche Vertreter bis hin zur höchsten Führung des Landes so mühselig ist, das Land zu regieren.[6] Seit 2010 gibt es indes eine geistig-moralische Wende, die zumindest in einigen Teilbereichen der Gesellschaft einen fairen Ausgleich zwischen Individualinteressen und Gemeinwohl herzustellen bestrebt ist.[7] Für die freiheitsverliebten Ungarn sind die oftmals notwendigen und nützlichen Maßnahmen ein erstes Zeichen einer Einengung ihrer Freiheit. Denn das, was in Europa als Regierungshandeln gilt, wird von vielen Ungarn zunächst einmal als Einschränkung wahrgenommen. Sie machen dann ihrem Unbehagen und ihrem Ärger lautstark Luft.

Freiheitskämpfe im Alltagsleben – warum Regieren mühsam ist

Beitragszahlungen

In Ungarn kann jeder, der keiner sozialversicherungspflichtigen Tätigkeit nachgeht, für etwa 20 Euro im Monat an der staatlichen Krankenkasse teilhaben. Von dieser Möglichkeit haben in den letzten Jahren mehrere Zehntausend Menschen Gebrauch gemacht, und ein Großteil von ihnen entrichtete dennoch jahrzehntelang kein Entgelt. Außer mit einem Gebührenbescheid, dem keine weiteren Mahnungen oder gar Sanktionen folgten, wurde der Betroffene auch nicht weiter belangt. Die Betroffenen fanden es besser, einfach nichts zu zahlen. Finanzämter und staatliche Gesundheitsträger sahen es auch nicht als ihre Aufgabe an, einigen Zehntausenden hinterherzurennen, da die sozialversicherungspflichtig Beschäftigten ja sowieso einzahlten und die anderen mitfinanzierten. Also konnten einige wenige auf Kosten der Solidargemeinschaft Leistungen beziehen, für die sie nicht berechtigt waren. Dieser Zustand hielt jahrelang an und störte wohl die wenigsten. Die ungarische Regierung schickte sich aber an, hier eine Bereinigung durchzuführen. Wer eine Leistung nutzt, sollte auch dafür aufkommen. Dies gelte aber nur für die Zukunft, d.h. jahrelang angehäufte Schulden waren null und nichtig und wurden (selbstverständlich) nicht eingetrieben. Nur in Zukunft sollte gelten: Wer bestellt, der bezahlt auch. Was folgte, war ein Sturm der öffentlichen Empörung und Entrüstung. Die Regierung gefährde Leib und Leben der Menschen – so noch die harmloseren Vorwürfe. Ein zur Opposition gehörender Bezirksbürgermeister kündigte sogar an, den in seinem Stadtbezirk Wohnenden aus der kommunalen Kasse bis zu vier Monatsbeiträge pro Jahr zu bezahlen. Aus den ursprünglich geplanten drei Monaten Karenzzeit bis zur Sperrung des Krankenversicherungsstatus bei Nichtbezahlen wurden aufgrund des öffentlichen Drucks sechs Monate. Die neue Regelung wurde Mitte 2020 eingeführt und nach den großen Entrüstungen und lautstarken Protesten passierte etwas, mit dem keiner gerechnet hatte, nämlich: Nichts. Die Leute zahlten von nun an die Abgabe und begnügten sich damit, dass es nichts umsonst gibt – was umso mehr die Erkenntnis reifen lässt, dass die Reform schon viel früher und eher hätte implementiert werden müssen. Wohl aus Angst vor dem Wähler oder Nachlässigkeit wagte sich aber lange Zeit keine Regierung an diese Frage.

Derartige Gemengelagen gibt es aber noch viele weitere, etwa die kostenfreie Nutzung der öffentlichen Verkehrsmittel und des Fernverkehrs für Senioren ab 65 Jahren – diese Regelung gilt übrigens aufgrund des Gleichbehandlungsgrundsatzes für alle Bürger der Europäischen Union. Anders hingegen verhielt es sich bei der 2014 eingeführten sogenannten Internetsteuer. Diese sollte Datenvolumina mit einem sehr niedrigen Steuersatz belegen, um etwa über das Internet geführte Telefonate im Sinne der Steuergerechtigkeit ähnlich hoch zu besteuern wie die SMS-Umsätze. Nach großen Protesten und Kundgebungen vieler vor allem junger Menschen – etwa 100.000 Personen gingen im Oktober 2014 auf die Straße – wurde die Steuer wieder abgeschafft. Seitdem wird die Internetnutzung sogar mit einem ermäßigten Mehrwertsteuersatz belegt. Ebenso verhielt es sich mit der im Jahre darauf eingeführten Sonntagsruhe, auch hier entlud sich ein großer gesellschaftlicher Unmut, der dazu führte, dass die Regelung nach nur einem Jahr wieder gestrichen wurde. So können die Ungarn am Sonntag weithin unbegrenzt einkaufen, in die Waschstraße fahren oder sonstige Dienstleistungen in Anspruch nehmen. Gesetzliche Ladenschlusszeiten oder ähnliches gibt es nicht. Ebenso ist es in Ungarn völlig unvorstellbar, dass es etwa gesetzliche Einschränkungen für Freizeitaktivitäten geben könnte, etwa das in Deutschland bekannte Tanzverbot oder das noch lange Zeit geltende Residenzverbot bei Spielhallen und Casinos.

Meldewesen

Derzeit leben schätzungsweise etwa mehrere Hunderttausend Ungarn an einer anderen Wohnadresse als offiziell gemeldet. Als Grund für die Diskrepanz wird meist Nachlässigkeit oder Desinteresse genannt, aber auch die Zeitnot für den Behördengang, der Schutz der Privatsphäre oder die verblüffende Mitteilung, der Wohnungsvermieter würde schwarz vermieten und eine Wohnsitzanmeldung zwecks Vertuschung der Steuerpflicht nicht genehmigen. Diese Gründe würde man in Deutschland einfach nicht nachvollziehen können – zu Recht. Aber in Ungarn ist es Gemeingut, dass die Menschen sich gar nicht die Mühe machen, sich ordentlich umzumelden, sondern über Jahrzehnte dort gemeldet bleiben, wo sie hineingeboren wurden. Immer wieder gibt es öffentliche Empörung, wenn einige Kommunen den Erwerb eines Einwohnerparkausweises, mit dem für sage und schreibe 2,50 Euro jährlich in Parkzonen dauerhaft geparkt werden darf (in denen der Stundenpreis ansonsten etwa 1,50 Euro beträgt), an eine Wohnadresse im Bezirk koppeln wollen. Für viele ist das schlicht ein Affront!

Wählen an jedem beliebigen Ort möglich

Diese Begebenheit rund um die Anmeldefaulheit vieler Ungarn führt zur skurrilen Situation, dass bei den Parlamentswahlen eine rege Reisetätigkeit einsetzt. Leute fahren kreuz und quer durch das Land, um ihre Stimme abzugeben. Sie können natürlich auch an jedem anderen Ort für ihren Heimatwahlkreiskandidaten abstimmen, hiervon machen aber vergleichsweise wenig Gebrauch (eine Briefwahl für Inlandswähler gibt es nicht). Noch bemerkenswerter ist, dass im Ausland lebende Ungarn oftmals ihren ungarischen Wohnsitz gar nicht aufgeben, was mit praktischen Gründen zusammenhängt. Sie gelten dann aber auch nicht als Auslandsungarn, können also keine Briefwahl tätigen und müssen persönlich zum Konsulat fahren. Diese Möglichkeit der Stimmabgabe ist eigentlich nur für sich im Ausland vorläufig Aufhaltende vorgesehen, also etwa Urlauber, Geschäftsreisende oder Erasmus-Studenten. Dennoch hört man alle vier Jahre, wie ungerecht dieses System sei – würden ja diese Wähler persönlich anreisen müssen und würden dadurch benachteiligt. Dass dieses Wahlverfahren schon immer so funktionierte, wird verschwiegen. Ebenso wird verschwiegen, dass sich die Betroffenen ja nur ordnungsgemäß aus Ungarn abmelden müssten, und schon wäre die Sache mit der Wahl viel einfacher.

Aus solchen Gründen ist es in Ungarn möglich, in jedem beliebigen Wahlkreis wählen zu können, allerdings selbstredend für den Kandidaten des Heimatwahlkreises. Dafür muss sich der Wähler nur spätestens neun Tage vor der Wahl beim Wahlamt anmelden, was auch online möglich ist. Er kann vorher seinen Antrag bis zum Stichtag beliebig oft ändern, kostenfrei und ohne Angabe von Gründen. Ebenso verhält es sich bei der Anmeldung für die Stimmabgabe an einer ungarischen Auslandsvertretung. Die Verschickung von Wahlunterlagen landauf, landab ist mit einem immensen materiellen und organisatorischen Aufwand verbunden, wird aber als ganz selbstverständlich hingenommen. Etwaige Überlegungen, diesem System Einhalt zu gebieten und zumindest einige Elemente restriktiver zu handhaben, würden wohl im Keime erstickt werden. Das ungarische Wesen hat ein seismographisches Gespür für tatsächliche oder vermeintliche Gefahren für die individuelle Freiheit. Eine Festlegung, tatsächlich im eigenen

Wahlkreis wählen zu müssen, frühere Fristen wahrzunehmen oder mit dieser kostbaren Ressource der Wahl- und Handlungsfreiheit an jedem Ort zu jeder Zeit pfleglicher umzugehen, wäre für die Ungarn eine ungehörige Freiheitsbeschränkung.

Termine und feste Vereinbarungen als Einengung der Freiheit

Mit der Corona-Impfkampagne kam es im Herbst 2021 nicht mehr richtig voran, Grund war nicht etwa mangelnder Impfstoff, die Schließung der Impfzentren oder schlechte Organisation, sondern die Ermüdungserscheinungen in der Bevölkerung sowie ihr Hang, sich terminlich nicht festlegen zu wollen. Anders als in Deutschland wurden Impfzentren nicht geschlossen, sondern empfingen die Menschen mit Terminvoranmeldung. Dabei konnte man frei auswählen, wo und wann man geimpft werden mochte, ferner mit welchem Impfstoff. Ungarn bietet als einziges Land in der EU alle sechs handelsüblichen Impfstoffe an. Nachdem sich die wöchentlichen Impfungen bei einigen Tausend eingependelt hatten, entschied sich die Regierung, den Freiheitsdrang der Ungarn im positiven Sinne zu aktivieren. Ab November 2021 war es nämlich möglich, an drei Tagen in der Woche, auch am Wochenende, ohne Voranmeldung in jedem beliebigen Impfzentrum jedes beliebige Vakzin entgegenzunehmen. Im Rahmen der ersten sogenannten „Impfaktionswoche" nahmen fast 800.000 Menschen teil. Dieser rasante Anstieg ist maßgeblich dem Umstand zuzuschreiben, dass die Ungarn sich terminlich nicht gerne binden. Sich einige Tage vorher festzulegen, an welchem Ort man wann zu sein hätte, wird als Einengung der persönlichen Freiheitssphäre wahrgenommen.

Ebenso waren im Juni 2022 alle Bürgerämter auch am Wochenende durchgehend geöffnet. Viele Menschen schafften es schlichtweg nicht, die abgelaufenen Ausweisdokumente rechtzeitig mittels Termines zu verlängern. Grund war, dass die Gültigkeit der in der Pandemie abgelaufenen Ausweisdokumente bis zum 30.

Juni 2022 verlängert wurde. Für viele Ungarn ist aber ein Erscheinen auf dem Amt (und übrigens auch beim Arzt) ohne Termin eine Selbstverständlichkeit und praktisch gelebte Freiheit. Zum ganzen Bild sollte erwähnt werden, dass es seit Jahren eingespielte Praxis ist, die Bürgerämter am Tag einer landesweiten Wahl oder Volksabstimmung geöffnet zu halten. Jeder Bürger, der kurz vor dem Gang zum Wahllokal die Feststellung macht, dass sein Ausweis abgelaufen ist, soll unmittelbar und natürlich kostenfrei sofort in den Besitz eines neuen Ausweisdokuments kommen.

Corona-Politik

Während Deutschland in der zweiten Corona-Welle im Herbst 2020 in einen langanhaltenden Lockdown verfiel, wurde dieser in Ungarn bis zum spätestmöglichen Zeitpunkt hinausgezögert. Noch im November 2020 konnte man unbeschränkt ins Restaurant und Theater. Der nicht mehr vermeidbare Lockdown kam dann über die Winterzeit und hielt bis April/Mai 2021. Seitdem gab es abgesehen von einer mittlerweile aufgehobenen Maskenpflicht praktisch keinerlei Einschränkungen mehr. Die Politik eines immer wieder betriebenen und drohenden Lockdowns, Schulschließungen oder tiefgreifende Einschränkungen des öffentlichen Lebens hätte es in Ungarn ab Frühjahr 2021 überhaupt nicht mehr geben können. Zu groß war die Ermüdung der Bevölkerung, zu stark der Drang, wieder seine eigene Freiheit leben zu können. Die Ungarn beobachteten immer wieder mit Fassungslosigkeit, wie lange und nachhaltend etwa in Deutschland Corona-Maßnahmen vorgehalten wurden. Sie konnten ihr Glück gar nicht fassen, in einem Land zu leben, das den Menschen wieder ihr normales Leben ermöglichte.

Fazit

Die Ungarn sind größere Freiheitskämpfer als vom Ausland her zu vermuten wäre. Sie erkennen in allen Entscheidungen und Maßnahmen des eigenen Staates und auch anderer Instanzen zunächst einmal abzuwehrende und zu vereitelnde Angriffe gegen ihre Rechte und Interessen. Auch die Vertreter der politischen Führung erkennen im Gebaren ausländischer Organe in erster Linie immer Versuche der Einschränkung der ungarischen Freiheit. Die aus dem Kommunismus tradierten Muster und Grundannahmen setzen sich heute noch fort. Sie finden ihren Ausdruck in einer strikten Abwehrhaltung gegen Maßnahmen von oben oder von außen. In der Tat zeigte sich die ungarische Regierung in den letzten Jahren bestrebt, einen fairen Ausgleich zwischen Individualinteressen und Gemeinwohl zu bewerkstelligen, oftmals aber mit einem hohen Frustrationspotenzial und nicht immer von Erfolg gekrönt. Die auch aus dem Ausland wahrgenommenen Zwistigkeiten, gepaart mit der temperamentvollen Vehemenz der Ungarn, wurden fälschlicherweise als Beleg einer autoritären Politikgestaltung bewertet und kommentiert. Aus diesem Grund erscheint es angebracht, die Tiefenschichten der politischen Kultur des Landes, die Mentalitätsunterschiede und die anders gelagerten historischen Erfahrungen zu würdigen und aus diesem Kontext heraus das Grundbedürfnis des Freiheitsverlangens der Menschen in Ungarn zu verstehen. Hand in Hand mit diesem Freiheitsdrang gehen die Vorstellungen der ungarischen politischen Klasse von Staat und Nation im Sinne der Souveränität des Landes. Freiheit gilt es immer wieder zu verteidigen, so die Maxime der freiheitsbewussten und kämpferischen Ungarn.

Anmerkungen

1 K. Lengyel, Zsolt: *Ungarisches Selbstbild – im deutschen Spiegel*, in: Corvinák, 17. Mai 2022, URL: https://corvinak.hu/de/velemeny/2022/05/17/ungarisches-selbstbild-im-deutschen-spiegel [Abruf am 28.06.2022] oder auch K. Lengyel, Zsolt: *Das Ungarn-Bild in Deutschland 1990–2021*, in: Corvinák, 20. September 2021, URL: https://corvinak.hu/de/velemeny/2021/09/20/das-ungarn-bild-in-deutschland-1990-2021 [Abruf am 28.06.2022].

2 Farkas, Julian: *Der Freiheitskampf des ungarischen Geistes 1867–1914*, Berlin/Boston 2019.

3 Annabring, Matthias: *Der Freiheitskampf in Ungarn. Ursachen, Verlauf und Auswirkungen*, Aalen/Württemberg 1957.

4 Hankiss, Elemér: *Zwischen zwei Welten. Wertewandel in Ungarn*, in: Transit. Europäische Revue 1 (1990), S. 167-184.

5 Ungarn gilt in Europa mit als am meisten individualistische Gesellschaft, vgl. The Culture Factor Group: *Country Comparison Tool*, URL: https://www.hofstede-insights.com/country-comparison/czech-republic,hungary,poland,slovakia/ [Abruf am 28.06.2022].

6 Falkné Bánó, Klára: *Identifying Hungarian cultural characteristics in Europe's cultural diversity in the 21st century: a controversial issue*, in: Budapesti Gazdasági Főiskola (Hrsg.): Alkalmazott tudományok I. fóruma: Konferenciakötet, Budapest 2014, S. 17-28.

7 Rasthofer, Alexander: *Vielfalt in Einheit. Liberalismus und Kommunitarismus in Transformationsstaaten am Beispiel Ungarns unter Viktor Orbán und dem Fidesz*, Regensburg 2023. / Országgyűlés [Nationalversammlung]: *A Nemzeti Együttműködés Programja* [Das Programm der nationalen Zusammenarbeit], 22. Mai 2010.

So fremd und doch so vertraut

Beobachtet man manche Aspekte und Phänomene des öffentlichen Lebens in Ungarn, mutet das Land in Mittelosteuropa für deutschsprachige Augen auf den ersten Blick eigenwillig, merkwürdig und unverständlich an. Doch bei genauerem Hinsehen entpuppen sich genau diese Erscheinungen als etwas völlig Selbstverständliches in Europa. Nur die Deutschen hadern – damit aber auch mit sich selbst und mit ihrer eigenen Geschichte. So wird Ungarn aber zu einem Hebel für deutsche Befindlichkeiten, Projektionen und Sehnsüchte.

Das mittelosteuropäische Land ist umgeben von vielen slawischen Nachbarn, grenzt aber im Westen mit Österreich auch an den deutschen Sprach- und Kulturraum. Diese Verbindung bildete stets den Anknüpfungspunkt der Ungarn an die „Schwager" (Österreicher) und die „Nachbarn ohne gemeinsame Grenze" (Deutsche). Die Menschen im Land entwickelten über Jahrhunderte engmaschige Beziehungen zum geistigen, kulturellen und politischen deutschsprachigen Raum. Damit sticht das Land in ganz Europa wohlwollend als deutschfreundlich hervor. Die tiefen, langen und nachhaltigen Verwebungen mit allem Deutschen wirken noch heute nach, den Deutschen, Österreichern und Schweizern wird mit großer Sympathie begegnet, man respektiert sie nicht nur, man mag sie. Manifestiert hat sich dies in der langen gemeinsamen

Geschichte häufig, doch auch die jüngeren Ereignisse, so bei der Grenzöffnung 1989 oder der positiven Aufnahme vieler Neudeutscher im heutigen Ungarn machen dies deutlich.[1]

Das mittelgroße Land mit seinen 9,7 Millionen Einwohnern verteidigt in Brüssel munter und ausdrucksstark seine Souveränität und Eigenständigkeit und geht auch politisch mit seiner konservativen Regierung einen eigenen Weg. Wie immer lohnt ein Blick in die ungarische Geschichte, ist sie doch voller Brüche, Spannungen und Traumata. Die längste Zeit galt es für das Land, sich standhaft gegen Fremdherrschaft und Besatzung zu behaupten, um überhaupt sein grundsätzliches Überleben mit seiner eigenen Kultur und Sprache, seiner eigenen Verfasstheit und Staatlichkeit, seiner eigenen Mentalität und Weltsicht zu erhalten. Aus diesem Grund entfaltet das Land bis heute immer wieder voller Ausdauer seine eigenständige Staatlichkeit und stellt seine Selbstbehauptung in den Mittelpunkt des politischen und medialen Diskurses in Europa.

Viele der dort in Ungarn eingespielten Mechanismen und Verfahrensweisen, bis hin zu politischen Glaubensbekenntnissen, klingen für bundesdeutsche Ohren fremd, anachronistisch und wie aus der Zeit gefallen. Doch lohnt es sich, auf diese einzugehen. Denn gerade die Art und Weise, wie diese reflektiert werden, verrät viel mehr über Deutschland selbst, über die Deutschen und ihre Befindlichkeiten. Damit projizieren sie in Deutschland vorherrschende Debatten auf Ungarn. Zugleich spiegeln die deutschlandweit geführten Diskussionen über Ungarn aber auch die Problemlagen und Missverständnisse der eigenen deutschen Gesellschaft wider.

Staat, Nation und Identität

Deutschland als relativ junge Nation blickt nicht auf die lange Geschichte einer geeinten Staatlichkeit zurück wie viele andere Länder in Europa. Die Deutschen mussten sich vielmehr erst als Deutsche erfinden und noch immer sind Regionalismen stark vertreten. Ein durchschnittlicher Deutscher benennt als Heimat immer noch zuerst seine engere Umgebung, sein Bundesland, bevor er auf die gesamtdeutsche Identität rekurriert. An „Europa" denkt er dabei in der Regel erst zuletzt. Damit sind die Deutschen die „verspätete Nation" (Helmuth Plessner)[2], und dieser Aufholprozess, den sie im 19. Jahrhundert mit großer Entschlossenheit durchliefen, war atypisch, teils unnatürlich und im 20. Jahrhundert leider auch mit einer Schreckensherrschaft verbunden. Aus jenem Grund haben die Deutschen auch mit dem Begriff „Nation" ihre verständlichen Probleme. Das Wort wurde von den Nationalsozialisten missbraucht und ein natürliches Nationsverständnis konnte sich seitdem kaum solide entwickeln. Noch heute gilt das Wort „patriotisch" im politischen Diskurs eher als ausgrenzend denn als einschließend, denn viele Vertreter des linken Spektrums würden diese Konnotation weit von sich weisen. Daher ressortiert dieser Begriff bei der politischen Rechten.

Ganz anders in Ungarn. Der Begriff „Patriot" ist eine edle Bezugsgröße, die inklusiv ist und alle Ungarn umfasst – ganz gleich, wo sie sich in der politischen Landschaft verorten mögen. Auch ist die ungarische Nation in vielerlei Hinsicht noch weitergedacht als das Land selbst und umfasst neben den in Ungarn lebenden ethnischen Ungarn viele weitere Personengruppen. Zum einen sind auch die im Ausland lebenden Ungarn Teile der ungarischen Nation – mit oder ohne Staatsbürgerschaft. Darüber hinaus werden die autochthonen Volksgruppen in Ungarn selbst mit als Ungarn verstanden – und diese sehen sich auch so, wenn sie auch ihre jeweilige Volksgruppenidentität hochhalten. Insoweit verfügen sie über eine Doppelidentität. Doppel- und Mehrfachidentitäten sind in Mittelosteuropa alles andere als unbekannt. Nicht zuletzt integriert das offene und inklusive Leitbild einer gemeinsamen ungarischen Gemeinschaft, die voller Identität und Selbstbewusstsein strahlt und deren positives Angebot für andere attraktiv und einladend ist, jeden im Land lebenden Ausländer gut und schnell. Die Ungarn verfügen über eine tausendjährige ungarische Staatlichkeit, auf welche sie stolz sind. Selbst in Zeiten der Fremdherrschaft gelang es, den Souverän aufrechtzuerhalten, beispielsweise im autonomen Fürstentum Siebenbürgen, das selbstbestimmt die ungarische Nation verkörperte.[3]

Auslandsgemeinschaften

Die deutschen Nationalitäten im Osten Europas waren engmaschig mit ihrem Mutterland verbunden. Die Stürme der Geschichte waren ihnen jedoch nicht wohlgesonnen, sodass heute nur noch wenige deutsche Minderheiten in ihren angestammten Siedlungsgebieten im Osten des Kontinents leben. Auch aus Ungarn wurden viele vertrieben. Vielsagend ist in diesem Zusammenhang, dass es der deutschen Volksgruppe in Ungarn heute sehr gut geht. Die Ungarndeutschen verfügen über einen eigenen Parlamentsabgeordneten, weitreichende Mitbestimmungsrechte und viele Bildungsinstitutionen. Sie waren von den Ungarn immer gerne gesehen und wurden in diesem Sinne im Verlaufe der Zeit sogar von ihren Königen persönlich in das Land eingeladen. Dahingegen ist die Situation der deutschen Volksgruppe in Gebieten, die lange (oder nur kurze) Zeit zum deutschen Reichsgebiet oder aber Österreich gehörten, durchwachsener. Jedes ostentative und energische Einstehen für die Rechte der deutschen Volksgruppe in diesen Gegenden mag des Öfteren mit der Gefahr einer von anderen durchaus als revisionistisch oder aggressiv empfundenen Verhaltensweise einhergehen – ob mit oder ohne entsprechende Motivation. Aus diesem Grund tut sich die bundesdeutsche Gesellschaft und Politik immer sehr schwer mit der Vertretung der politischen Rechte der Verbliebenen. Die deutliche Distanz zu den Vertriebenenverbänden und den Landmannschaften belegt dies ganz augenscheinlich. Die Furcht Deutschlands, von den Nachbarn auf alte Bedrohungsszenarien und Gefahrenmomente zurückgesetzt und reduziert zu werden, ist mit den Händen greifbar.

Anders hingegen in Ungarn. Die Ungarn stehen für ihre Landsleute außerhalb der Landesgrenzen ein. Dies umfasst viele, auch weit weg in der Diaspora Lebende, aber in erster Linie gehören zu dieser Gruppe natürlich die Auslandsungarn, die unmittelbar in den an Ungarn angrenzenden Gebieten leben. Überquert man von Ungarn kommend die Grenze in egal welcher Himmelsrichtung, findet man Dörfer und Städte, in denen ganz natürlich ungarische Menschen wohnen, die auch noch 100 Jahre nach den Gebietsverlusten infolge des Trianon-Vertrages von 1919 Ungarisch sprechen und wie selbstverständlich ihre ungarische Identität, ihr Brauchtum und ihre Traditionen leben. Der ungarische Staat unterstützt diese Gemeinschaften geistig, ideell, aber auch finanziell. Die Staatsbürgerschaft kann ohne Weiteres erworben werden, anders als in Deutschland ist dafür kein Wohnsitz im Mutterland notwendig. Andere Länder verfahren sehr ähnlich, etwa Rumänien mit Moldawien.[4] Auch die Bürgergesellschaft, die Kirchen und Vereine helfen tatkräftig mit, den ungarischen Gemeinschaften außerhalb der Landesgrenzen ihre Existenz und Daseinsberechtigung zu stärken. Dies ist in Ungarn eine gesamtgesellschaftliche Aufgabe und wird nicht angezweifelt.[5]

Geschichtsbewusstsein

Für den deutschen Beobachter frappierend ist der Vergleich des historischen Bewusstseins der Menschen in beiden Ländern. In Deutschland besteht zumindest eine fragwürdige Haltung zur eigenen Geschichte, zu Staat und Nation, manche Deutsche wählen „Europa" als Rettungsanker, wo sie Identität ausleben können, ohne verschämt zur Seite schauen zu müssen. Wenig ist über die deutsche Geschichte bekannt und vieles ist durch den Nationalsozialismus vorbelastet. Spricht man in öffentlichen Reden von der Geschichte des deutschen Volkes, der deutschen Nation oder der deutschen Staatlichkeit, gerät man schnell ins Visier von Demokratiewächtern und besorgten Zeitgenossen. Nie wieder dürfen von Deutschland Menschheitsverbrechen ausgehen – diese wahre und richtige These wird in der Praxis aber unterfüttert mit der Ablehnung von bestimmten Begriffen. Kaum ein Abiturient des Jahrganges 2023 wird noch wissen, was der deutsche Vormärz ist, warum es 1832 am Hambacher Schloss zu einer Kundgebung kam, wie sich das deutsche Nationalbewusstsein im 19. Jahrhundert herausbildete, oder wie der erste Kaiser des ersten deutschen Nationalstaates hieß.

Parallel kennt jeder ungarische Grundschüler das bewegende und feierliche Kossuth-Lied aus den Revolutionstagen von 1848. Die Könige und Herrscher kennt jedermann im Lande – ob Groß und Klein, Jung und Alt, Reich und Arm, ähnlich verhalten sich die Polen zu ihrer eigenen Geschichte. Die ungarische Nation verfügt über die Geschichte hinweg über ein gemeinsames Narrativ, ein verbindendes, einendes Band, das alle Stürme bewegter Zeiten durchsteht. Im persönlichen Gespräch kommt jeder Ungar spätestens nach fünf Minuten auf die lange und bewegte, häufig unheilvolle Geschichte des Landes und des Ungarntums zu sprechen. Das Geschichtsbewusstsein durchwirkt die Ungarn wie ein imaginärer Faden, sie haben so bei aktuellen Entwicklungen, europäischen Debatten und Schicksalsereignissen des Kontinents stets ihre Erfahrungen aus vielen Jahrhunderten vor Augen. Die Fremdherrschaften und die wechselvolle Geschichte erlauben es ihnen, immer ein fast schon seismographisches Gespür für heranziehendes Unheil in der Welt zu haben und sich dementsprechend präventiv laut zu artikulieren.[6]

Militär und Prachtbauten

Dass an einem Nationalfeiertag Militär in historischer Pracht defiliert, politische Reden oder gar Umzüge stattfinden, ist im Deutschland des Jahres 2023 völlig unvorstellbar. Das Militärische ist den Deutschen abhold, es findet in Missbilligung außerhalb der Wahrnehmung der Öffentlichkeit statt. Die Entwicklungen der Bundeswehr in Bestand, Ausrüstung und Führung der vergangenen Jahre sprechen für sich. Militärparaden und die Besinnung auf schöne Zeiten in der Geschichte sind kaum vorstellbar, die Bundeswehr muss sich immer noch in der bundesdeutschen Gesellschaft behaupten. Ähnlich die historische architektonische Substanz. Beim Wiederaufbau des historischen Berlins nach der Wiedervereinigung durfte im Jahr 2000 am Reichstagsgebäude die Inschrift „Dem Deutschen Volke" nicht mehr angebracht werden, sondern die Zeile „Der Deutschen Bevölkerung" erschien opportun. Ebenso kann man nicht einfach vom „Reichstag" sprechen, sondern redet von „Deutscher Bundestag – Plenarbereich Reichstagsgebäude". Als das Berliner Stadtschloss wiedererrichtet wurde, taufte man es kurzerhand in Humboldtforum um, denn die Erinnerung an etwas Monarchisches wie ein Schloss könne und dürfe es im wiedervereinigten Deutschland politisch korrekterweise wohl nicht mehr geben.

Auch hier ganz anders in Ungarn. Wie selbstverständlich werden an den staatlichen Feiertagen Militärparaden abgehalten,

Offiziere vereidigt, die ungarische Fahne gehisst. Am 20. August nimmt die Staatspräsidentin die Ehrenformation entgegen, das ganze Land ist im Feierzustand, öffentliche Gebäude und Museen sind für jedermann kostenfrei zu besuchen. Staatliche Auszeichnungen werden verliehen, der Stolz der Menschen ist mit Händen zu greifen. Auch am 15. März spielen sich ähnliche Szenen ab, die Heimat, die Nation, das Land – all dies wird gefeiert von allen Ungarn, das Verbindende betont, das Trennende vergessen. An diesen Tagen fühlt es sich für die Ungarn besonders gut an, Ungar zu sein. Auch am Ende der Heiligen Messe wird oftmals die Nationalhymne gespielt und von so manchen Menschen mit Gänsehaut gesungen – ein jeder Franzose würde dies gut verstehen. Als in den letzten Jahren der Kossuth-Platz vor dem Parlament historisch originalgetreu wiederaufgebaut wurde, waren die Ungarn stolz darauf. Ohne dabei eigene historische Erblasten auszublenden, gibt es ein gesundes und unverkrampftes Verhältnis zu Staat, Nation und zur eigenen Geschichte. Ebenso verhielt es sich bei der Rekonstruktion der historischen Bausubstanz im Burgviertel, die architektonisch anknüpft an die Zeit, die mit den baulichen Verwüstungen und Zerstörungen des Zweiten Weltkriegs jäh beendet wurde.

Politik und öffentliches Leben

In Deutschland mit seinen 16 Ländern sind politische Entscheidungsprozesse oft mühselig. Keine politische Seite hat eindeutig das Heft des Handelns in der Hand. Oftmals sind Kompromisse, Verhandlungsgeschick und ein langer Atem gefragt. Die öffentlichen Debatten in Deutschland spiegeln diese Verhältnisse wider. Eindeutige Ansagen, Klartext und entschlossener Wille werden nicht honoriert, sondern stehen nicht selten einer Konsensfindung im Wege. Von daher agieren die politischen Kräfte in Deutschland vorsichtig, abwartend, tastend. Sie müssen mit einer klein-teiliger Gestaltung der politischen Agenda rechnen und taktie-ren, sondieren und abwägen. Demnach verschwimmen oftmals die klaren Konturen der politischen Auseinandersetzung, weil am Ende des Tages ja nun doch fast alle mit allen reden und koope-rieren müssen. Ein konfrontatives Auftreten wäre wenig hilfreich, wenn nicht gar existenzgefährdend.

Wieder ist Ungarn ganz anders verortet. Die politische Land-schaft trennt – systemisch und konstruktionslogisch ganz im Sin-ne der Konkurrenz- statt Konsensdemokratie bzw. des Mehr-heitswahlrechts – glasklar zwischen denjenigen, die regieren und denjenigen, die opponieren. Alles, was die Regierung macht, findet die Opposition schlecht – und alles, was die Opposition macht, vice versa die Regierung. Die Fronten sind klar geregelt. Entweder steht man auf der einen oder auf der anderen Seite. Dies gilt für Politik, Medien, die ganze Gesellschaft. Man mag dies begrüßen oder verteufeln – dieser Befund ist aber die Rea-lität. Damit entfallen jedoch auch Konsensnotwendigkeit, Ver-handlungsrunden und Kompromissbereitschaft. Die Menschen erwarten von den Gewählten, dass sie durchregieren und die Wähler offensiv vertreten, man will zu den Gewählten aufschau-en und verspricht sich von ihnen die Lösungen für viele Proble-me, ganz ähnlich in vielen anderen Ländern. Aus dem deutschen Blickwinkel mutet dies sicherlich befremdlich und eigenartig an – aber auch die ewige Kompromisssucherei des deutschen Politikbetriebs wirkt für viele Ungarn wie Selbstkasteiung und Herumdruckserei.[7]

Fazit

Von Staat, Nation und Identität, über Auslandsgemeinschaften, Geschichtsbewusstsein, bis hin zu Militärparaden und Prachtbauten – all dies sind nur einige Beispiele, an denen deutlich veranschaulicht werden kann, wie anders Deutschland und Ungarn orientiert sind. Dabei ist keiner der Entwürfe besser oder schlechter. Sie sind schlichtweg anders und resultieren aus den Befindlichkeiten, Mentalitäten und Erfahrungen des jeweiligen Landes. Diese zu verstehen und auszuhalten, aus ihnen für das gegenseitige Verständnis und das gemeinsame Wohl lernen zu können und nicht zuletzt, sie als das erkennen zu können, was sie sind – prägende Mosaikbausteine in der gelebten und historisch gewachsenen Vielfalt unserer europäischen Einheit: Dies ist die Pflicht im Umgang unserer Länder und Nationen miteinander und der Grundstein aller Zusammenarbeit innerhalb Europas. Wer Europa wirklich leben will, bei dem ist auch Ambiguitätstoleranz gefragt. Und so ist es einem geneigten Leser nun vielleicht einfacher verständlich, wie man am Nationalfeiertag des 20. August in einer ungarischen Menschenmenge stehen kann, die voller Stolz die eigene Staatlichkeit mit einem Feuerwerk zelebriert, an dessen Höhepunkt wie selbstverständlich die nationalen Symbole Wappen, Kreuz und Krone dargestellt werden. Dabei zeigt das Land Ungarn hier exemplarisch, dass es im europaweiten Vergleich nicht unbedingt alleinsteht, denn auch andere pflegen entsprechende Bräuche, Sitten und Attitüden. Oftmals ist dabei eben gerade Deutschland die große Ausnahme. Es wäre vielleicht an den Deutschen, mit ihrer Vergangenheit und den daraus resultierenden Befindlichkeiten besser klarzukommen und zu einem neuen Selbstbewusstsein zu finden, das sich sowohl der eigenen Besonderheiten innerhalb Europas gewahr wird als auch den anderen Ländern ihre eigene Traditionspflege zugesteht.

Anmerkungen

[1] Seewann, Gerhard: *Geschichte der Deutschen in Ungarn. Band 1 & 2* (Studien zur Ostmitteleuropaforschung), Marburg 2012.

[2] Plessner, Helmuth: *Die verspätete Nation. Über die politische Verführbarkeit bürgerlichen Geistes*, Stuttgart 1959.

[3] Puttkamer, Joachim von: *Blicke auf ein gespaltenes Land. Die ungarische Nation und ihre Geschichte*, in: OSTEUROPA 61.12 (2011): Quo vadis Hungaria? Kritik der ungarischen Vernunft, S. 9-30.

[4] Göllner, Ralf Thomas: *Minderheitenrecht und Minderheitenpolitik*, in: Kahl, Thede / Metzeltin, Michael / Ungureanu, Mihai-Răzvan: Rumänien, Österreichische Osthefte 48 (2006), S. 789-803.

[5] Göllner, Ralf Thomas: *Ungarns Minderheitenpolitik von 1990 bis 2014. Minderheiten in Ungarn, Magyaren in den Nachbarstaaten*, in: Küpper, Herbert / K. Lengyel, Zsolt / Scheuringer, Hermann (Hrsg.): Ungarn 1989-2014. Eine Bilanz nach 25 Jahren, Regensburg 2015, S. 77-117.

[6] Pellens, Karl: *Geschichtsunterricht und Geschichtsbewußtsein in Ungarn und Deutschland: Erstes Symposium ungarischer und bundesdeutscher Geschichtslehrer und -didaktiker in Bonn*, in: Internationale Schulbuchforschung 12.2 (1990), S. 221-223.

[7] Lorenz, Astrid / Bos, Ellen: *Das politische System Ungarns zwischen Parteienwettbewerb und strukturellen Zwängen: Innenpolitische Polarisierung trotz konstanter Verhaltensmuster und Konsens in den Grundlinien der Außen- und Wirtschaftspolitik*, in: Bos, Ellen / Lorenz, Astrid (Hrsg.): Das politische System Ungarns. Nationale Demokratieentwicklung, Orbán und die EU, Wiesbaden 2021, S. 1-24.

Ungarn – Tradition und Erneuerung

Nach dem Besuch von Papst Franziskus in Ungarn Ende April 2023 herrschte seltene Einigkeit unter den Ungarn im In- und Ausland. Eine große Mehrheit der Befragten, nämlich 77 Prozent waren der Auffassung, die Visite des Pontifex maximus sei positiv zu bewerten, 88 Prozent der bürgerlichen und 69 Prozent der linken Wähler.[1] Damit gelang es Franziskus, die Ungarn in Eintracht zu versammeln, eine schwierige Aufgabe, die im Land selbst nicht immer gelingt. Begründet liegt dies in den vielen Widersprüchen, Gegensätzen, Brüchen und Schismen, die Ungarn in seiner wechselvollen Geschichte stets begleiteten. Auch heute wirken alte Konfliktlinien und innergesellschaftliche Spannungen nach und bestimmen im Unterbewusstsein viele gesellschaftliche und politische Debatten, Handlungsmuster und Entscheidungen.

Das Land der 10 Millionen Freiheitskämpfer

Ein bekannter Staatsmann pflegte einst zu sagen, es sei eine echte Herausforderung, die Ungarn zu regieren, denn das Land versammle 10 Millionen Freiheitskämpfer, so viele wie es Einwohner zählt. In der Tat sind Liberalität, Freiheitssinn und Individualismus in Ungarn sehr stark ausgeprägt,[2] mehr als in vielen anderen Ländern. Gemeinschaft, Gemeinsinn und Gemeinwohl, gar

Kollektivität, konnten sich nur schwer entwickeln, auch aufgrund widerstreitender nationaler Befindlichkeiten im Innern und eines intellektuellen Deutungskonflikts.[3]

In ihrer langen Geschichte von Fremdbestimmung, Okkupation und Ausgeliefertsein entwickelten die Menschen zudem ein feines Sensorium für tatsächliche oder vermeintliche Gefahren für ihre Freiheit durch Machthaber von außen oder von oben oder gar von der „anderen Seite". Die lange Liste von Volksaufständen und Freiheitskämpfen zeugt von dieser Tradition. Im Kommunismus gipfelte diese Attitüde im Abwehrkampf gegen alles Staatliche und von oben Verordnete. Die Menschen entwickelten ihren speziellen persönlichen Freiheitssinn mit Raffinesse, Mut und Witz. Heute noch wirken diese Handlungsmuster fort und ergeben nur dann ein volles Bild, wenn man sich den gesellschaftlichen Brüchen und tradierten Mustern zuwendet.[4]

Pannonien und Hunnien

Im Römischen Reich verlief der Limes mitten durch Ungarn. Die Donau war damals der Grenzfluss zwischen der Provinz Pannonien und dem Barbaricum. Diese Grenzziehung durch das heutige Ungarn versinnbildlicht viele der Differenzen und Brüche, die auch heute noch nachwirken. Die östliche Landeshälfte, Hunnien, konnte sich nur ungleich anders entwickeln als die westliche Hälfte.[5]

Die Tradition der Hunnen wirkte nach, die heidnischen Steppen im Osten waren so ganz anders als die hügeligen Weinanbaugebiete der Römer im Westen.[6] Während der türkischen Besatzung war in etwa der Balaton die Grenze zwischen den Habsburgern und den Osmanen. Im Osten lebte im autonomen Fürstentum Siebenbürgen die eigenständige ungarische Staatlichkeit fort. Es war das Kernland des Ungarntums, hatte aber ganz andere Voraussetzungen, Bezüge und Traditionslinien als der Westen und Norden unter den Habsburgern oder die Mitte unter den Türken.

Das mehrheitlich calvinistische Siebenbürgen musste sowohl an die Kaiserstadt als auch an die Hohe Pforte Steuern abführen, was die dortigen Ungarn zu einer steten Schaukelpolitik und zu einem feinen Austarieren von Interessen, Loyalitäten und Realitäten zwang.[7] Diese Tradition wirkt auch heute noch in der Selbstbestimmung und Selbstbehauptung des Landes und seinem ständigen Ringen um die eigene Souveränität nach.

Katholiken und Calvinisten

Durch die Osmanen in der Landesmitte konnte die ansonsten im Norden und Westen schnell verbreitete Gegenreformation kaum nach Siebenbürgen im Osten durchdringen, dort blieb man unter sich. Der Ostteil Ungarns war quasi vollumfänglich reformiert und galt zu jener Zeit als Stammland der Reformation, worauf viele Ungarn bis heute sehr stolz sind.[8]

Die gemeinsame Traditionslinie von Reformierten, Lutheranern und anderen protestantischen Glaubensrichtungen ist ein enges Band und wird weiterhin kultiviert. Der Calvinismus galt lange Zeit sogar als „der ungarische Glaube".[9] Dahingegen sind die Landschaften im Westen und Norden (heute Slowakei) fast durchgängig katholisch, ähnlich wie Österreich oder Bayern. Heute bilden die Katholiken mit einem Verhältnis von drei zu eins in Relation zu den Calvinisten eine deutliche Mehrheit.

Doch auch viele Lutheraner, Griechisch-Katholische, Orthodoxe, Unitarier, Baptisten und Juden finden sich im Land, das neben seiner auch vom Papst bewunderten religiösen Vielfalt auch eine ethnische Mannigfaltigkeit von 13 anerkannten autochthonen

Volksgruppen sein eigen nennen kann, unter denen die Ungarndeutschen besonders positiv hervorstechen.[10]

Deutschsprachige und Ungarischsprachige

Der von den Habsburgern dominierte Westen mit seinem Katholizismus, seiner Kaisertreue und der beherrschenden Stellung der deutschen Sprache stand im diametralen Gegensatz zum mehrheitlich calvinistischen Osten, wo eine solide Abneigung gegen Habsburg und die deutsche Sprache bestand. Im Osten war diese auch nicht so verbreitet, was heute noch zu beobachten ist.

In dieses Schisma lässt sich auch das Gegensatzpaar einordnen, dessen einen Teil die „Labanzen", also die Kaisertreuen, die Katholiken, die Deutschaffinen bilden. Die Labanzen waren ursprünglich eine kaiserliche Truppe, doch später entwickelte sich der Begriff zur geflügelten Bezeichnung für all jene, die mit Habsburg sympathisierten.

Das Gegenstück, die „Kuruzen" waren die antihabsburgischen Aufständischen Ende des 17. Jahrhunderts. Noch heute gilt dieses Wort als Sammelbegriff für eine eigensinnige, aufmüpfige, widerborstige Herangehensweise, mit der sich viele Ungarn identifizieren können. Der ständige Abwehrkampf, das Aufständische und auch der permanente Mut, den Machthabern die Stirn zu bieten, gelten als noble Angelegenheit und werden auch heute noch gerne von den vielen „Freiheitskämpfern" im Lande beharrlich gepflegt.[11]

Széchenyi und Kossuth

Im ungarischen Vormärz rangen zwei Persönlichkeiten um die Deutungshoheit der ungarischen Sache. Der deutschsprachige Stephan (später István) Széchenyi war ein in Wien geborener und deutsch erzogener ungarischer Graf und Staatsreformer, der heute als „größter Ungar" verehrt wird. Noch heute tragen viele öffentliche Plätze und Bauten seinen Namen, vornehmlich in den westlichen Landesteilen.

Széchenyi, als weitgereister, polyglotter und aufgeschlossener Gelehrter, setzte auf eine Verständigung mit den Habsburgern, um die Stellung der ungarischen Nation im Habsburgerreich kontinuierlich zu verbessern. Mit dem österreichisch-ungarischen Ausgleich von 1867 entstand die Doppelmonarchie mit einem cisleithanischen (österreichischen) und einem transleithanischen (ungarischen) Reichsteil, beide Seiten waren gleichberechtigt.

Damit obsiegte das Konzept von Széchenyi gegen das seines Widersachers Lajos Kossuth, eines in Ostungarn geborenen Kleinadeligen. Dieser setzte sich für nationale Selbstbestimmung, die Auflösung der Ständegesellschaft und für bürgerliche Freiheitsrechte ein und forderte vehement die Unabhängigkeit von Österreich. Er war federführend bei der Entthronung der Habsburger am 14. April 1849 im ostungarischen Debrecen und war als Angehöriger der ungarischen Revolutionsregierung an entscheidender Stelle für die Unabhängigkeit der Nation im Einsatz.

Doch die ungarische Revolution wurde niedergeschlagen, Kossuth ging ins osmanische Exil und starb in Italien. Jedes Kind bereits im Kindergartenalter kennt das Kossuth-Lied aus den Revolutionsjahren von 1848 bis 1849. Bezeichnenderweise finden sich die nach Kossuth benannten Plätze eher in den östlichen Landesteilen, auch hier ist die Donau immer noch ein veritabler Grenzfluss.[12]

Eine ähnliche Gemengelage gab es dann im 20. Jahrhundert, als der legitime ungarische König Karl IV., ein Habsburger (Karl I. von Österreich), in Sopron eine Gegenregierung bildete und mehrfach erfolglose Restaurationsversuche unternahm. Der calvinistische Reichsverweser Nikolaus von Horthy unterband diese mit dem Verweis auf die Befindlichkeiten der Siegermächte des Ersten Weltkrieges. Viele königstreue Ungarn haben es bis heute nicht verwunden, dass Horthy das Ansinnen des ungarischen Königs abschlug und lieber selber als Reichsverweser das Land regierte. Beide starben übrigens im portugiesischen Exil, Karl IV. im Jahr 1922 an der Spanischen Grippe, Horthy im Jahre 1957.[13]

Sopron und Debrecen

Als sich im Sommer 1989 Teile der sich neuformierenden ungarischen Bürgergesellschaft anschickten, das Paneuropäische Picknick zu organisieren, waren im weiteren Verlauf die beiden Städte Sopron im Westen und Debrecen im Osten die maßgeblichen Schauplätze der Geschichte dieses welthistorischen Ereignisses am 19. August 1989.

Beim symbolbehafteten Besuch von Otto von Habsburg am 20. Juni 1989 in Debrecen wurde die Idee überhaupt erst geboren. Die calvinistische Stadt, in der am 14. April 1849 in der dortigen calvinistischen Großkirche die ungarische Landesversammlung die Habsburger entthronte, Lajos Kossuth als Präsidenten einsetzte und am gleichen Tag die staatliche Unabhängigkeit erklärte, gilt als „calvinistisches Rom" und als eine der Hochburgen der ungarischen Nationalbewegung.

Umso mehr wurde der Besuch des legitimen Thronfolgers 140 Jahre später als Geste der Versöhnung interpretiert. Otto von Habsburg, der fließend Ungarisch beherrschte und immer von „Wir Ungarn" sprach, galt und gilt in Ungarn als ein Mann des Ausgleichs, den die meisten Ungarn als einen der Ihren akzeptierten und lieb gewannen. Heute liegt sein Herz im westungarischen Pannonhalma begraben und das Land Ungarn verwaltet seine Archivalien.

Dass die Debrecener Organisatoren schließlich Sopron als Austragungsort des Picknicks auserkoren hatten, hatte nicht nur mit der Geographie zu tun – Sopron liegt an der Westgrenze zu Österreich –, sondern besaß einen ungleich höheren Bedeutungsgehalt. Westungarn und Ostungarn, Katholiken und Calvinisten, Anhänger von Széchenyi und Kossuth, Labanzen und Kuruzen, Deutschsprachige und Nicht-Deutschsprachige, Pannonien und Hunnien: Sie alle vereinte damals der Gedanke, Ungarn und Europäer zu sein und eine große Sache gemeinsam vollenden zu wollen, nämlich nichts Geringeres als den Anfang vom Ende der Teilung Europas.

Dabei konnten alle Brüche, Konflikte und Schismen im Dienst eines höheren Ideals erfolgreich überwunden werden. Damit war das Paneuropäische Picknick nicht nur der Auftakt für die deutsche Wiedervereinigung, sondern auch ein Element in der Aussöhnung historisch tradierter innerungarischer Konfliktlagen. Insoweit hat das Paneuropäische Picknick nicht nur für die Einheit von Deutschland, sondern auch für die Einheit von Ungarn eine große Relevanz.

Fazit

Ohne dass dies der breiten Öffentlichkeit klar wird, schlummern diese Brüche, Schismen und Gegensätze im Unterbewusstsein vieler Ungarn und liefern Deutungsmuster für die manchmal etwas robust oder merkwürdig anmutenden öffentlichen Debatten oder auch für manche Handlungsmaxime der Politik. Jede politische Führung des Landes muss sich dieser Trennlinien bewusst sein und das Land zu vereinen versuchen. Dies kann geschehen mit gemeinsamen Narrativen oder einem Einstehen für gemeinsame Werte und Interessen, oftmals als Antwort auf Bedrohungen oder Gefahren der Staatlichkeit.

Auch aus diesem Grunde ist das Regieren in Ungarn ein Drahtseilakt von widerstreitenden Interessen und inneren Frei-

heitskämpfen. In diesem Sinne ist es keine Übertreibung, von iden-
titätsstiftenden und die ganze Nation vereinenden Politikansätzen
zu sprechen, ohne die keine Regierung auch nur den Bruchteil
einer gesamtungarischen Akzeptanz entwickeln würde.

Die Regierung von Viktor Orbán versucht, solche Ansätze zu
entwickeln, umzusetzen und dafür die Unterstützung des gesamten Ungarntums anzustreben. Ungarn ist dabei aber keinesfalls ein
monolithischer Block von Parteigängern der Regierungskoalition,
sondern vielmehr eine Ansammlung von Individualisten. Dies muss
die ungarische wie auch europäische Politik stets berücksichtigen.

Anmerkungen

1 Nézőpont Intézet: *Nemzetegyesítő látogatást tett Ferenc pápa Magyarországon* [Papst Franziskus tätigt einen Besuch in Ungarn, der die Nation eint], 5. Mai 2023, URL: https://nezopont.hu/nemzetegyesito-latogatast-tett-ferenc-papa-magyarorszagon/ [Abruf am 31.10.2023].

2 The Culture Factor Group: *Country Comparison Tool*, URL: https://www.hofstede-insights.com/country-comparison/czech-republic,hungary,poland,slovakia/ [Abruf am 28.06.2022].

3 Falkné Bánó, Klára: *Identifying Hungarian cultural characteristics in Europe's cultural diversity in the 21st century: a controversial issue*, in: Budapesti Gazdasági Főiskola (Hrsg.): Alkalmazott tudományok I. fóruma: Konferenciakötet, Budapest 2014, S. 17-28.

4 Hankiss, Elemér: *Zwischen zwei Welten. Wertewandel in Ungarn*, in: Transit. Europäische Revue 1 (1990), S. 167-184.

5 Fowler, Brigid: *Hungary: Patterns of Political Conflict over Territorial-Administrative Reform*, in: Batt, Judy / Wolczuk, Kataryna (Hrsg.): Region, State and Identity in Central and Eastern Europe, London 2002, S. 15-40.

6 Utasi, Csilla: *Hunnia és Pannónia Között* [Zwischen Hunnien und Pannonien], in: Hungarológiai Közlemények 21.2 (2020), S. 30-39.

7 Pálffy, Géza: *Hungary between Two Empires 1526–1711*, Bloomington, Indiana 2021.

8 Wien, Ulrich A.: *Wirkungen des Calvinismus in Siebenbürgen im 16. und 17. Jahrhundert*, in: Dingel, Irene / Selderhuis, Herman J. (Hrsg.): Calvin und Calvinismus. Europäische Perspektiven, Göttingen 2023, S. 127-154.

9 Antall, József: *The World Meeting of Hungarian Calvinists,* in: Jeszenszky, Géza (Hrsg.): József Antall, Prime Minister of Hungary. Selected Speeches and Interviews (1989-1993), Budapest 2015, S. 398-401.

10 Göllner, Ralf Thomas: *Ungarns Minderheitenpolitik von 1990 bis 2014. Minderheiten in Ungarn, Magyaren in den Nachbarstaaten*, in: Küpper, Herbert / K. Lengyel, Zsolt / Scheuringer, Hermann (Hrsg.): Ungarn 1989-2014. Eine Bilanz nach 25 Jahren, Regensburg 2015, S. 77-117.

11 Kovács Kiss, Gyöngy: *A II. Rákóczi Ferenc vezette szabadságharc…* [Der Unabhängigkeitskrieg unter der Führung von Ferenc Rákóczi II…], in: Korunk 5 (2012), S. 86-97.

[12] Gyetvai, Mária: *The Ethnic Question in 1848: The Long Debate of Széchenyi and Kossuth*, in: Minority Research 19 (2017), S. 135-157.

[13] Macek, Bernhard A.: *Kaiser Karl I. Der letzte Kaiser Österreichs. Ein Biographischer Bilderbogen*, Erfurt 2012.

Papst Franziskus in Ungarn

Als am 28. April 2023 der päpstliche Flieger auf dem Flughafen Budapest aufsetzte, war die Spannung mit Händen zu greifen. Das ganze Land war im Papstfieber, die vielen Programmpunkte des Papstes wurden während der Reise von einer großen Anzahl von Gläubigen verfolgt – und nachgerade verwunderlich mutet an, dass auch linke Politiker der Opposition Gefallen am Pontifex maximus gefunden haben. Dieser Besuch von Franziskus war seine zweite Reise nach Ungarn, aber bereits die dritte Zusammenkunft des Papstes mit den ungarischen Gläubigen. Während er im Juni 2019 auf der traditionellen Wallfahrt ungarischer Pilger im siebenbürgischen Schomlenberg bei Szeklerburg (Rumänien) die Abschlussmesse zelebrierte, war er anlässlich des Eucharistischen Kongresses im September 2021 nur für einige Stunden in Budapest, was damals für einige Missverständnisse sorgte. Umso mehr kann sein Besuch im April 2023 als ein Hochamt für alle Ungarn verstanden werden, denn das Land, seine Geschichte und sein Geistesleben standen nunmehr im Mittelpunkt. Dabei machte der Papst einige bemerkenswerte Aussagen, die von seiner Tiefenkenntnis der ungarischen Geschichte und Gesellschaft zeugen.

Ungarn ist kein rein katholisches Land

Anders als vermutet, ist Ungarn allerdings kein rein katholisches Land. Dem Katholizismus kommt nicht der hohe Stellenwert zu, wie etwa in Österreich, Polen oder Kroatien. Begründet liegt dies in der wechselvollen Geschichte des Landes, in der die Reformation eine wichtige Rolle spielte. Ungarn wurde als Kernland der Reformation wahrgenommen, während der Zeit der türkischen Besatzung galten das Fürstentum Siebenbürgen und die dort besonders stark ausgeprägte Reformation als Unterpfand der ungarischen Staatlichkeit.[1] Noch heute sind im Land neben 29 Prozent Katholiken etwa 10 Prozent Calvinisten, allen voran die politische Führung des Landes.[2] Neben Ministerpräsident Viktor Orbán gehören auch Staatspräsidentin Katalin Novák, Parlamentspräsident László Köver, Kanzleramtsminister Gergely Gulyás und viele weitere führende Politiker diesem Glauben an. Umso bemerkenswerter ist, dass der symbolbehaftete Besuch von Papst Franziskus einen derart enormen Anklang fand. Beim militärisch-zeremoniellen Empfang des Papstes durch die Verfassungsorgane war die gesamte Führung des Landes vertreten. Auch später begleitete die Staatspräsidentin den Gast aus dem Vatikan – für Katalin Novák als gläubige Calvinistin eine Selbstverständlichkeit.

Hohe Erwartungen

Im Vorfeld der päpstlichen Visite wurde von der ungarischen Regierung immer wieder eine möglichst rasche Aufnahme von Waffenstillstandsverhandlungen im Ukrainekrieg angemahnt. Das Land ist gegen Waffenlieferungen, da diese nur den Krieg und das Leid der Zivilbevölkerung prolongierten, so das Argument der Ungarn.[3] Mit dieser Position ist das Land in Europa, nicht aber in der Welt, relativ allein. Nur der Vatikan steht auf

demselben Standpunkt.[4] Umso mehr war im Vorfeld der Papstreise die Vermutung geäußert worden, es könnten neue Impulse
für Friedensinitiativen gesetzt werden. Ebenso wurde im Regierungslager antizipiert, der Papst könnte ein Bekenntnis zur markanten Familien- und Gesellschaftspolitik der Ungarn ablegen, die
im europaweiten Vergleich als besonders konservativ und werteorientiert gilt. Das Land sieht sich als bewussten Gegenentwurf zur
linken und woken Identitäts- und Gesellschaftspolitik und stellt
die Förderung von jungen Familien in den Mittelpunkt. Es schafft
Bezugspunkte für eine Selbstbehauptung des Landes in demographischer, kultureller, religiöser, aber auch wirtschaftlicher und geopolitischer Hinsicht. Im Oppositionslager hingegen wurde spekuliert, der Papst würde womöglich einige kritische Aussagen zur
ungarischen Migrationspolitik machen.

Vielfältiges Ungarn – vielfältiges Programm

Das Programm des Staatsgastes spiegelte das facettenreiche Bild
des Landes wider. Immer wieder betonte der Papst die multireligiöse und vielfältige Zusammensetzung des Landes. Nach dem
staatlichen Zeremoniell und den Vieraugengesprächen mit Staatspräsidentin Novák und Ministerpräsident Orbán wandte sich
das Kirchenoberhaupt mit einer fast halbstündigen Rede an die
Amtsträger des ungarischen Staates. Er traf in der St. Stephans
Basilika die ungarische Geistlichkeit, besuchte eine Blindenanstalt,
traf Arme und Flüchtlinge und besuchte die in Ungarn traditionell verbreitete griechisch-katholische Kirche. Ebenso kam er mit
Jugendlichen zusammen und mit den Vertretern von Wissenschaft
und Forschung. Zudem empfing er den grünen Oberbürgermeister
von Budapest, Gergely Karácsony.

Auch traf er sich mit Hilarion Alfejew, dem Metropoliten der
russisch-orthodoxen Kirche in Ungarn und vormaligen Außen

amtschef des Patriarchats von Moskau. Insbesondere diese, von der europäischen Öffentlichkeit kaum beachtete Begegnung bestätigte den Eindruck, der Papst verfolge eine intensive Friedensdiplomatie. Den Höhepunkt seiner Reise bildete die unter dem freien Himmel zelebrierte Heilige Messe auf dem Kossuth-Platz vor dem ungarischen Parlamentsgebäude, dem Hauptplatz der Nation. Die unter strahlendem Frühlingswetter abgehaltene Messe lockte mehrere Zehntausend Menschen an und wurde neben der Staatspräsidentin und dem Ministerpräsidenten von vielen ranghohen Vertretern aus Politik, Diplomatie, Verwaltung und Gesellschaft verfolgt.[5]

Die Botschaften des Papstes

In seiner Rede vor den Amtsträgern bekräftigte der Papst sein Bekenntnis zum Glauben und hob die Besonderheiten von Ungarn hervor. Er ermunterte die Ungarn, die Gegenwart und die Zukunft aktiv zu gestalten und in Europa mitzutun. Budapest mit seinen vielen Brücken symbolisiere ein Europa, das aus seiner Vielfalt heraus lebendig sei, „Europa braucht den Beitrag aller seiner Völker, ohne dass die Einzigartigkeit auch nur eines Volkes in Mitleidenschaft gerät", so Franziskus. Dabei zitierte er unerwartet das ungarische Grundgesetz, wonach „die individuelle Freiheit sich nur im Zusammenwirken mit anderen entfalten kann" und erwähnte, dass die ungarische „Nationalkultur einen reichhaltigen Beitrag zur Vielfalt der europäischen Einheit darstellt". Nochmals unterstrich er den Wert der Freiheit, für die die Ungarn so oft kämpften.

In seinen Worten lobte er ausdrücklich die ungarische „Geburts- und Familienpolitik" und geißelte die Genderideologie als „ideologische Kolonisierung", die die Unterschiede ausmerze und das Leben der Völker ignoriere. Europa verglich er mit der Budapester Kettenbrücke, denn der Kontinent könne seine Stabilität nur aus den konstituierenden Elementen ableiten. Hierbei sei der christliche Glaube unerlässlich und Ungarn könne ein „Brückenbauer werden, seinen besonderen ökumenischen Charakter ausnutzend", so das Kirchenoberhaupt. In Ungarn lebten nämlich viele Konfessionen respektvoll, konstruktiv und ohne Animositäten zusammen. Dabei erwähnte der Papst auch die einmalig große jüdische Gemeinde, die vielen verschiedenen in Ungarn lebenden Volksgruppen (insgesamt sind es 13 Nationalitäten), aber auch die oft vom westlichen Ausland vergessenen Auslandsungarn jenseits der Landesgrenzen, insbesondere in den an Ungarn grenzenden Ländern. Er sprach zudem seinen Dank für das Programm der ungarischen Regierung für die Hilfe von verfolgten Christen (Hungary Helps) aus, aber auch für die menschliche Aufnahme der aus der Ukraine geflohenen Kriegsflüchtlingen durch die Ungarn.

Im letzten Teil seiner Rede zitierte er die Ermahnungen des Heiligen Stephan an seinen Sohn Emmerich, Fremden offenherzig zu begegnen, denn sie würden das Land reicher machen. Hierbei unterstrich er die Relevanz dieser Frage für die Christen, nichts anderes, als was der Heilige Stephan damals anmahnte, würde auch heute gelten. Die zentrale Botschaft war aber eindeutig das Bekenntnis zum Frieden. Der Heilige Vater tadelte den „kriegerischen Infantilismus" und bezichtigte die Politik, die Schrecken des Krieges vergessen zu haben, stattdessen Emotionen anzuheizen, aber nicht Probleme lösen zu wollen. Die Botschaft der Heiligen Messe war eine ähnliche: Krippen, nicht Särge seien notwendig, verbunden mit einer Politik der offenen Türen. Noch einmal betonte der Pontifex maximus das friedliche Zusammenleben der verschiedenen Konfessionen in Ungarn.[6]

Fazit

Der Papstbesuch war in organisatorischer Hinsicht eine Meisterleistung. Ganz Ungarn fieberte dem Besuch entgegen und die Budapester ließen sich die vielen Straßensperrungen gefallen – diese waren ja für den guten, heiligen Zweck. Doch auch in inhaltlicher Hinsicht konnte der Besuch von Franziskus überzeugen, denn die Visite vereinte die Ungarn im In- und Ausland. Insbesondere die freundliche, verbindliche, authentische Rolle der jungen Staatspräsidentin wurde auch im Ausland als Bereicherung wahrgenommen. Regierung wie Opposition verband das Bestreben, den hohen Besucher mit Würde zu empfangen. Dabei achteten aber beide Seiten auf die ihnen genehmen Botschaften des Heiligen Vaters. Dennoch konnte die Regierung um Ministerpräsident Viktor Orbán international punkten. In den relevanten Fragen von Familie und Gesellschaft zeigte sich große Einigkeit mit Papst Franziskus, der ferner über das erwartbare Maß hinaus die Vielfalt, den Freiheitsgeist und die Brückenfunktion von Ungarn lobte. Ebenso sind Friedensappell und Friedensinitiativen des Papstes bemerkenswert, denn damit zeigt sich eine große Übereinstimmung mit der Politik und dem Verständnis des in Europa zu Unrecht als isoliert geltenden Landes. Ein Europa in Vielfalt, mit vielen verschiedenen Meinungen, die am Ende doch zu einem Miteinander in Frieden zusammenkommen müssen – auch das war die Frohe Kunde vom Papstbesuch in der ungarischen Kapitale.

Anmerkungen

[1] Wien, Ulrich A.: *Wirkungen des Calvinismus in Siebenbürgen im 16. und 17. Jahrhundert*, in: Dingel, Irene / Selderhuis, Herman J. (Hrsg.): Calvin und Calvinismus. Europäische Perspektiven, Göttingen 2023, S. 127-154.

[2] Zensus 2022, Zensusdatenbank, Bevölkerung nach Religion und Geschlecht gemäß den Volkszählungen von 2001, 2011 und 2022, URL: https://nepszamlalas2022.ksh.hu/adatbazis/ [Abruf am 31.10.2023].

[3] Orbán, Viktor: *Prime Minister Viktor Orbán's "State Of The Nation" Address*, 18. Februar 2023, URL: https://miniszterelnok.hu/en/prime-minister-viktor-orbans-state-of-the-nation-address-2023-02-18/ [Abruf am 31.10.2023].

[4] Vgl. bspw. Papst Franziskus: *Generalaudienz in der Audienzhalle Paul IV.*, 22. Februar 2023, URL: https://www.vatican.va/content/francesco/en/audiences/2023/documents/20230222-udienza-generale.html [Abruf am 31.10.2023].

[5] Presseamt des Heiligen Stuhls: *Apostolische Reise Seiner Heiligkeit Papst Franziskus nach Ungarn*, 28.-30. April 2023, URL: https://www.vatican.va/content/francesco/en/travels/2023/outside/documents/ungheria-2023.html [Abruf am 31.10.2023].

[6] Papst Franziskus: *Meeting with the Authorities, Civil Society and the Diplomatic Corps. Address of His Holiness*, Rede im Karmeliterkloster (Amtssitz des Ministerpräsidenten) in Budapest, 28. April 2023, URL: https://www.vatican.va/content/francesco/en/speeches/2023/april/documents/20230428-ungheria-autorita.html [Abruf am 31.10.2023].

II.

Ungarische Positionen

Ungarns Selbstbehauptung

Die Kritik aus dem Ausland an den innen- und außenpolitischen Entscheidungen Ungarns ebbt nicht ab. Umso mehr ist es angebracht, die hinter der markanten Politik des Landes stehenden tieferen Beweggründe nachzuzeichnen, sie zu verstehen und in einem breiteren europäischen und internationalen Kontext zu interpretieren. Eine Hilfestellung hierzu kann das Werk „Selbstbehauptung: Warum Europa und der Westen sich begrenzen müssen" des Politikwissenschaftlers Heinz Theisen liefern[1], dessen Inhalt mit dem Autor am 9. November 2022 beim Deutsch-Ungarischen Institut für Europäische Zusammenarbeit am Mathias Corvinus Collegium besprochen wurde.

Ungarn im Kreuzfeuer der Kritik

Ungarn ist seit dem Amtsantritt von Ministerpräsident Viktor Orbán (Fidesz) vor nunmehr zwölfeinhalb Jahren zur permanenten Zielscheibe europäischer Kritik geworden. Der politischen Führung des Landes wird vorgeworfen, mit ihrer eigensinnigen Politik angeblich antieuropäisch und unsolidarisch zu handeln. Oftmals gipfeln die Anschuldigungen im Vorwurf, Demokratie, Rechtsstaat und Menschenrechte würden systematisch unterwandert. Bei genauerem Hinsehen entpuppen sich die Vorwürfe als meist parteipolitisch motivierte Aktionen gegen eine dezidiert konservative Politik der Regierungskoalition. Ungarn ist ein Hort vieler Individualisten und Freiheitskämpfer, die Demokratie funktioniert, die Debatten und öffentlichen Diskurse sind lebendig, das Land verfügt über eine große Breite bürgerschaftlichen Engagements und gesellschaftlicher Organisationen jedweder Ausrichtung. Phänomene wie Kontaktschuld, Diskursverengung, Cancel Culture, Genderideologie und Bedrohungen der Wissenschaftsfreiheit sind in Ungarn unbekannt. Wer das Land, dessen Geschichte, Mentalität, politische Kultur und die andersgelagerten Debatten nachzuvollziehen bereit ist und sich auf Land und Leute offenherzig einlässt, vermag auf die gegen Ungarn vorgebrachten Kritikpunkte ganz anders einzugehen. Viele Beobachter erkennen im Gebaren des Landes auch einen bewussten Gegenentwurf zu den in Westeuropa und auch Deutschland um sich greifenden Tendenzen der Identitätspolitik und der Einengung der Debattenräume. Insbesondere tut es not, die ungarische Regierungspolitik auch eingedenk großer globaler Entwicklungslinien zu würdigen und diese Sachzusammenhänge aufzuzeigen.

Markante Politik als Erkennungszeichen

Neben den auch von Anhängern der Opposition goutierten, erfolgreichen Politikfeldern wie beispielsweise Migration, Familie, Sicherheit und Wirtschaftsentwicklung kann die ungarische Regierungspolitik als eine Hinwendung zu Freiheit und Souveränität[2] verstanden werden. Sie besinnt sich auf die natürlichen Stärken des Landes sowie seiner Bevölkerung und wehrt sich gegen eine von internationalen Eliten vorangetriebene Universalisierung der Welt. Sie steht ein für das Land, dessen Traditionen, Glauben, Kultur, Volksgruppen und Mentalitäten. Sie erkennt die nationalen Interessen und sieht Außenpolitik als Realpolitik[3], in der die

Abgrenzung der Interessensphären der Staaten einen weit höheren Stellenwert einnimmt als die sich oftmals moralisierend gebende Politik diffus vorgebrachter universaler Werte.[4]

Auch verteidigt sie Ungarn gegen eine Einmischung in die eigenen inneren Angelegenheiten und das Konzept, von außen oder von oben vorzuschreiben, wie die Ungarn ihr Leben führen sollten. In diesem Zusammenhang bilden die historischen Erfahrungen der Ungarn eine wichtige Grundlage, hat das Land doch ein seismographisches Gespür für Bedrohungen der eigenen Freiheit und Unabhängigkeit entwickelt. Hierbei handelt die Regierungskoalition im Interesse der überwiegenden Mehrheit der Landesbevölkerung, was sich ganz massiv im Zuge der europäischen Migrationskrise und der Bewältigung der darauffolgenden anderen, weitreichenden Krisen wie Coronakrise und Ukrainekrise manifestierte. Dabei rekurriert sie immer wieder auf die Interessen der eigenen Bevölkerung, stellt sich schützend vor diese und wagt hierbei auch eine neue Balance zwischen Individualinteressen und Gemeinwohl ganz im Sinne bürgerlich-freiheitlich verantworteter Lebensweise.[5] Dazu gehört die Neuerfindung der Sozialen Marktwirtschaft, die in Ungarn viele Nachahmer und Unterstützer hat. Vieles in der ungarischen Regierungspolitik kann daher als gelebte liberal-konservative Reformagenda verstanden werden, aber wie immer gilt: Auf den Inhalt, nicht auf die Verpackung kommt es an.

Diese Herangehensweise ist schlussendlich nichts anderes als die von Heinz Theisen[6] geforderte Selbstbehauptung des Landes. Dass diese einhergeht mit einer christdemokratisch-konservativen Politik, die markante Wegmarken setzt, mutet in linksliberalen Zirkeln freilich kritikwürdig an. Es darf nicht verwundern, wenn viele Meinungseliten in Brüssel und anderen Hauptstädten ganz unverhohlen schräg auf die Politikgestaltung dieses mitteleuropäischen Landes blicken, erkennen sie doch darin eine Gefahr für die von ihnen geführte Agenda. Dass dabei diese Politik vom ungarischen Wähler immer wieder bestätigt wird, sorgt umso mehr für Befremden. Konservative Politik kann erfolgreich sein, so das Kalkül der Ungarn.

Warum Selbstbehauptung?

Die Selbstbehauptung Ungarns, die Selbstbehauptung Europas und die Selbstbehauptung des Westens gehen miteinander einher, denn sie bauen gedanklich aufeinander auf. In weiten Teilen Westeuropas wurde das Konzept der Selbstbehauptung sträflich vernachlässigt. Insbesondere aus dem akademischen, medialen und politischen Leben wurden immer mehr Thesen der angeblichen Universalität der Werte verkündet, Demokratieexport in Theorie und Praxis betrieben und das Global Village gefeiert. Dies resultierte in Entgrenzungen, Überdehnungen und Verstrickungen der westlichen Welt in andere Hemisphären, die diese kaum tolerieren. Die Negativliste aus den letzten Jahren ist dabei hinlänglich bekannt. Hingegen wäre eine Selbstbesinnung auf die eigenen Stärken und Werte und deren Bewahrung in einer Selbstbehauptung des Eigenen wünschenswert.[7]

In der Geschichte wurde oftmals gerade um diese Selbstbehauptung gerungen – und auch heute ist eine solche Haltung zeitgemäß. Dabei kann eine erfolgreiche Selbstbehauptung – so erneut Theisen[8] – nur durch Selbstbegrenzung erfolgen, also durch Hinwendung auf die eigene Wertegemeinschaft. Hier spielen Grenzziehung, Schutz dieser Grenzen, Respekt vor andersgelagerten Gesellschaftsentwürfen und Kulturen sowie die Anerkennung einer multipolaren Welt eine Schlüsselrolle. Verschiedene Interessen, Ideologien und Identitäten können in einer neuartigen „Doppelstrategie der Selbstbehauptung durch Selbstbegrenzung" auf einer höheren Ebene aufgehoben werden und so in eine neue Bürgerlichkeit münden.

Ungarns Selbstbehauptung im Licht globaler Krisen

Ungarn hat gute Chancen, sich mit seiner eigenen Politik der Selbstbehauptung sicher durch die globalen Krisen und Herausforderungen zu manövrieren. Das Land besinnt sich auf eigene Stärken und konzentriert sich auf die nationalen Interessen. Es vereint einen realistischen Blick mit Möglichkeiten und Wirkungsradien eigener Politikgestaltung. Dabei wird weder die Illusion hochgesteckter Erwartungen angeblich universell gültiger Werte hochgehalten, noch das Land einem moralischen Imperialismus ausgeliefert. Vielmehr stellt sich die politische Führung des Landes ganz bewusst auf die Seite der eigenen Bevölkerung. Im Kontext der neuen Weltunordnung heißt dies: Nicht mehr, sondern weniger Einwanderung. Nicht weniger, sondern mehr Kinder. Nicht Universalismus, sondern eigene Werte. Nicht Global Village, sondern Heimat und Identität. Nicht Umverteilung und Bevormundung, sondern Hilfe zur Selbsthilfe. Nicht Interventionismus, sondern Respekt vor anderen Gesellschaftsentwürfen. Nicht Selbstaufgabe, sondern Selbstbehauptung. Diese Erfahrungen kann Ungarn in die Waagschale einbringen, wenn es darum geht, eine neue Ordnung für Europa zu entwerfen.

Anmerkungen

1 Theisen, Heinz: *Selbstbehauptung. Warum Europa und der Westen sich begrenzen müssen*, Reinbek 2022.

2 Krupincza, Mariann: *Szijjártó Péter: A magyar külpolitikai stratégia magyar és szuverén* [Péter Szijjártó: Ungarische außenpolitische Strategie ist ungarisch und souverän], in: Mandiner, 7. September 2023, URL: https://mandiner.hu/belfold/2023/09/szijjarto-peter-a-magyar-kulpolitikai-strategia-magyar-es-szuveren [Abruf am 31.10.2023].

3 Gazdag, Ferenc: *Három évtized magyar külpolitikája (1989–2018)* [Drei Jahrzehnte ungarische Außenpolitik], Budapest 2011.

4 Ungarisches Außenministerium: *Hungary's Foreign Policy after the Hungarian Presidency of the Council of the European Union*, 2011, URL: https://brexit.kormany.hu/admin/download/f/1b/30000/ foreign_policy_20111219.pdf [Abruf am 31.10.2023].

5 Rasthofer, Alexander: *Vielfalt in Einheit. Liberalismus und Kommunitarismus in Transformationsstaaten am Beispiel Ungarns unter Viktor Orbán und dem Fide*sz, Regensburg 2023. / Országgyűlés [Nationalversammlung]: *A Nemzeti Együttműködés Programja* [Das Programm der nationalen Zusammenarbeit], 22. Mai 2010.

6 Theisen 2022.

7 Kleine-Brockhoff, Thomas: *Den Westen neu denken. Wege aus der Krise der freien Welt*, in: SIRIUS – Zeitschrift für Strategische Analysen 4.1 (2020), S. 73-80. / Theisen, Heinz: *Nach der Überdehnung. Die Grenzen des Westens und die Koexistenz der Kulturen* (Politik und Kultur Band 11), Münster 2014.

8 Theisen 2022.

Die Staatspräsidentin

Ende 2021 wurde bekannt, dass die Regierungsfraktionen in der Ungarischen Nationalversammlung die Familienministerin Katalin Novák als Kandidatin für das Amt der ungarischen Staatspräsidentin nominierten, deren Wahl Mitte März erfolgen sollte. Die Entscheidung traf auf großen gesellschaftlichen Widerhall und sorgte für eine Belebung der medialen wie öffentlichen Aufmerksamkeit. Seit der Entscheidung für Novák weht ein frischer Wind in der ungarischen Politik. Ihre Kandidatur ist auch ein Angebot an junge Frauen, Politik stärker mitzugestalten. Die Nominierung war darüber hinaus die beste Reaktion auf den bisweilen erhobenen Vorwurf, dass Frauen in der Regierungspartei unterrepräsentiert seien. Die Opposition wurde offensichtlich auf dem falschen Fuß erwischt und kritisierte im Wesentlichen nur die Nähe der Kandidatin zu Fidesz.

Das Amt des Staatspräsidenten

Ähnlich wie in Deutschland ist das Amt des Staatspräsidenten weitgehend auf repräsentative Aufgaben beschränkt. Der Präsident soll nach Art. 9 des Ungarischen Grundgesetzes[1] die Einheit der Nation zum Ausdruck bringen und über die demokratische Funktionsweise der staatlichen Ordnung wachen. Der Präsident fertigt die vom Parlament beschlossenen Gesetze aus und kann bei Zweifeln hinsichtlich der Verfassungsmäßigkeit eine verfassungsgerichtliche Normenkontrolle beantragen oder Gesetze an die Nationalversammlung zur abermaligen Befassung zurückverweisen. Der Präsident ruft die nach den Wahlen neu zu konstituierende Ungarische Nationalversammlung zusammen und schlägt dem Parlament den Ministerpräsidenten vor, der dort formal gewählt werden muss. Den Amtseid des Ministerpräsidenten nimmt wie in Deutschland der Parlamentspräsident ab.

Die Wahl des Staatspräsidenten

Die Wahl des Staatspräsidenten erfolgt gemäß Grundgesetz wie in der Bundesrepublik durch ein parlamentarisches Verfahren. Eine eigens zusammengerufene Bundesversammlung gibt es in Ungarn nicht, da das Land nicht föderal aufgebaut ist und auch keine Landesparlamente hat. Die ungarischen regionalen Komitatsversammlungen sind kommunale Vertretungsorgane und haben keinen Parlamentscharakter. Die Ungarische Nationalversammlung wählt den Präsidenten der Republik, der Kandidat muss dabei im ersten Wahlgang eine Zweidrittelmehrheit erreichen, in einem eventuellen zweiten Wahlgang reicht die einfache Mehrheit. Die Amtsdauer beträgt wie in Deutschland fünf Jahre, eine einmalige Wiederwahl ist zulässig. Die Wahl des Staatspräsidenten muss laut Verfassung in einer Zeitspanne zwischen 60 und 30 Tagen vor dem Mandatsende des Vorgängers erfolgen.[2]

Die Person von Katalin Novák

Katalin Novák wurde am 6. September 1977 in Szeged in eine Ärztefamilie geboren. Nach dem Studium der Wirtschafts- und Rechtswissenschaften begann sie ihre Karriere als Regierungsbe-

amtin im Außenministerium. Verheiratet mit dem Wirtschafts-
wissenschaftler István Veres hat die gläubige Calvinistin immer
schon die Auffassung vertreten, dass Familie und Beruf eine har-
monische Einheit bilden sollten. Mit der Geburt ihres ersten Kindes – sie hat zwei Söhne und eine Tochter – ging sie in Elternzeit,
um 2010 in den Beruf zurückzukehren. Als Beraterin des damaligen ungarischen Außenministers János Martonyi und später als
Kabinettschefin des Ministers für Humanressourcen Zoltán Balog
sammelte sie wichtige Erfahrungen, Kontakte und vor allem ein
Verständnis für die deutschsprachige Welt. Die Politikerin spricht
aber nicht nur fließend Deutsch, sondern auch Englisch und Fran-
zösisch und war in den letzten Jahren für die Beziehungen auch
zu Frankreich zuständig. Als Anerkennung ihrer Arbeit erhielt sie
2019 das Ritterkreuz der Französischen Ehrenlegion und 2020 das
Komturkreuz der Republik Polen.[3]

Die Politikerin gilt somit als wichtige Brücke zu den europäischen Partnern, und es gelang ihr, in Deutschland und Frankreich
belastbare Kommunikationskanäle zu etablieren. Im politischen
Berlin war sie deshalb immer wieder eine angesehene und respek-
tierte Gesprächspartnerin, die durch Fachkenntnisse, fundiertes
Wissen und ein großes internationales Netzwerk zu überzeugen
vermochte. Dabei half ihr die Tatsache, dass sie Deutsch nicht nur
aus der Schule kannte, sondern selbst mehrere Jahre zusammen
mit ihrer Familie in Schmitten im Taunus lebte und den deutschen
Alltag und das Leben im Land aus eigener Anschauung gut kennt.

Ab 2014 stieg sie zur Staatssekretärin für Familienangelegen-
heiten auf und wurde so auch das freundliche Gesicht der Familienpolitik des Landes. Von Oktober 2020 bis zu ihrem – durch ihre
Nominierung zur Staatspräsidentin begründeten – Rücktritt im
Dezember 2021 verantwortete sie diesen Bereich als Familienministerin. Von 2018 an ist sie Mitglied der Ungarischen Nationalversammlung, war von 2017 bis 2021 stellvertretende Parteivorsitzende

von Fidesz und für die internationalen Parteikontakte zuständig, auch zur CDU/CSU. Nach dem Forbes-Barometer galt sie im Jahr 2021 als einflussreichste Frau des öffentlichen Lebens in Ungarn. Die Marathon-Läuferin gehört zum engsten Kreis um Ministerpräsident Viktor Orbán und gilt als begnadete Netzwerkerin.

Familienfreundliches Land

Die Ungarn gelten generell als kinder- und familienfreundlich, das Land verfügt über eine bemerkenswerte Dichte an Spielplätzen, Kindertheatern und Kinderprogrammen. Die weit überwiegende Anzahl der jungen Ungarn will mehrere Kinder, häufig bekommen sie diese jedoch sehr spät oder aber finanzielle Erwägungen spielen eine Rolle. Die Regierungspartei unter Führung von Viktor Orbán hat dieses gesellschaftliche Dilemma erkannt und verfolgte – nicht erst im Zuge der europäischen Migrationskrise – sehr früh eine weitsichtige Strategie: Nicht durch Migration, sondern durch Geburten soll der demographische Wandel bekämpft werden. Es war vorrangig die Aufgabe von Katalin Novák, diese Zielvorgaben zu implementieren. Die Grundvoraussetzungen dafür sind in Ungarn gegeben: Ein kinderfreundliches Land mit guter Vereinbarkeit von Beruf und Familie. Der Wunsch der Ungarn nach mehreren Kindern ist groß. Dies erfolgt in einem Umfeld, in dem über Generationen hinweg Menschen füreinander Verantwortung tragen, ungarische Großeltern können in Ungarn in Elternzeit gehen (!), um ihre Kinder, die jungen Eltern, zu unterstützen. Ungarn sei ein familienfreundliches Land und diese Ressource gelte es beherzt zu nutzen – so das Motto von Novák.[4]

Die Familienpolitik des Landes

Seit der Regierungsübernahme im Jahr 2010 legte die Regierung stufenweise ein Maßnahmenbündel vor, das international seinesgleichen sucht. Aktuell werden rund 6 Prozent des BIP hierfür verwandt. Familien mit Kindern werden nicht nur finanziell unterstützt, sondern es gibt auch eine Reihe von Anreizen gerade für junge Mütter, um einer Arbeit nachgehen zu können. Dabei spielt die Philosophie der ungarischen Regierung, im Gegensatz zur „Welfare-Gesellschaft" eine „Workfare-Gesellschaft" zu etablieren, eine große Rolle.[5] Nicht wohltätige Subventionen, sondern Steuererleichterungen für Berufstätige und ausreichend Krippen- und Kindergartenplätze stehen dabei im Mittelpunkt.[6] Um nur einige Beispiele zu nennen: Mütter bekommen in den ersten sechs Monaten nach Geburt des Kindes etwa 30 Prozent mehr Elterngeld als ihr bisheriges Gehalt, danach weniger, aber maximal bis zur Höhe von ungefähr 60 Prozent eines Durchschnittsgehalts. Kehren sie dann in den Beruf zurück, können sie, bis das Kind zwei Jahre alt ist, dieses komplette Elterngeld neben ihrem Gehalt behalten. Arbeitgeber zahlen für Mütter bis zum Alter der Kinder von zwei Jahren keine Sozialversicherungsbeiträge. Familien mit drei Kindern erhalten Steuernachlässe von maximal 300 Euro im Monat, zusätzlich wird die Mutter von vier Kindern lebenslang von der Einkommenssteuer befreit. Junge Familien können einen frei verfügbaren Babykredit in Höhe von 30.000 Euro aufnehmen, dessen Tilgung gestundet und bei Geburt von drei Kindern komplett erlassen wird. Zudem erhalten sie bei drei Kindern ein bezuschusstes Baugeld in derselben Höhe (bei weniger Kindern etwas weniger), noch höhere festverzinsliche Hypothekenkredite und einen 7.000 Euro-Zuschuss beim Kauf eines Pkw mit sieben Sitzen. Eltern auch mit nur einem Kind erhalten einen Eigenheimrenovierungszuschuss in Höhe von etwa 8.000 Euro.[7]

Vorbild für Europa?

Die vielen weiteren Maßnahmen aufzuzählen, würde den Rahmen dieses Beitrages sprengen – was aber noch wichtiger ist: Sie haben zu sichtbaren Erfolgen geführt. Die Fruchtbarkeitsrate ist von 1,25 im Jahr 2010 auf nunmehr 1,56 gestiegen[8], was den höchsten Anstieg in der EU darstellt. Ebenso konnte sich die Zahl der Eheschließungen seit 2010 fast verdoppeln, wohingegen die Schwangerschaftsabbrüche um 40 Prozent abnahmen.[9] Die familienpolitischen Maßnahmen gelten nicht nur für die Ungarn, sondern für alle EU-Bürger im Land. Vorankommen durch Arbeit, Schaffung von Eigenheim, Eigentum und Werten, Geburt von Kindern, Vereinbarkeit von Kind und Karriere – ein Lebensentwurf, der auch für viele Menschen aus Europa attraktiv sein könnte und den Novák selbst in authentischer Weise lebt und verwirklicht. Diese Leitgedanken machen das heutige Ungarn aus, und die Grundideen einer innovativen und in weiten Teilen Europas eher unbekannten Migrations-, Familien- und Wirtschaftspolitik sind zugleich eine Einladung an andere Länder, von den Erfahrungen der Ungarn im Sinne von „best practice" zu profitieren. Dass Ungarn gerade wegen dieser Politiken immer wieder von vielen linksgerichteten Ideologen angegriffen wird, vermag nicht verwundern, denn die ungarische Regierungspolitik ist schlichtweg das „Gegenteil der identitätspolitischen Linken" (Andreas Rödder).

Aussichten

Mit Katalin Novák, die sich gegen den von der vereinigten Opposition von Sozialisten, Sozialdemokraten, Grünen, Liberalen und Rechtsextremen aufgestellten Ex-Banker Péter Róna hat durchsetzen können, kommt ein neues, junges und weibliches Gesicht in die Position eines Verfassungsorgans. Ihr beherztes Auftreten und ihre sprachliche und inhaltliche Souveränität können das Land Ungarn bekannter, sympathischer und weltgewandter machen. Dies ist angesichts der negativen internationalen Berichterstattung von besonderer politischer Relevanz. Ihre Kandidatur will die 44-Jährige auch als Angebot an junge Frauen verstanden wissen, sich für Politik zu interessieren, sich etwas zuzutrauen oder einfach nur an die Vereinbarkeit von Beruf und Familie zu glauben. Dies ist den Ungarn ein Herzensanliegen, die Familienpolitik der Regierung wird von einer überwältigenden Mehrheit der Menschen im Lande unterstützt und ist unumstritten. Mit Katalin Novák scheinen die Ungarn nun auch eine Persönlichkeit gefunden zu haben, die ihre Anliegen und ihre Denkweise authentisch vertritt.

Anmerkungen

[1] Grundgesetz Ungarns [Magyarország Alaptörvénye], 25. April 2011, Art. 9. In der deutschen Übersetzung unter https://verfassungen.eu/hu/.

[2] Grundgesetz Ungarns [Magyarország Alaptörvénye], 25. April 2011, Art. 10-11.

[3] Vgl. in ausführlicher Weise auf der offiziellen Webseite der Präsidentin der Republik: https://www.sandorpalota.hu/hu/eletrajz [Abruf am 31.10.2023].

[4] Vgl. *Familienfreundliche Werte* [Családbarát értékek], unter: https://www.sandorpalota.hu/hu/csaladbarat-ertekek [Abruf am 31.10.2023].

[5] Vgl. hierzu die Rede des Ministerpräsidenten Viktor Orbán von 2014 in deutscher Übersetzung unter: Orbán, Viktor: *Die Epoche des arbeitsbasierten Staates bricht an* [A munkaalapú állam korszaka következik], 26. Juli 2014, URL: https://pusztaranger.wordpress.com/2014/08/01/viktor-orbans-rede-auf-der-25-freien-sommeruniversitat-in-baile-tusnad-rumanien-am-26-juli-2014/ [Abruf am 31.10.2023].

[6] Lakner, Zoltán / Tausz, Katalin: *From a Welfare to a Workfare State: Hungary*, in: Schubert, Klaus / de Villota, Paloma / Kuhlmann, Johanna (Hrsg.): Challenges to European Welfare Systems, Basel 2016, S. 325–350.

[7] Eine Liste aller Familienleistungen findet man u.a. unter: https://csalad.hu/kalkulator/lista [Abruf am 31.10.2023].

[8] KSH: *22.1.1.6. Live births, total fertility rate*, URL: https://www.ksh.hu/stadat_files/nep/en/nep0006.html [Abruf am 31.10.2023].

[9] KSH: *22.1.1.15. Marriages, divorces*, URL: https://www.ksh.hu/stadat_files/nep/en/nep0015.html [Abruf am 31.10.2023].

Das ungarische Wahlsystem in Theorie und Praxis

In den letzten Jahren gab es internationale Debatten über das angeblich undemokratische ungarische Wahlsystem. Bei näherer Betrachtung zeigt sich, dass die hitzigen Diskussionen den Kern der ungarischen Normsetzung kaum erfassen und einen sehr einseitigen Standpunkt widerspiegeln. Insbesondere die Kritik aus Deutschland reflektiert auch die politischen Debatten in Deutschland selbst. Aus diesem Grund tut ein vorurteilsfreier Blick auf die Bestimmungen des ungarischen Wahlrechts not – eine Überprüfung seiner Praxis und ein Vergleich mit entsprechenden deutschen Regelungen. Die Abweichungen, die sich aus der inneren Verfasstheit des ungarischen Wahlsystems insbesondere zu Deutschland ergeben, machen die ungarischen Regelungen kaum minder demokratisch. Ganz im Gegenteil bieten einige der vorhandenen und hier aufgezeichneten Unterschiede ein stärkeres demokratisches Element und somit ein größeres demokratisches Mandat der durch dieses Wahlrecht Gewählten.

Kernelemente des ungarischen Wahlsystems

Die Wahlrechtsgrundsätze einer allgemeinen, freien, geheimen, gleichen und unmittelbaren Wahl gelten auch in Ungarn. Das ungarische Wahlrecht ist seinem Wesen nach aber eher ein Mehrheitswahlrecht. Dabei handelt es sich um ein klassisches Grabenwahlrecht, bei dem die Mehrheitselemente einer Direktwahl in Einzelwahlkreisen gleichberechtigt neben den Verhältniselementen einer proportional durchgeführten geschlossenen Listenwahl stehen, dabei aber voneinander durch einen Graben getrennt sind, wenn auch mit zwei kleinen Brücken. An diesem Prinzip wurde grundsätzlich durch die Wahlreformen der Jahre 2011 bis 2012 nichts Wesentliches geändert.[1] Nach den Maßgaben des ungarischen Verfassungsgerichts müssen die Wahlkreise so geschnitten sein, dass sie ein zusammenhängendes Gebiet bilden und Komitatsgrenzen nicht überschreiten, ganz ähnlich wie in Deutschland. Anders als in Deutschland sind Wahlkreise bei einer Abweichung der Bevölkerungszahl nicht etwa erst bei 25 Prozent wie in § 3 Abs. 1 BWahlG normiert, sondern bereits bei 15 Prozent neu zu schneiden. Dies ist bei der Wahlrechtsreform geschehen, so dass die Ungarische Nationalversammlung im Jahr 2010 die trotz verfassungsgerichtlicher Vorgaben[2] langwährende Untätigkeit des Gesetzgebers vor 2010 korrigierte.

Erst- und Zweitstimme

Die Ungarische Nationalversammlung besteht aus 199 Mitgliedern, von denen 106 Abgeordnete in 106 Einzelwahlkreisen mit relativer Mehrheit in einem Wahlgang gewählt werden. Gewählt ist, wer die meisten Stimmen auf sich vereinen kann, es gibt kein Quorum. Es gilt also das britische Modell. Vor der Wahlrechtsreform war das französische Modell in Kraft, das eine Stichwahl in einem zweiten Wahlgang vorschrieb, falls kein Bewerber 50 Prozent der Stimmen erreichte.[3] In einem fragmentierten politischen System mag die Stichwahl durchaus ihre Daseinsberechtigung haben, in einem bipolaren System hingegen ist die Stichwahl wenig sinnvoll. Die restlichen 93 Abgeordneten werden mittels geschlossener Landeslisten der Parteien nach Proportionalitätsgesichtspunkten zugeteilt. Anders als in Deutschland ist das ganze Land ein einziger Stimmkreis für die landesweiten nationalen Listen. Dabei darf jede Partei eine Landesliste aufstellen, die in mindestens 71 Wahlkreisen einen Kandidaten nominiert. Für eine solche Nominierung sind freilich 500 Unterstützungsunterschriften notwendig.

Die Verkleinerung des Parlaments von 386 Mandaten auf 199 Mandate hat die Parlamentsmehrheit im Mai 2010 noch vor Amtsübernahme der neuen Regierung beschlossen und damit ein zentrales Wahlversprechen eingelöst. Anders als in Deutschland wurde damit eine radikale Verkleinerung des Parlaments bewerkstelligt und nicht nur eine kosmetische Korrektur vorgenommen. Das Verhältnis von 176 Direktabgeordneten zu 210 Listenmandataren wurde zugunsten des Mehrheitselements geringfügig modifiziert auf 106 zu 93. Für den Einzug in die Ungarische Nationalversammlung ist erforderlich, 5 Prozent der Listenstimmen zu erringen. Anders als in Deutschland ist es zulässig, dass sich zwei, drei oder mehrere verschiedene Parteien zu einer Listenverbindung zusammentun. In diesem Fall muss eine Zehnprozenthürde überwunden werden, bei drei oder mehreren Parteien beträgt diese Schwelle 15 Prozent.

Vor der Wahlrechtsreform konnten die Wähler nicht für die landesweiten Listen stimmen, sondern mussten auf Listen in den kleineren Verwaltungs- und Selbstverwaltungsgliederungen, in den Komitaten zurückgreifen. Dabei war aber eine rein proportionale Zuteilung wegen der Zahl der Mandate gar nicht möglich, so dass kleinere Parteien benachteiligt wurden. Die Reform hat die

Bezugsgröße auf 93 angehoben, damit können auch kleinere Parteien bei der Zuteilung berücksichtigt werden.

Dabei hat im Normalfall jeder Wähler zwei Stimmen – eine Wahlkreisstimme für den Direktkandidaten sowie eine Listenstimme für die Parteiliste. Anders als in Deutschland werden die beiden Stimmen nicht auf einem Stimmzettel, sondern auf zwei separaten Stimmzetteln abgegeben, sodass sich keine Rückschlüsse auf die Zusammenhänge zwischen Erst- und Zweitstimme ziehen lassen.

Kompensationselemente

Die ungarische Legislative folgt dem Prinzip, dass bei den Wahlen keine einzige Stimme verlustig gehen darf. Anders als in Deutschland, wo Stimmen für einen Wahlkreisverlierer ebenso verlorengehen wie die für den Sieg des Wahlkreisgewinners nicht mehr gebrauchten Stimmen, ist in den ungarischen Regelungen vorgesehen, dass diese Stimmen auf die Landeslisten der jeweiligen Parteien transferiert werden. Alle Wahlkreisstimmen der Wahlkreisverlierer werden eins zu eins zur Landesliste der sie nominierenden Parteien addiert. Dadurch erhöhen diese Stimmen als „Kompensationsstimmen" die Gesamtstimmenzahl und die Anzahl der einer Partei zustehenden Parlamentssitze. Das Prinzip, wonach keine Stimme verlorengehen darf, findet sich auch bei den Gewinnerstimmen wieder. Dort werden diejenigen Stimmen, die die obsiegende Partei für den Sieg nicht mehr benötigt, der Landesliste zugeschlagen. Gewinnt ein Wahlkreisgewinner mit 10.000 Stimmen Vorsprung vor dem Zweitplatzierten, hat er 9.999 Stimmen für den Sieg nicht mehr gebraucht, eine Stimme Vorsprung hätte auch genügt. Damit wandern die 9.999 „überflüssigen" Stimmen auf die Landesliste. Dieses Kompensationselement soll auch Wähler in solchen Wahlkreisen motivieren, in denen kein enges Rennen erwartet wird. Anders als von kenntnisfernen Teilen der Fachliteratur behauptet,[4] begünstigt das Kompensationselement nicht nur die Regierungsparteien, sondern auch die Opposition. Diese hat mittels der Verliererkompensation bei den letzten Parlamentswahlen deutlich mehr zusätzliche Mandate erhalten als etwa die Regierungsparteien durch die Gewinnerkompensation.[5]

Nur persönliche Stimmabgabe

In Ungarn gibt es keine Briefwahl. Alle Wähler müssen am Wahltag selbst in den Wahllokalen erscheinen und ihre Stimmen persönlich abgeben. Bettlägerige Wähler können eine sogenannte Mobilurne bestellen. Am Wahltag werden dann Wahlurne und Wahlunterlagen von mindestens zwei Wahlhelfern in die Wohnung des Antragstellers gebracht, der dort seine beiden Wahlzettel persönlich ausfüllen und einwerfen kann. Anders als in Deutschland entscheidet der ungarische Souverän an einem einzigen Tag mit demselben Informationsstand. Eine Vorverlagerung der Wahlaktivitäten Wochen vor dem eigentlichen Wahltag findet also nicht statt. In Deutschland wird dieses Phänomen aufgrund der hohen Zahl der Briefwähler – so zuletzt bei den Bundestagswahlen 2021 mit 47,3 Prozent[6] – intensiv diskutiert. Bereits 2019 warnte Bundeswahlleiter Georg Thiel vor der Erstreckung des Wahlzeitraums auf mehrere Wochen.[7] Eine Ausnahme ist freilich die Briefwahl für die Auslandsungarn, also diejenigen, die nicht über einen inländischen Wohnsitz verfügen. Bei der letzten Parlamentswahl wurden so 268.766 Stimmen abgegeben. Anlässlich der Wahlrechtsreform wurde zwar über eine Ausweitung der Briefwahl auf das gesamte Elektorat diskutiert, doch überwogen zu großen Teilen Sicherheits-, Datenschutz- und demokratietheoretische Argumente. Zudem wurden Argumente betreffs der Unzuverlässigkeit der ungarischen Post vorgebracht, ferner fiel die Debatte in eine Zeit, in der das Nachbarland Österreich wegen schadhafter Briefwahlunterlagen in der Kritik stand.

Die Stimmabgabe am Wahlsonntag ist anders als in Deutschland nicht nur für eine Dauer von 10 Stunden, sondern für 13 Stunden, von 06.00 Uhr bis 19.00 Uhr, möglich. Anders als in Deutschland wird das Ergebnis nicht bei Schließung der Wahllokale bekanntgegeben, sondern frühestens nach dem Verlassen des Wahllokals durch den allerletzten Wähler. Es kommt nämlich des Öfteren vor, dass Personen, die kurz vor Schließung des Wahllokals eintreffen, erst nach 19.00 Uhr ihre Stimmen abgeben können, manchmal kommt es auch zur Bildung von Schlangen. Das ungarische Wahlverfahrensrecht stellt sicher, dass alle Wähler, die sich bis 19.00 Uhr in die Schlange gestellt haben, wählen dürfen müssen. Vorher darf kein Ergebnis bekanntgegeben werden. Dieses Verfahren soll eine unbeeinflusste Wahlentscheidung garantieren. Beim Wahlgang müssen die Wähler ihren Personalausweis – oder Pass oder Führerschein – sowie die ihren inländischen Wohnsitz zertifizierende sogenannte Wohnsitzkarte vorlegen. Anders als in Deutschland sind am Wahlsonntag viele Bürgerämter geöffnet, so dass Personen, die erst am Wahltag oder im Wahllokal bemerken, dass ihre Dokumente fehlen oder abgelaufen sind, noch am Tag der Wahl selbst Ersatzdokumente beschaffen können, damit ihre Stimmabgabe sichergestellt ist.

Der Wähler kann – anders als in Deutschland – zudem an einer Auslandsvertretung seiner Wahl oder aber in einem anderen inländischen Wahlkreis seiner Wahl die Stimmabgabe vollziehen – sowohl was die Wahlkreisstimme seines Heimatwahlkreises als auch die Listenstimme für einen Parteienvorschlag betrifft. Nötig ist hierfür lediglich eine vorherige Anmeldung. Um die Anonymität der Stimmabgabe zu wahren, wird in allen 106 Wahlkreisen jeweils ein Wahllokal am Wahlabend nicht ausgezählt. Daher ist am Wahlsonntag immer nur ein Auszählungsstand von etwa 98-99 Prozent zu vermelden. Die Wahlzettel der ungeöffneten Wahlurnen der nicht ausgezählten Wahllokale werden mit den hinzukommenden Wahlzetteln aus den Konsulaten und den anderen Wahlkreisen vermengt. Etwaige Rückschlüsse auf das Wahlverhalten der an den Auslandsvertretungen oder in anderen Wahlkreisen Abstimmenden sind dadurch ausgeschlossen. Daher kann das Endergebnis erst etwa 10 Tage nach der Wahl vorliegen. In besonders umkämpften Wahlkreisen kann sich das Ergebnis des Wahlkreiskandidaten noch drehen, was auch regelmäßig vorkommt. Anders als in Deutschland sind in den Wahlkreisen Vertreter der die Direktkandidaten nominierenden Parteien nicht nur willkommen, sondern durchaus erwünscht, ihre Anwesenheit ist gesetzlich garantiert und geschützt. Dabei soll jede Partei in jedem Wahlvorstand vertreten sein. Bei den letzten Parlamentswahlen 2022 nahm eine noch nie zuvor dagewesene hohe Zahl an Parteivertretern teil, die kaum ernstzunehmende Beanstandungen vorzutragen hatten.

Auslandsungarn

Ebenso neu ist das neu eingeführte Stimmrecht für die Auslandsgemeinschaften. Ungarn besaß lange Zeit ein sehr rigides Element in seinem Wahlrecht. Es war nämlich erforderlich, dass alle eigenen Staatsangehörigen auch über einen gemeldeten inländischen Wohnsitz verfügen. Diese in der internationalen Praxis sehr seltene Regelung wurde von Bürgerrechtlern immer wieder kritisiert. Mit den Wahlreformen wurde diese Anomalie beseitigt, auch Auslandsungarn können nunmehr bei den Parlamentswahlen mitbestimmen. Als Auslandsungarn gelten alle Ungarn, die keine inländische Meldeadresse vorweisen können. Sie haben damit die Möglichkeit der Briefwahl, anders als die nur vorübergehend im Ausland sich Aufhaltenden – wie Geschäftsreisende, Touristen, Studenten, Städteurlauber, entsandte Arbeitnehmer –, die weiterhin über einen inländischen Wohnsitz verfügen. Diese können für die Stimmabgabe entweder ihren Heimatwahlkreis oder einen beliebigen inländischen Wahlkreis oder aber eine Auslandsvertretung ihrer Wahl aufsuchen. Bei den letzten Wahlen haben 268.766 Personen der auslandsungarischen Gemeinschaften gültig abgestimmt, bei 5.448.416 sonstigen Wählern, was einem Anteil von 4,7 Prozent entspricht. Gegenüber den Inländern verfügen die Auslandsungarn aber nicht über die Erststimme, da sie ja keinem Wahlkreis zugehörig sind.

Autochthone Minderheiten in Ungarn

In Ungarn gibt es 13 anerkannte autochthone Volksgruppen, die über weitgehende Mitbestimmungsrechte und Selbstverwaltungsmöglichkeiten verfügen. Parallel zu den Kommunalwahlen werden Wahlen zu den Nationalitätenselbstverwaltungen abgehalten, an denen Angehörige der Volksgruppen – die Zugehörigkeit beruht auf Selbstauskunft und kann bezüglich des aktiven Wahlrechts beliebig oft geändert werden – teilnehmen können. Ebenso können diese Angehörigen die im Kommunalwahlrecht fixierte Minderheitenzugehörigkeit auch auf die Parlamentswahlen „erstrecken" lassen. Die diesbezüglichen Eintragungen ins Wählerregister können online vorgenommen werden und entfalten sonst keine Rechtsfolgen. Angehörige der Nationalitäten können bei Eintragung in das jeweilige Wählerverzeichnis allerdings keine Zweitstimme für eine Parteiliste abgeben. Ihnen verbleibt aber die Erststimme für den Direktwahlkreiskandidaten. Die Nationalitäten werden wie in Deutschland von der Fünfprozenthürde ausgenommen. Anders als in Deutschland erhalten sie das Mandat als privilegiertes Mandat. Das bedeutet, dass die Nationalitätenliste nicht die faktische Hürde eines rechnerischen Mandats erreichen muss, sondern dass bereits ein Viertel der für den regulären Mandatserwerb benötigten Stimmenzahl ausreicht, um den Parlamentssitz zugeteilt zu bekommen.

In diesem Falle wird die Zahl der Parteilistenmandate um die Zahl der erfolgreichen Nationalitätenbewerber gesenkt, im vorliegenden Fall gibt es mit den Parlamentswahlen 2022 nur noch 92 Parteilistenmandate und ein Nationalitätenmandat. Dies bedeutet, dass die Parteien gewissermaßen einen Platz an die Volksgruppe „abtreten".

Auch eine faktische Hürde ist eine Hürde, die überwunden werden muss. Der Südschleswigsche Wählerverband (SSW) konnte diese bei den Bundestagswahlen 2021 nur deshalb erklimmen, weil der aufgeblähte Bundestag diese faktische Hürde senkte. Bei einem kleineren Bundestag hätten die für den SSW abgegebenen Stimmen für einen Bundestagssitz nicht gereicht. Bei den Wahlen zur Ungarischen Nationalversammlung im Jahr 2022 konnte allein die deutsche Volksgruppe mit 24.630 Stimmen mehr als ein Viertel der regulären Mandatserwerbshürde erreichen[8] und damit einen vollwertigen Abgeordneten stellen. Die anderen Volksgruppen entsenden nur einen Fürsprecher, der lediglich ein Rederecht hat. Die Fürsprecher und der deutsche Parlamentsabgeordnete bilden den Nationalitätenausschuss des Parlaments, dem der deutsche Abgeordnete vorsteht. Damit vertritt dieser nicht nur seine eigene deutsche Minderheit, sondern auch die anderen Minderheiten Ungarns.

Zusammenfassend ist festzuhalten, dass die Auslandsungarn mittels ihrer Parteistimme Teil der politischen Stimmgemeinschaft sind, während für die inländischen Volksgruppenzugehörigen dies nicht zutrifft. Sie sind allerdings Teil der lokalen Stimmgemeinschaft in ihrem Heimatwahlkreis, während die Auslandsungarn hiervon ausgeschlossen bleiben. In anderen Ländern stimmen Auslandsgemeinschaften oftmals im Wahlkreis der Hauptstadt ab (Polen) oder bilden einen eigenen Wahlkreis (Rumänien). Der ungarische Gesetzgeber entschied sich für die Entkoppelung des Wahlkreises als lokale Bezugsgröße von den im Ausland lebenden Stimmberechtigten. Sie bleiben jedoch durch das Zweitstimmenwahlrecht in die politischen Entscheidungsfindungen einbezogen.

Fazit

Anders als in weiten Teilen der deutschen Öffentlichkeit unterstellt wird, trägt das ungarische Wahlrecht keine Merkmale einer undemokratischen Gesinnung. Vielmehr gibt es einzelne Bestimmungen, die ein stärkeres demokratisches Element beinhalten und damit zur Akzeptanz und Legitimierung der gewählten Volksvertretung beitragen. Die Legitimität der Wahlen wurde auch in Ungarn kaum ernsthaft in Zweifel gezogen. Die hier behandelten Ausgestaltungen des ungarischen Wahlrechts sind Resultate einer gelebten Demokratie, aber auch Ergebnisse eines ausgesprochenen Misstrauens der politischen Akteure untereinander. Aus diesem Grunde sind Sicherungen und Kontrollmechanismen in das Wahlverfahren eingebaut worden. Ein existenzvernichtender Eingriff in das demokratische Parteileben, wie ihn die im März 2023 von der Ampel-Koalition beschlossene und im Deutschen Bundestag mit einfacher Mehrheit verabschiedete Wahlreform prinzipiell ermöglicht, ist im ungarischen Wahlsystem ebenso prinzipiell ausgeschlossen.

Anmerkungen

[1] Alle Neuerungen der Wahlreform: Bauer, Bence: *Das ungarische Wahlsystem* (Faktenwissen Ungarn Nr. 2022/02), URL: https://magyarnemetintezet. hu/de/faktenwissen-ungarn/das-ungarische-wahlsystem-1 [Abruf am 31.10.2023].

[2] Ungarisches Verfassungsgericht: *Pressemitteilung des Ungarischen Verfassungsgerichts vom 6. Dezember 2010*, URL: https://alkotmanybirosag. hu/kozlemeny/sajtokommunike-az-orszagos-egyeni-valasztokeruletek-szabalyozasanak-alkotmanyellenessegerol/ [Abruf am 31.10.2023].

[3] Ausführlich zum alten Wahlrecht: Patzelt, Werner J.: *Ungarn verstehen. Geschichte, Staat, Politik*, München 2023

[4] Barlai, Melani / Hartleb, Florian / Mikecz, Dániel: *Das politische System Ungarns*, Baden-Baden 2023.

[5] Ausführliche Berechnungsmethoden 2022 siehe: Nationales Wahlbüro, *Országos listás mandátumok számítása* [Berechnung der Mandate der Landesliste], URL: https://vtr.valasztas.hu/ogy2022/valasztasi-informaciok/mandatumszamitasi-tabla [Abruf am 31.10.2023].

[6] Ausführlich hierzu: Bundeszentrale für politische Bildung: *Wahlbeteiligung und Briefwahl*, URL: https://www.bpb.de/kurz-knapp/zahlen-und-fakten/ bundestagswahlen/341117/wahlbeteiligung-und-briefwahl/ [Abruf am 31.10.2023].

[7] Süddeutsche Zeitung: *Kritik an Briefwahl*, 21. Mai 2019, URL: https:// www.sueddeutsche.de/politik/demokratie-kritik-an-briefwahl-1.4456464 [Abruf am 31.10.2023].

[8] Ergebnisse beim Nationalen Wahlbüro: Nationales Wahlbüro, *Országos listák* [Landeslisten], URL https://vtr.valasztas.hu/ogy2022/orszagos-listak?tab=ethnics [Abruf am 31.10.2023].

Ungarns Position im Ukrainekrieg

Das von Ministerpräsident Viktor Orbán geführte bürgerliche Lager wurde von den ungarischen Wählern vor gut einem Jahr mit einer vierten Zweidrittelmehrheit in Folge ausgestattet. Inzwischen regiert der populäre Ministerpräsident sein Land seit 13 Jahren ununterbrochen, insgesamt verfügt er über 17 Jahre Regierungserfahrung. Heute ist er der Dienstälteste im Europäischen Rat. Nicht nur seine Wirtschafts-, Familien- und Migrationspolitik kann sich sehen lassen, auch seine klare Positionierung im Ukrainekrieg spielte bei seiner Wiederwahl im April 2022 eine entscheidende Rolle.

Internationales Ungarnbild

Aus dem Blickfeld westeuropäischer Provenienz mutet das störrische Ungarn immer wieder verstörend an. Die eigensinnigen, eigenwilligen und freiheitsliebenden Menschen wählen sich zum wiederholten Male eine Regierung, die dem europäischen Mainstream wie ein Dorn im Auge erscheint. Weite Teile Europas können es nicht verstehen, wie eine dezidiert konservative Politik nicht nur erfolgreich, sondern auch populär und zukunftsgerichtet sein kann. Das Land definiert seine Interessen selbst, besinnt sich auf seine Souveränität und seine Selbstbehauptung. Die Regierung handelt demgemäß in Übereinstimmung mit der Meinung einer großen Mehrheit der ungarischen Bevölkerung – dies gilt auch für die Positionierung im Ukrainekonflikt. Dabei sind die strategischen Interessen Ungarns und anderer europäischer Länder sehr ähnlich. Eine andere Frage ist natürlich, inwieweit dies international Beachtung findet.

Unmittelbare Betroffenheit

Ungarn ist als Nachbarland der Ukraine direkt von den Folgen des Krieges betroffen. Die unmittelbare geographische Nähe sensibilisiert die Ungarn sehr, sie denken und fühlen mit, und sie erinnern sich noch sehr gut an die Zeit der Jugoslawienkriege. Damals hörte man in Südungarn den Geschützdonner – die südungarische Kleinstadt Barcs wurde sogar einmal von jugoslawischen Bombern angegriffen.

Wie man sich damals nicht in den Krieg hineinziehen ließ, so wird auch heute eine besonnene Politik verfolgt. Ungarn hat historisch viele Erfahrungen in den Konflikten zwischen Ost und West gesammelt und will sich möglichst aus jeglichen weiteren Erschütterungen heraushalten.

Doch nicht allen Ungarn gelingt dies. Bis jetzt starben bereits mehrere Soldaten ungarischer Nationalität (aber ukrainischer Staatsbürgerschaft) als Angehörige der ukrainischen Streitkräfte im Krieg[1], nicht wenige waren zuvor zwangsrekrutiert worden. Davon weiß die europäische Öffentlichkeit jedoch kaum etwas.

Ebenso wenig ist dort bekannt, welchen wechselvollen und schwierigen Bedingungen die gut 150.000 Personen umfassende ungarische Minderheit in der Ukraine ausgesetzt ist, angefangen vom – die ungarische Sprache zurückdrängenden – Sprachen- und Unterrichtsgesetz bis hin zum Verbot, ungarische Fahnen zu hissen.[2]

Verurteilung des Krieges

Trotz dieser Herausforderung für die ungarische Minderheit war klar, auf wessen Seite Ungarn in diesem bewaffneten Konflikt steht. Immer wieder wurde herausgestellt, dass die Probleme der autochthonen ungarischen Gemeinschaft zwar virulent seien, in diesen Kriegszeiten jedoch auch vom Mutterland hintangestellt werden müssten, da die Ukrainer derzeit viel Schlimmeres durchleben.

Bereits in den ersten Tagen des Krieges verurteilte die ungarische Regierung den russischen Angriffskrieg gegen die Ukraine auf das Schärfste. Auch bekennt sich Ungarn bedingungslos zur Unabhängigkeit und zur territorialen Integrität der Ukraine und bekräftigt dies immer wieder. Ungarn unterstützt zudem die EU-Mitgliedschaft der Ukraine.[3] Bei ihren mehrfachen Besuchen in der Ukraine, auch in Kiew, betonte die ungarische Staatspräsidentin Katalin Novák demonstrativ die Unterstützung Ungarns für das angegriffene Land.[4]

Flüchtling ist nicht gleich Flüchtling

Ungarn ist das einzige Land in der Europäischen Union, das mit seinen Schengen-Außengrenzen gleich zweifachem Einwanderungsdruck ausgeliefert ist: Neben den Kriegsflüchtlingen aus dem Osten ist das Land auch dem Druck von illegalen Migranten aus dem Süden ausgesetzt. Umso mehr tut hier eine Unterscheidung not, wer tatsächlich hilfsbedürftig ist und ins Land und somit in die EU darf.

Während mehr als eine Million Ukrainer wärmstens empfangen wurden, gilt für die aus allen Teilen der Welt ankommenden illegalen Migranten an der ungarischen Staatsgrenze das rote Stoppschild. So langsam schwant auch der europäischen Öffentlichkeit, dass Kriegsflüchtlinge anders behandelt werden müssen als illegale Wirtschaftsmigranten. Letztere werden in den meisten Fällen von kriminellen Schleppern gegen hohe Zahlungen an die EU-Grenzen transportiert, ganz ähnlich wie die vom Lukaschenko-Regime an die weißrussisch-polnische Grenze gebrachten Migranten aus allen Teilen der Welt.

Erst hier wurde klar, dass der Schutz der EU-Außengrenzen unabdingbar ist und illegale Migranten aufzuhalten sind. Diese Erkenntnis setzte sich auf europäischer Ebene erst sehr spät durch, aber immerhin forderte die Europäische Volkspartei für den Winter 2023 angesichts der weltweit einsetzenden Migrationsströme einen effektiven Schutz der EU-Außengrenzen.[5]

Solidarität und Hilfe

Mit Beginn des Ukrainekrieges ging auch in Ungarn eine große Welle von Anteilnahme und Hilfsbereitschaft durch die Bevölkerung. Staatliche, kommunale und private Stellen halfen den aus der Ukraine kommenden Kriegsflüchtlingen. Mehr als eine Million Ukrainer kamen in Ungarn an, wurden registriert und versorgt. Freilich zog ein Großteil weiter gen Westen, doch viele sind geblieben.

Sie genießen eine Vorzugsbehandlung, können frei und kostenlos im Land reisen, erhalten Aufnahme und Verpflegung, können auch einer Erwerbstätigkeit nachgehen. Die sie beschäftigenden Arbeitgeber erhalten zudem staatliche Beihilfen. Mehr als 1.000 ukrainische Studenten besuchen die ungarischen Universitäten, viele mit einem Stipendium. Dem Nachbarland werden zahlreiche Hilfsgüter geschickt, bis jetzt im Wert von rund 30 Millionen Euro. Auch ist wenig bekannt, dass Ungarn sich vertraglich verpflichtete, monatlich 35.000 Tonnen Diesel an sein von Russland überfallenes Nachbarland zu liefern.

Als in den Diskussionen um die neue EU-Kreditaufnahme in Höhe von 18 Milliarden Euro für die Ukrainehilfe Ungarn dem

Ansinnen der Kreditaufnahme nicht entsprach, wurde kolportiert, Ungarn würde sich gegen die Ukraine stellen. Das Gegenteil war der Fall: Das Land war bereit, seinen Anteil am Hilfspaket – 187 Millionen Euro – aus eigenen Haushaltsmitteln unmittelbar zur Verfügung zu stellen. Begründet liegt dies in der generellen ungarischen Ablehnung der gemeinsamen Kreditaufnahme, nicht an der Ablehnung der Ukrainehilfen. Insofern gehört Ungarn zu den fiskalpolitisch soliden Ländern. Auch hierüber schwieg sich die internationale Berichterstattung ostentativ aus. Später jedoch wurde das 18 Milliarden Paket übrigens auch von Ungarn beschlossen.[6]

Rüstungspolitik

Einzig die strategische Frage der Waffenlieferungen an die Ukraine beurteilt die ungarische Führung anders als die meisten Länder in Europa. In Ungarn ist man überzeugt, dass Waffenlieferungen den Krieg und damit das Leid der ukrainischen Bevölkerung nur verlängern. Dies bedeutet aber nicht, dass das Land die von seinen Bündnissystemen bereitgestellten Lieferungen nicht unterstützen würde.

Außerdem reagierte die ungarische Militärführung nicht wie viele andere Länder erst im Jahr 2022 auf den bewaffneten Konflikt, sondern bereits ab 2014. Nach der Annektierung der Krim durch Russland war es den Ungarn klar, dass sie ihre strategische Verteidigungsbereitschaft erhöhen müssen. Dabei steht nicht nur die NATO-Verpflichtung von 2 Prozent des Bruttoinlandsprodukts im Mittelpunkt (dieses Ziel soll schon im nächsten Jahr erreicht werden), sondern auch die eigene Verteidigungsfähigkeit.

Das im Jahr 2016 begonnene „Zrínyi 2026 Programm" (später umbenannt in: Zrínyi-Programm für Verteidigung und militärische Entwicklung) zur Ertüchtigung der ungarischen Streitkräfte sieht Beschaffungen und Modernisierungen in bisher kaum bekannter Dimension vor. Seit 2016 wurden rund 10 Milliarden Euro investiert. Im Mittelpunkt dieses Programms steht die Ansiedlung von entsprechenden Produktionsstätten in Ungarn, allen voran Rheinmetall und Airbus. Diese Investitionen werden von der ungarischen Regierung großzügig unterstützt.[7]

EU-Sanktionen

Ungarn trägt alle Entscheidungen der NATO und der EU mit, ist aktiver Teil der Gemeinschaft und kommt seiner Bündnistreue nach. Ungarn handelt im Verbund seiner Partner – niemals wurde diese Loyalität ernsthaft in Frage gestellt. Auch bei den verschiedenen Sanktionspaketen der Europäischen Union stimmte Ministerpräsident Viktor Orbán immer wieder zu. Zur Wahrheit gehört aber auch, dass er verschiedentlich seine „Dissenting Opinion" klar zum Ausdruck brachte.

Seiner Meinung nach seien die Sanktionen primitiv und kaum durchdacht, würden kaum Erfolge zeitigen – und am schlimmsten: Sie schaden nur den Europäern – mit hohen Teuerungsraten, explodierenden Energiepreisen und einer galoppierenden Inflation. An einer im Herbst 2022 eigens durchgeführten großangelegten Befragung der gesamten ungarischen Bevölkerung nahmen 1,4 Millionen Menschen teil. Sie bekundeten dabei eine Meinung, die sich mit jener der politischen Führung deckt: 97 Prozent der Abstimmenden waren der Auffassung, dass die Sanktionen nachteilige Wirkungen auf Ungarn entfalten.[8]

Wirtschaftliche Folgen

In der Tat treffen Energieteuerung und Geldverfall vor allem die ärmeren Bevölkerungsgruppen, die gerade in Westeuropa nach Migrations- und Covidkrise schon wieder die Leidtragenden der

Krisen der letzten Jahre sind, und deren Lebensstandard vielerorts sinkt. In ganz Europa sind die unmittelbaren und mittelbaren Folgen des Krieges mit Händen zu fassen. Auch in Ungarn war die Rohstoffabhängigkeit von Russland bis zuletzt gewaltig, ohne russische Importe würde das Land vor ernsthaften Schwierigkeiten stehen.

Zwar ist Ungarn auf gutem Wege, erneuerbare Energien, vor allem Solarenergie, zu nutzen. Auch spielt Atomkraft im ungarischen Energiemix eine wichtige Rolle. Doch ein Loslösen vom russischen Gas kann vorerst keine Lösung sein.

Viele Ungarn spüren mit der hohen Inflation[9] am eigenen Leib, wie die Sanktionen gegen Russland ihre in den letzten Jahren mit Müh und Not aufgebaute wirtschaftliche Existenz gefährden. Sie wollen den Krieg daher umso schneller beendet sehen und somit auch die verfehlte Sanktionspolitik. Je länger der Krieg dauert, desto mehr wird Europa zum Leidtragenden dieses Konflikts, so ihre Überzeugung.

Strategische Interessen

Bei Lichte betrachtet sind die strategischen Interessen Ungarns denen der meisten europäischen Länder vergleichbar und ähnlich, wenn nicht sogar identisch. Es muss zwischen Russland und der NATO ein freies, neutrales und unabhängiges Land existieren, dass zugleich ein Puffer zwischen diesen beiden Lebenswelten ist.

Kaum jemand in Europa fordert ernsthaft eine NATO-Mitgliedschaft der Ukraine. Auch ist allen Beteiligten klar, dass der Konflikt ein Konflikt zwischen zwei Nicht-NATO-Ländern ist. Ebenso ist es allen Verantwortlichen wichtig, dass sich die Europäer nicht in den Krieg hineinziehen lassen und nicht zur Kriegspartei werden. Eine andere Frage ist jedoch, inwieweit waffenliefernde Länder nicht zur Kriegspartei werden könnten.

Zudem wollen sicherlich auch alle in Europa den Frieden in der Ukraine. Einzig die Frage, wie dieser erreicht werden kann, spaltet die Europäer. Während viele Länder darauf spekulieren, dass eine hochgerüstete und mit Waffen ausgestattete Ukraine letztlich Russland zurückschlagen, wenn nicht gar schlagen kann, sehen andere Länder, allen voran Ungarn, dies anders.

Die Überzeugung der politischen Führung Ungarns ist, dass es kaum möglich sei, eine Atommacht zu schlagen, und dass eine weitere Eskalation des Konflikts Europa und die Welt in einen Abgrund stürzen würde. Aus diesem Grund appelliert man an die Kriegsparteien, möglichst rasch Waffenstillstandsverhandlungen aufzunehmen. Dies erfordert auch das strategische Interesse Europas, das anders als die Interessen globaler Weltmächte wie etwa der Vereinigten Staaten von Amerika gelagert ist.

Diese Politik bedeutet keineswegs, Russland nicht als Aggressor zu identifizieren, doch müsse auch mit einem solchen verhandelt werden können. Daher möchte Ungarn den Frieden durch eine Verhandlungslösung befördern, hat sich immer wieder als neutralen Ort für Friedensverhandlungen ins Spiel gebracht und gewinnt international Tag für Tag mehr Befürworter. Menschenleben, Friede und unser, uns allen wichtiger European Way of Life verdienen es, geschützt, behütet und bewahrt zu werden.[10]

Zu den Unterstützern möglichst baldiger Friedensverhandlungen gehört neben Ungarn auch der Vatikan. Der Besuch des Pontifex maximus in Ungarn Ende April 2023 wertete die Friedenspolitik des ostmitteleuropäischen Landes auf. Dass Franziskus Ungarn nach relativ kurzer Zeit (er war zuletzt im Herbst 2021 in Ungarn) erneut besuchte, unterstreicht den Stellenwert des Landes.[11]

Fazit

Die strategischen Interessen Ungarns sind ähnlich den strategischen Interessen Europas. Wie alle anderen Europäer verurteilt Ungarn die russische Aggression, doch betont dessen Regierung immer wieder, dass nur durch eine Verhandlungslösung ein Friedenszustand in der Ukraine erreicht werden könne. Je länger der Krieg dauert, desto schwächer werden die Europäer und desto stärker werden wiederum andere globale Mächte.

Einzig bei der Frage, ob Waffenlieferungen an die Ukraine den Krieg verkürzen oder verlängern, entzweien sich die Meinungen in Europa. In allen anderen Punkten stimmen die Ungarn mit den anderen Ländern Europas überein, werden aber trotzdem als Sonderlinge gesehen.

Dies liegt in der eigenwilligen, aber erfolgreichen liberal-konservativen Reformagenda des ungarischen Ministerpräsidenten begründet, der mutig und entschlossen die Interessen seines Landes vertritt. Damit können sich viele im linksliberalen Spektrum in Europa nicht abfinden. Die Auseinandersetzung um die Deutungshoheit in Europa geht also weiter.

Anmerkungen

1   Die genauen Zahlen lassen sich aufgrund der komplizierten Informations-
    und Datenlage schwierig ermitteln. Die ungarische Zeitung in
    Transkarpatien meldete im Februar 2023 über 30 Opfer. Manche
    Beobachter sprechen von deutlich höheren Zahlen bis zu mehreren
    hundert, vgl. Magyar Nemzet: *Újabb kárpátaljai katona halt meg az
    ukrajnai háborúban* [Ein weiterer transkarpatischer Soldat im Krieg in
    der Ukraine gefallen], 18. September 2023, URL: https://magyarnemzet.
    hu/kulfold/2023/09/ujabb-karpataljai-katona-halt-meg-az-ukrajnai-
    haboruban [Abruf am 31.10.2023].

2   Böhm, Márton József / Rasthofer, Alexander: *Die Situation der ungarischen
    Minderheit in der Karpatenukraine* (Faktenwissen Ungarn Nr. 2022/13),
    URL: https://magyarnemetintezet.hu/de/faktenwissen-ungarn/
    fatenwissen-ungarn-die-situation-der-ungarischen-minderheit-in-der-
    karpatenukraine [Abruf am 31.10.2023].

3   Németh, Márton Sándor: *Itt a politikai nyilatkozat, amit a magyar
    Országgyűlés fogadhat el a háborúról* [Hier ist die politische Erklärung,
    die das ungarische Parlament zum Krieg annehmen kann], in: Index, 9.
    März 2022, URL: https://index.hu/belfold/2022/03/09/itt-a-politikai-
    nyilatkozat-amit-a-magyar-orszaggyules-fogadhat-el-a-haborurol/ [Abruf
    am 31.10.2023].

4   Nyilas, Gergely: *Novák Katalin a Krími Platformon: Ukrajna a jogaiért
    harcol* [Katalin Novák auf der Krim-Plattform: Die Ukraine kämpft
    für ihre Rechte], in: Telex, 23. August 2023, URL: https://telex.hu/
    kulfold/2023/08/23/krimi-platform-novak-katalin-ukrajna-kijev-helyszini-
    tudositas [Abruf am 31.10.2023].

5   Gaugele, Jochen / Kerl, Christian: *Flüchtlingskrise: Weber will Zäune
    an EU-Außengrenzen bauen*, in: Berliner Morgenpost, 28. Januar 2023,
    URL: https://www.morgenpost.de/politik/article237484011/evp-weber-
    migration-krise-warnung.html [Abruf am 31.10.2023].

6   UNHCR: *Hungary: 2023 Refugee Response Plan Overview*, URL:
    https://data.unhcr.org/en/situations/ukraine/location/10783 [Abruf am
    31.10.2023]. / ifw Kiel: *Ukraine Support Tracker*, URL: https://www.ifw-
    kiel.de/topics/war-against-ukraine/ukraine-support-tracker/ [Abruf am
    31.10.2023]. / Stipendium Hungaricum: *Students at Risk Subprogramme for
    students fleeing the war in Ukraine*, URL: https://stipendiumhungaricum.

hu/studentsatrisk/#:~:text=The%20scholarship%20holders%20starting%20
their,contribution%20(HUF%2040%20000%20ft. / Hungarian
Interchurch Aid (HIA): *Our Humanitarian Response to the War*, URL:
https://ukraine.hia.hu [Abruf am 31.10.2023].

7 Dobrowiecki, Péter: *Das Entwicklungsprogramm der Ungarischen Streitkräfte*
(Faktenwissen Ungarn Nr. 2023/02), URL: https://magyarnemetintezet.
hu/berlini-gyors-faktenwissen-ungarn-das-entwicklungsprogramm-der-
ungarischen-streitkrafte [Abruf am 31.10.2023].

8 Ungarische Regierung: *A szankciókról szóló nemzeti konzultáció eredményei*
[Ergebnisse der Nationalen Konsultation über die Sanktionen], URL:
https://kormany.hu/tenyek/a-szankciokrol-szolo-nemzeti-konzultacio-
eredmenyei [Abruf am 31.10.2023].

9 KSH: *Change in consumer prices*, URL: https://www.ksh.hu/?lang=en
[Abruf am 31.10.2023].

10 Orbán, Viktor: *Prime Minister Viktor Orbán's "State Of The Nation" Address*,
18. Februar 2023, URL: https://miniszterelnok.hu/en/prime-minister-
viktor-orbans-state-of-the-nation-address-2023-02-18/ [Abruf am
31.10.2023].

11 Papst Franziskus: *Meeting with the Authorities, Civil Society and the
Diplomatic Corps. Address of His Holiness*, Rede im Karmeliterkloster
(Amtssitz des Ministerpräsidenten) in Budapest, 28. April 2023, URL:
https://www.vatican.va/content/francesco/en/speeches/2023/april/
documents/20230428-ungheria-autorita.html [Abruf am 31.10.2023].

III.

Ungarn und seine Nachbarn

Polen und Ungarn – ein gespaltenes Verhältnis?

Spätestens seit dem Angriff Russlands gegen die souveräne Ukraine am 24. Februar 2022 ist offenbar geworden, dass Polen und Ungarn in der Beziehung zu Russland andere Schwerpunkte setzen. Während Ungarn einen behutsamen und besonnenen Weg des Ausgleichs sucht, streitet Polen tapfer mit dem ukrainischen Volk um Selbstbestimmung und Selbstverteidigung.

Gemeinsamkeiten

Die politische Führung beider Länder verurteilt die russische Aggression, steht ein für die territoriale Integrität der Ukraine und unterstützt das Land in seinen Bemühungen um die baldige Beendigung des Krieges. Ebenso trägt Ungarn wie auch Polen und die anderen Länder der Europäischen Union das Sanktionsregime letztlich mit. Auch Ungarn unterstützt die Ukraine in ihrem Weg in europäische Strukturen der EU, wenn auch nicht in die nordatlantische Allianz.[1] Beide Länder schultern als „Frontstaaten" einen immensen Anteil der in die Europäische Union kommenden ukrainischen Flüchtlinge. Sie verwenden sich auch dafür, den klaren Unterschied aufzuzeigen einerseits zwischen den aus der Ukraine zu uns eilenden Flüchtlingen und andererseits den an die Südgrenzen durch Schlepper und Kriminelle, an den Ostgrenzen durch die weißrussische Diktatur herbeigekarrten Migranten. Beiden Menschenströmen ist gemein, dass sie nicht aus direkter Verfolgung oder gar aus Kriegsgebieten fliehen, sondern mehrere sichere Drittländer durchquert haben im Glauben, sich ihren Niederlassungsort beliebig auswählen zu können. Dafür bezahlen sie Kriminellen nicht wenig Geld und verschleiern oftmals ihre Identität. Nicht so die wahren Flüchtlinge aus der Ukraine: Diese kommen an die Grenzen des ersten sicheren Landes, stehen Schlange und begehren mit ihren Pässen Einlass. Dass Polen und Ungarn offenherzig und hilfsbereit sind mit Flüchtlingen, mag wirkliche Kenner der Länder wenig überraschen.

Unterschiede

Doch in welchen Bereichen blicken Polen und Ungarn anders auf die russische Gefahr? Vordergründig geht es um die zwei Fragen Energiesanktionen und Waffenlieferungen. Während Polen sich offen zeigt, auch schweres Kriegsgerät in die Ukraine zu liefern und damit der Ukraine schon rein militärisch beisteht, ist Ungarn hierbei skeptischer. Nach der Auffassung der polnischen Führung sind Waffen ein obligates Repertoire in der Bezwingung des Aggressors Russland. Je mehr Waffen an die Ukraine geliefert werden, desto schneller könne Russland bezwungen werden. Kürzlich unterzeichneten Polen und die Ukraine „einen der größten, wenn nicht den größten Waffenexportvertrag der vergangenen dreißig Jahre" so der polnische Ministerpräsident Mateusz Morawiecki (PiS) zur Jahresmitte 2022. Dahingegen ist der ungarische Standpunkt, dass der Krieg sich am besten durch einen Waffenstillstand und Friedensschluss beenden lässt. Waffenlieferungen an die Kriegspartei Ukraine würden den Krieg prolongieren. Ein anderer Aspekt wird aber ganz genau angesprochen. Waffenlieferungen über die ungarisch-ukrainische Grenze mit dem Transport über die Karpatoukraine könnten die auch von vielen Ungarn besiedelten westukrainischen Gebiete zu einem militärischen Zielpunkt werden lassen. Ungarn tut alles, um die gut 150.000 Angehörigen der ungarischen Minderheit umfassend zu schützen.[2]

Bezüglich der Energiesanktionen konnte sich der beharrliche Standpunkt Budapests durchsetzen. Zunächst war nämlich vorgesehen, einen kompletten Importstopp auf russisches Erdöl zu verhängen. Dieser hätte weitreichende Folgen für die Versorgungssicherheit vieler europäischer Länder, allen voran von Ungarn und auch von Deutschland, gehabt. Hintergrund der Debatte war, Russland um große Einnahmen bringen zu wollen. Nicht alle haben sich aber diesem Standpunkt angeschlossen, der ungarische Ministerpräsident Viktor Orbán widersetzte sich vehement diesem Ansinnen und konnte einen Kompromissvorschlag aushandeln, um sein eigenes Land und dessen Energieversorgung zu sichern. Die von der Europäischen Union beschlossenen Ölsanktionen beziehen sich damit nicht auf die Pipeline-Lieferungen, womit die in erster Linie aus der Erdölleitung Druschba (Freundschaft) bezogenen Ölmengen betroffen sind. Von dieser Leitung beziehen auf dem Nordstrang Deutschland und Polen, auf dem Südstrang Ungarn, die Slowakei und Tschechien russisches Erdöl.[3] In Ungarn gilt zum Schutz der einheimischen Verbraucher weiterhin eine Preisobergrenze für Gas- und Stromverbrauch sowie für Benzin und Diesel, womit die Ungarn in ganz Europa die niedrigsten Preise haben.[4] Deutschland und Polen sollen nach Medienberichten angekündigt haben, trotz der Ausnahmeregelung kein Öl mehr über die Druschba-Pipeline beziehen zu wollen.

Hintergründe und Tiefenschichten

Für die Polen hat dies auch politische, ideologische und historische Ursachen, deren Hintergründe es mit Blick auf die wechselvolle Geschichte des Landes zu würdigen lohnt. Diese Tiefenschichten im polnischen Denken und Wähnen kommen mit
der aktuellen Lage jäh ans Tageslicht. Jahrhundertelang litten
die Polen unter einer am eigenen Leibe gespürten Aggression
des östlichen Nachbarn Russland. Angefangen von den Teilun-
gen Polens, in denen Preußen, Österreich und Russland sich das
ganze Land in drei Schritten einverleibt haben und Polen damit
für 123 Jahre von der Landkarte verschwand, bis hin zu den Tra-
gödien des 20. Jahrhunderts stecken in den Polen tiefe, durchaus verständliche Frustrationen, die es auch aus ungarischer und
übrigens auch aus deutscher Sicht zu respektieren gilt.[5] Besonders die „tausendjährige polnisch-ungarische Freundschaft" muss
daher in der Lage sein, Empathie mit dem nördlichen „Nachbarn
ohne Grenzen" zu pflegen. Es sollte jedem Kenner Polens offenbar sein, dass die Polen – ausgehend von ihrer eigenen Geschichte – Russland nur als Aggressor wahrnehmen können. Lange Zeit
galt das Land als Durchmarschgebiet, man lese nur das Buch von
Tim Marshall „Die Macht der Geographie"[6], und die schreckli-
chen Folgen des deutsch-sowjetischen Angriffskrieges im Herbst
1939 bleiben generationenlang in Erinnerung. Das Andenken an
das Massaker von Katyn im Frühjahr 1940, bei dem die sowje-
tischen NKWD-Milizen annähernd 22.000 Polen, größtenteils
Offiziere, regelrecht abschlachteten, ist ein nicht wegzudenkender Grundpfeiler der offiziellen polnischen Erinnerungspolitik.
Die Erinnerung an den Kommunismus sowjetischer Prägung ist
allgegenwärtig, ein tiefer Antikommunismus, gepaart mit Rus-
sophobie, ist weiterhin sehr verbreitet in der ganzen polnischen
Gesellschaft.

Zum 70. Jahrestag von Katyn begab sich eine weitere Tragödie. Aus heute immer noch nicht ganz geklärten Umständen stürzte die Maschine der zum Gedenken anreisenden polnischen Honoratioren, darunter Staatspräsident Lech Kaczyński (PiS), ab, und alle 96 Insassen kamen zu Tode. Seit dieser Zeit hält sich eisern eine auch von führenden Regierungskreisen vertretene Verschwörungstheorie, wonach Russland die Maschine absichtlich hat abstürzen lassen. Viele Theorien ranken sich um die Möglichkeit eines Raketenangriffs auf die Präsidentenmaschine. Angefeuert werden diese Gedankenspiele von der Tatsache, dass der Intimfeind des zu Tode gekommenen Präsidenten, kein Geringerer als der damalige polnische Ministerpräsident Donald Tusk (PO), nur wenige Tage zuvor ein gemeinsames Gedenken mit Vladimir Putin zu begehen imstande war. Einige in der polnischen Politik konnten diesen Schritt nicht gutheißen, und weite Teile der politischen Führung des Landes waren für ein Gedenken, aber ohne die offizielle Teilnahme Russlands. Die am 10. April 2010 zu Tode gekommene Delegation reiste gerade aus diesem Grund einige Tage zeitversetzt an.

Die innenpolitischen Auseinandersetzungen kreisten damals wie heute oftmals um die Frage, wer der größere Gegner von Russland sei. Wer hingegen Verständnis und Verständigung mit Russland betreibe, begehe Verrat am polnischen Volk. Dabei probt das öffentliche Leben nicht selten einen wahren Überbietungskampf. Nur wenige Tage nach dem russischen Angriff auf Georgien im August 2008 reiste der später verstorbene Staatspräsident symbolisch nach Tiflis, sein vielgescholtener Bruder Jarosław Kaczyński im März 2022 nach Kiew. Lange Zeit galt dabei die schillernde Figur von Donald Tusk, dem in einigen Kreisen sogar ein mit Vladimir Putin gemeinsam geplanter Anschlag auf das Flugzeug seines Gegenspielers zugetraut wird, aus der Sicht nicht weniger Polen als Kristallisationspunkt der russophilen (wie übrigens auch der germanophilen) Handlanger der beiden Polen umzingelnden

Mächte. Dass dabei die Bundesrepublik einen anderen Weg beschritt und heute ein anerkannter wie geachteter internationaler Partner ist – anders als das diktatorisch geführte Russland –, mag in diesen häufig emotionalisiert geführten Debatten kaum mehr erwähnt werden.[7]

Jedenfalls sind diese innerpolnischen Bezugspunkte vielsagend, lassen sie doch einen Blick in die Volksseele erkennen. Von daher mag es mit Blick auf die aktuellen europäischen Grundsatzentscheidungen wenig verwundern, wenn der ungarische Ministerpräsident in einem Atemzug mit dem russischen Präsidenten genannt wird. Wer die polnische Politik kennt, weiß auch, in welcher arroganten und besserwisserischen Art und Weise im Jahr 2014 sich der damalige Außenminister Radosław Sikorski über Orbán und Putin äußerte – seine Regierung stürzte übrigens kaum ein Jahr später. Die Polen reagieren in letzter Zeit sehr barsch auf die in ihren Augen verwunderliche Russlandnähe des „tausendjährigen Freundes" Ungarn. Sie können fast gar nicht verstehen, warum die Ungarn nicht ein und denselben Standpunkt einnehmen wie sie selbst.

Perspektiven

Doch wie kann es nun mit der weiteren Russlandpolitik von Ungarn und Polen vorangehen? Es spricht viel dafür, dass mit dem Abklingen des kriegerischen Konflikts die unterschiedlichen Russlandperzeptionen in den Hintergrund treten. Es war schon vor dem Ukrainekrieg bekannt, dass in Bezug auf Russland unterschiedliche Politikansätze bestehen. Auf der anderen Seite wird ein gemeinsamer europäischer Wiederaufbau des durch die Russen verwüsteten Landes nur mit polnischer und ungarischer Hilfe gemeinsam gelingen. Sie sind es auch, die weiterhin die EU-Außengrenzen schützen müssen. Ebenso müssen sich die Länder

Europas gemeinsam darauf besinnen, auf eigenen Füßen zu stehen und sich nicht zum geopolitischen Spielball fremder Großmächte zu machen, dafür aber beherzt für die eigene strategische Souveränität einzustehen. Diese Erfahrung bringen Polen wie Ungarn in die europäische Debatte hoffentlich entschlossen ein. Die beiden Länder verbindet ebenso das Eintreten für ihre jeweiligen dortigen Minderheiten und der Einsatz für eine gelebte religiöse, sprachliche und nationale Vielfalt in Mittel- und Osteuropa. Zudem kann – so paradox es klingt – die gemeinsame Ukraineerfahrung in allen Ländern Europas ein Schlüssel zu mehr Verständnis und Verständigung sein. Schließlich gilt es, aus diesem Konflikt auch etwas zu lernen.

Anmerkungen

1   Ständige Vertretung Ungarns bei der Europäischen Union in Brüssel: *Magyarország támogatja Ukrajna uniós tagjelöltségét* [Ungarn unterstützt die Kandidatur der Ukraine für den EU-Beitritt], URL: https://eu-brusszel. mfa.gov.hu/news/magyarorszag-tamogatja-ukrajna-unios-tagjeloeltseget [Abruf am 31.10.2023].

2   Orbán, Viktor: *Prime Minister Viktor Orbán's "State Of The Nation" Address*, 18. Februar 2023, URL: https://miniszterelnok.hu/en/prime-minister-viktor-orbans-state-of-the-nation-address-2023-02-18/ [Abruf am 31.10.2023].

3   Europäische Kommission: *Russlands Krieg gegen die Ukraine: EU verabschiedet sechstes Sanktionspaket gegen Russland*, 3. Juni 2022, URL: https://ec.europa.eu/commission/presscorner/detail/de/IP_22_2802 [Abruf am 31.10.2023].

4   Eurostat: *Electricity & gas hit record prices in 2022*, 26. April 2023, URL: https://ec.europa.eu/eurostat/en/web/products-eurostat-news/w/ddn-20230426-2 [Abruf am 31.10.2023].

5   Ozbay, Fatih / Aras, Bulent: *Polish-Russian Relations: History, Geography and Geopolitics*, in: East European Quarterly 42.1 (2008), S. 27-42.

6   Marshall, Tim: *Die Macht der Geographie*, München 2015.

7   Streicher, Alois: *Truth under Attack, or the Construction of Conspiratorial Discourses after the Smolensk Plane Crash*, in: Deutschmann, Peter / Herlth, Jens / Woldan, Alois (Hrsg.): "Truth" and Fiction. Conspiracy Theories in Eastern European Culture and Literature (Culture & Theory Band 193), Bielefeld 2020, S. 279-300.

Ein Fall für zwei

Parallele Lebenswelten: Viktor Orbán und Donald Tusk

Die polnischen Parlamentswahlen am 15. Oktober 2023 brachten das überraschende Ergebnis, dass die amtierende konservative Regierung von Mateusz Morawiecki (dt. Recht und Gerechtigkeit, Prawo i Sprawiedliwość, kurz PiS) zwar die meisten Stimmen auf sich versammeln konnte und auch die stärkste Fraktion im polnischen Sejm bildet, doch in Ermangelung möglicher Koalitionspartner keine ausreichende Parlamentsmehrheit zustande bekommen kann. Die bisherige Opposition aus Bürgerplattform, Linkspartei und Drittem Weg wird aller Voraussicht nach gemeinsam ein vielfarbiges Regierungsbündnis schmieden. Ministerpräsident wird damit wohl Donald Tusk, der das Land bereits von 2007 bis 2014 regierte. Mit ihm verbindet den ungarischen Ministerpräsidenten Viktor Orbán eine lange gemeinsame Geschichte voller Höhen und Tiefen.

Eine unerwiderte Freundschaft

Mit dem Amtsantritt der Regierung von Ministerpräsident Viktor Orbán am 29. Mai 2010 herrschte in Ungarn große Euphorie. Auch in Europa war man der abgewirtschafteten sozialistischen

Vorgängerregierung überdrüssig, selbst viele linksliberale Vertreter und Beobachter zollten der neuen Fidesz-Regierung Respekt. Es gab Vorschusslorbeeren und große Erwartungen. In dieser besonderen Zeit setzte der neue ungarische Ministerpräsident Wegmarken, die zu verstehen und zu bewerten gerade aus der heutigen Perspektive aufschlussreich erscheint. Bis dahin war es üblich, dass ein neuer ungarischer Ministerpräsident seine erste Auslandsreise in Wien oder Berlin absolvierte. Orbán brach mit dieser Tradition und reiste am 31. Mai 2010 – erster Arbeitstag seiner Regierung und zugleich sein 47. Geburtstag – unmittelbar zu Ministerpräsident Donald Tusk nach Warschau. In der Tat gab es zwischen Donald Tusk und Viktor Orbán eine sich aus der gemeinsamen Zugehörigkeit zur EVP speisende gemeinsame Nähe, eine Nähe zwischen einstigen antikommunistischen Oppositionellen, eine Nähe ob des Alters (Tusk wurde 1957, Orbán 1963 geboren), eine Nähe schließlich auch wegen gemeinsamer Vorliebe für den Fußball oder aufgrund des Interesses für Geschichte und zeitgeschichtliche Zusammenhänge.

Die ungarische Regierung von Viktor Orbán war im Begriff, in den Jahren ab 2010 den massiven Reformstau der Vorgängerregierungen abzubauen. Sie war mit dem Wählermandat versehen worden, weitreichende Veränderungen in der ungarischen Gesellschaft zu bewirken. Auch hat sie es sich zur Aufgabe gemacht, die unvollendete Wende von 1989 abzuschließen und das Land als gleichberechtigten und selbstbewussten Partner im mehrstimmigen europäischen Konzert der Nationen zu etablieren. Bis dahin galt eine umstands- und kritiklose Orientierung an den Mustern, Schemata und Handlungsweisen aus dem entwickelten Westen der alten Europäischen Union als gesinnungsethisch untadelige europäische Handlungsnorm. Diesem Normativ huldigen auch heute noch die Vertreter der linken und liberalen Parteien, hingegen hat das bürgerliche Lager erkannt, dass sich Ungarn um die eigene Achse drehen und mit eigenem Anspruch auf dem europäischen Parkett auftreten muss. Dieser unterschiedliche Politikansatz durchzieht viele Facetten der parteipolitischen Auseinandersetzung in Ungarn und auch in Polen.[1]

Donald Tusk zwischen polnischen und europäischen Funktionen

Schließlich kam es mitten in der europäischen Migrationskrise zu einem Ereignis in Polen, das den Weg und die Handlungsoptionen der ungarischen Regierungspartei maßgeblich prägte. Die Partei von Donald Tusk, die Bürgerplattform (PO), wurde bei den Parlamentswahlen im Herbst 2015 abgewählt, fortan stellte die PiS die Regierung. Donald Tusk war zu jenem Zeitpunkt schon nicht mehr Ministerpräsident, sondern hatte sich nach dem Muster von Romano Prodi, José Manuel Barroso und Jean-Claude Juncker kurz vor dem sich abzeichnenden Machtverlust auf die europäische Ebene begeben. Zum neuen Präsidenten des Europäischen Rates avanciert, war er nach dem EP-Parlamentspräsidenten Jerzy Buzek der zweite aus dem ehemaligen Ostblock, der ein europäisches Spitzenamt bekleiden durfte. Diese Personalauswahl illustriert auch die Mechanismen und Funktionsweisen der europäischen Politik: Jahre nach der EU-Osterweiterung kam man nicht mehr umhin, auch Spitzenpersonal aus jenen Ländern zu integrieren; beide Male fiel die Wahl auf Polen und dabei auf die Lieblingspartei der westlichen Eliten, nämlich auf die sich besonders prowestlich gebende Bürgerplattform. Diese Partei war dermaßen gut in die Entscheidungs- und Machtstrukturen integriert, dass es völlig natürlich erschien, sie nicht nur als ersten Partner in Polen, sondern auch in der gesamten Region zu sehen – exemplarisch hierfür steht die lange Reihe an Primärkontakten auch der Europäischen Volkspartei zu Polen.[2]

Die Person von Donald Tusk war dabei geradezu ideal, repräsentierte er nämlich als Mitteleuropäer eben jene Denkweise, die in der alten Europäischen Union gerne gesehen wird. Diese Mentalität offenbart sich in einer strikten Anlehnung an die bewährten Macht- und Funktionsmechanismen der alten EU-Länder, in der Bereitschaft, deren Politikstile und Attitüden ohne einen eigenen spezifischen ostmitteleuropäischen Ansatz einzubringen. Dass sich bei dieser Personalauswahl die anderen Länder der Region nicht immer gänzlich wiederfanden, überschritt nicht die Wahrnehmungsschwelle der Brüsseler Salons und der dortigen Eliten.

Geopolitisch justierte die PiS-Regierung den Kurs ihrer Vorgänger. Statt nunmehr einseitig gen Westen zu blicken, konzentrierten sich die neuen Machthaber auf die Wiederbelebung der Visegrád-Gruppe.[3] Eine der enttäuschten Erwartungshaltungen Ungarns gegenüber den PO-Regierungen war es gerade, zu wenig den Fokus auf die Region zu legen, dafür aber umso mehr Polen nur im Verbund der großen westlichen EU-Länder zu verorten. In der polnischen Geschichte reicht der Streit über die geostrategische Verortung des Landes weit zurück. Soll Polen als Teil des Westens in einer anderen Liga spielen und die Region weit hinter sich lassen – oder soll Polen als größtes Land Ostmitteleuropas eine Führerschaft in der Region beanspruchen?

Die Entfremdung zwischen Fidesz und PO

Die formal in einer gemeinsamen europäischen Parteienfamilie zusammengeschlossenen Parteien Fidesz und PO mussten sich in dieser Lage fast zwangsläufig voneinander entfremden. Üblicherweise kann eine tiefe Freundschaft zwar auch unterschiedliche Politikansätze überleben. Tatsächlich gelten die polnisch-ungarischen Beziehungen, die jedes Jahr öffentlichkeitswirksam mit dem

Tag der polnisch-ungarischen Freundschaft am 23. März gefeiert werden, als besonders gut. Eine derartige Stufe haben die Beziehungsgeflechte zwischen den Parteien PO und Fidesz aber niemals erreicht. Dies drückten führende Fidesz-Politiker in jener Zeit so aus: „Unser Kopf ist mit der PO, unser Herz mit der PiS." Diese Zweigleisigkeit beruht natürlich auch darauf, dass Fidesz und die Vorgänger der beiden polnischen Parteien derselben antikommunistischen bürgerlichen Mitte entstammen. Sie vereinte das Narrativ des „Ob" bezüglich des Weges hin zu Demokratie, Freiheit, EU-Integration; hinsichtlich des „Wie" entluden sich aber spätestens seit der Mitte des neuen Jahrtausends deutliche Differenzen. Schließlich setzte die Zeit der Opposition für die PO auch eine Ereigniskette in Gang, die zum Austritt von Fidesz aus der Europäischen Volkspartei führte und ursächlich für die heutigen Konflikte zwischen Donald Tusk und Viktor Orbán ist.

Die Verantwortlichen von PO waren immer weniger von der Politik von Fidesz überzeugt. Schon in den sich überlappenden Regierungszeiten von 2010 bis 2015 häuften sich dunkle Wolken. Zwar ging man in der Öffentlichkeit pfleglich miteinander um, war in derselben europäischen Parteienfamilie und jeweils an der Regierung. Dies sollte aber nicht darüber hinwegtäuschen, dass es zwischen den Zeilen viele Diskrepanzen gab. Der Abhörskandal des Jahres 2014 – Privatgespräche führender polnischer PO-Vertreter wurden aufgezeichnet und der Öffentlichkeit zugespielt – sorgte für eine massive öffentliche Entrüstung und richtete den Blick auf den wachsenden Unmut der polnischen politischen Führung mit der ungarischen Regierungspolitik. So soll der polnische Außenminister Radosław Sikorski Medienberichten zufolge verächtliche Aussagen über die Person von Viktor Orbán gemacht haben. Ähnlich wurde offenbar in der damaligen regierungsnahen polnischen Elite über Ungarn gedacht. Man legte wenig Wert darauf, sich mit den Ostmitteleuropäern zu umgeben und sah sich lieber im edlen und noblen Club westeuropäischer Prominenz, wo man immer angespornt wurde.

So gesehen mochte es kaum mehr überraschen, dass die PO immer stärker zu den größten Kritikern von Fidesz avancierte. Als zweitgrößte Gruppe innerhalb der EVP-Fraktion und mit ihrer guten Vernetzung hatten die PO-Politiker auch die Macht, den Brüsseler Spin entsprechend zu beeinflussen. Und dies taten sie auch gewaltig. Besuche und Begegnungen fanden kaum mehr statt, und die Fronten verhärteten sich. Als sich im März 2017 Donald Tusk anschickte, im Europäischen Rat wiedergewählt zu werden, stand Fidesz vor einem Spagat. Sollte dem amtierenden Ratsvorsitzenden die Wiederwahl verweigert werden? Bekanntlich stellte die PiS-Regierung Jacek Saryusz-Wolski als Gegenkandidaten auf, denn die Verweigerung der Unterstützung für den Landsmann Tusk in einem internationalen Forum hätte als Vaterlandsverrat gegolten. Ungarn stimmte für Tusk, der Kandidat der polnischen Regierung erhielt nur die Stimme aus Polen. Obzwar die Polen wussten, dass Saryusz-Wolski niemals auch nur ansatzweise eine reale Chance hatte, musste die PiS-Regierung aus innenpolitischen Gründen einen Gegenkandidaten präsentieren. Tusk einfach nur so durchzuwinken, hätte der Regierung unter der PiS-Anhängerschaft auch den Vorwurf des Ausverkaufs eigener politischer Positionen eingehandelt. Dieses Szenario wollten Kaczyński und die PiS-Führungsebene aber unbedingt vermeiden.

Doch schon kurz nach der Wiederwahl von Tusk deutete sich an, dass seine Rückkehr in die polnische Politik eine ausgemachte Sache war. Zwar ist Donald Tusk in Europa weiterhin populär, doch äußerten vor den Parlamentswahlen immer noch viele Polen ihre Skepsis bezüglich einer möglichen Rückkehr von Tusk in die polnische Politik. Bei den Erhebungen im Jahr seiner Rückkehr in die nationale Politik schnitt er nicht überzeugend ab, so vertrauten ihm 2021 ganze 58 Prozent der Wähler nicht.[4] Wichtiger aber ist, dass Tusk als nicht wegzudenkender Player der polnischen Politik sich nie ganz von den dortigen Debatten lösen konnte und daher für viele ein zweifelhafter Ratspräsident und umstrittener EVP-Vorsitzender blieb.

Ein veritables Zeichen dieser Entfremdung war auch der Besuch von Donald Tusk in Ungarn Anfang Dezember 2017. Anlass dieser Reise war die Verleihung der Ehrendoktorwürde an Donald Tusk durch die Universität Pécs (Fünfkirchen), die erste solche Ehrung des polnischen Politikers. Auf der Festveranstaltung war die ungarische Regierung nur niederrangig vertreten, der mit der Ehrendoktorwürde Ausgezeichnete würdigte seinen einstigen politischen Weggefährten mit keinem Wort.[5] Insbesondere in der ungarischen Migrationspolitik sah Tusk keineswegs eine legitime Maßnahme zur Sicherung der Landesgrenzen, der eigenen Kultur, der eigenen Identität und der europäischen Werte, sondern lediglich ein Mittel, aus der Not der Menschen politisches Kapital zu schlagen. Diese Sichtweise machte er sich auch noch im Jahr 2019 zu eigen, als sich die vielen massiven Probleme der westlichen Zuwanderungspolitik immer deutlicher zeigten.[6]

Donald Tusk als EVP-Vorsitzender

Wie stark diese Verwurzelung in den innenpolitischen Konflikten seines Heimatlandes die Bewegungen auf europäischer Ebene bestimmte, zeigte auch sein Wirken als Präsident der EVP. Nach Joseph Daul wurde Tusk im November 2019 auf dem EVP-Kongress zum neuen ersten Mann der Parteienformation gewählt. Er äußerte sich unzweifelhaft, wie er sich die Mitgliedschaft von Fidesz vorstelle: Am besten solle die Partei freiwillig gehen, andernfalls werde er den Ausschluss durchsetzen. Damit war das Tischtuch zerschnitten. Die alte Männerfreundschaft, die auch durch Ungarn erreichte Wiederwahl im Europäischen Rat, die gemeinsame Wahl von Ursula von der Leyen zur Kommissionspräsidentin – das alles war nun nicht mehr wichtig.

Eher schmerzte es weite Teile der EVP und auch Tusk, dass die Personalie von der Leyen nur mit Unterstützung durch Fidesz und PiS durchgesetzt werden konnte: Die Kandidatin aus Deutschland hatte nämlich nur einen Vorsprung von neun Stimmen. Der damalige CDU-Generalsekretär Paul Ziemiak, des Polnischen mächtig, reiste nach Warschau und verhandelte mit Jarosław Kaczynski über dessen Unterstützung für von der Leyen. Die CDU hatte weniger Berührungsängste mit der PiS als viele in der EVP.

Im März 2021 wurde dann der endgültige Bruch vollzogen. Fidesz trat aus der EVP aus.[7] Die Polen hatten hierin einen größeren Anteil als die breite Öffentlichkeit wahrgenommen haben mag. Allen voran waren die Europaabgeordneten der Bürgerplattform, als zweitgrößte EVP-Delegation einflussstark, sie waren die wichtigsten Akteure bei der Entfremdung der Fidesz von der EVP. Die Personalie Donald Tusk trug den innerpolnischen Bruderkampf zwischen PiS und PO mitten in die europäische Arena. Seine Orientierung an gesellschaftspolitisch linke Strömungen hat nicht nur die PO in Polen, sondern auch die EVP eher nach links getrieben. Von hier war es nur noch ein kleiner Schritt von Donald Tusk, sich auf die Seite des Oppositionsbündnisses in Ungarn zu stellen und dort im Wahlkampf 2022 öffentlich gegen Viktor Orbán in Ungarn aufzutreten. Dabei war sich Donald Tusk auch nicht zu schade, gemeinsam mit der berüchtigten rechtsradikalen Jobbik-Partei aufzutreten.[8] In Ungarn war im Wahlkampf des Jahres 2022 ein Allparteienbündnis gegen die Regierung von Viktor Orbán angetreten, ähnlich wie später im Jahr 2023 in Polen (fast) alle Parteien gegen die Regierung der PiS auftraten. Während in Ungarn dieses Zweckbündnis scheiterte, konnte der polnische Ableger hingegen reüssieren. In Polen war die konservative Regierung aber niemals so tief und fest in der polnischen Gesellschaft verwurzelt, wie die in Ungarn regierende Fidesz-Partei. Vielmehr hat sie viele gesellschaftliche Konfliktlinien eröffnet und vor allem junge Wähler gegen sich aufgebracht.

Fazit

Das politische Verhältnis der beiden Politiker beruht auf einer langen und in Deutschland kaum bekannten Vorgeschichte. In dieser Geschichte spiegeln sich facettenreich die polnisch-ungarischen, aber auch die deutsch-ungarischen und manch europäische Beziehungen wider. Dabei spielen auch Aspekte eine Rolle, die sich zum Teil gegenseitig bedingen und nicht losgelöst von den persönlichen und politischen Rahmenbedingungen interpretiert werden können. Wichtig für die Auswirkungen auf die europäische Politik ist vor allem, dass sich die handelnden Personen für unterschiedliche Ansätze entschieden. Während Donald Tusk sich für den geschmeidigen Weg der Brüsseler Büros und des geringeren Widerstands entschied, bevorzugte die robuste Politik von Viktor Orbán einen steinigen, harten, beschwerlichen Weg im europäischen Integrationsprozess. Ein Entfremdungsprozess musste sich so unvermeidlich einstellen. Diese unterschiedliche Herangehensweise wird sich in der zukünftigen Regierungsführung von Polen und Ungarn in aller Klarheit zeigen. Für die Zusammenarbeit in Mitteleuropa und insbesondere die Zukunft der Visegrád-Gruppe können diese Differenzen durchaus eine Herausforderung darstellen. Die in Aussicht stehende Regierungsübernahme von Donald Tusk in Polen verspricht also Spannung in das polnisch-ungarische Verhältnis zu bringen.

Anmerkungen

[1] Kovács, Éva: *„Volkstümliche" und „Urbanisten".* *Zur Renaissance einer politischen Kontroverse in Ungarn*, in: Österreichische Zeitschrift für Geisteswissenschaften 5.2 (1994), S. 262-278. / Barlai, Melani: *Tradierte gesellschaftliche Konfliktlinien in Ungarn. Relevanz in der Posttransformationsphase*, Diss. Tübingen 2017.

[2] Wahl, Jürgen: *Von Mazowiecki zu Tusk. Solidarität europäischer Christdemokraten mit Polen*, Bonn, 2011.

[3] Jóźwiak, Veronika / Ogrodnik, Łukasz: *Poland's Policy in the Visegrad Group*, in: Yearbook of Polish Foreign Policy 1 (2017), S. 176-190.

[4] Onet Wiadomości: *Sondaż zaufania do polityków. Zmiana na pozycji lidera, duży wzrost nieufności do Donalda Tuska* [Umfrage zum Vertrauen in Politiker. Wechsel in der Führungsposition, starker Anstieg des Misstrauens gegenüber Donald Tusk], 13. Juli 2021, URL: https://wiadomosci.onet.pl/tylko-w-onecie/sondaz-zaufania-do-ibris-tuz-obok-siebie-kaczynski-i-tusk/6vpq7yn [Abruf am 30.10.2023].

[5] Universität Pécs: *Doctor Honoris Causa. Ceremonial Senate Meeting of the University of Pécs, 8 December 2017* (gedrucktes Redemanuskript).

[6] Tusk, Donald: *Szczerze*, Warschau 2019, S. 82.

[7] Jóźwiak, Veronika / Szczepanik, Melchior: *Fidesz Breaks Up with the European People's Party*, in: PISM Spotlight (2021).

[8] Magyar Nemzet: Sajtóvisszhang: *Donald Tusk a fasiszták és a kommunisták mellé állt* [Presseecho: Donald Tusk stellt sich neben die Faschisten und Kommunisten], 17. März 2022, URL: https://magyarnemzet.hu/kulfold/2022/03/sajtovisszhang-donald-tusk-a-fasisztak-es-a-kommunistak-melle-allt [Abruf am 31.10.2023].

Mehr Mitteleuropa wagen

„Die Mitte liegt ostwärts" – so lautete das vielbeachtete Werk des deutschen Osteuropahistorikers Karl Schlögel.[1] Doch noch viel interessanter ist der Untertitel seines großvolumigen Essays: „Die Deutschen, der verlorene Osten und Mitteleuropa". Das Grundlagenwerk dieses Mitteleuropaforschers streift nicht nur durch die Vergangenheit, sondern antizipiert in hellseherischer Weise den Bedeutungszuwachs, den Mitteleuropa in den kommenden Jahrzehnten erfahren sollte. Für ungarische Leser bietet der Inhalt des Buches einen guten Ausgangspunkt, die Chancen und Perspektiven Mitteleuropas mit einem deutschen Auge zu betrachten.

Mitteleuropa – gut in Europa angekommen?

Es wächst mittlerweile eine Generation heran, die nichts Anderes gekannt hat, als die Zugehörigkeit zur EU, eine Generation also, für die es selbstverständlich ist, auch formaljuristisch in einer Liga mit ihren Altersgenossen aus Deutschland, Spanien, Schweden oder Polen, Tschechien und Österreich zu spielen. Doch sind die Ungarn und die anderen Völker Mittel- und Osteuropas auch seelisch und mentalitätsmäßig in der Europäischen Union angekommen? Und vor allem: Werden sie gehört, ihre Geschichte, ihre Narrativen und ihre Denkweise wahrgenommen, und wird erkannt, dass auch sie Europa prägen und bestimmen? Ist den Vertretern der alten Mitgliedsländer überhaupt klargeworden, dass sich Europa verändert hat und die EU eine andere werden wird als in den eingespielten Jahren zuvor? Und kann vor allem Deutschland einen Beitrag leisten, um Mitteleuropa ein Forum und somit Gehör zu geben? Was kann Deutschland mit einer offenen und beherzten Mitteleuropapolitik gewinnen?

Das Narrativ von Mittel- und Osteuropa

Lange Zeit von Fremdherrschaft bestimmt, haben die Völker Ost- und Mitteleuropas ein feines Gespür für Gefahren und Bedrohungen von außen entwickelt, sie reagieren anders auf Entwicklungen, denen ein Gefährdungspotenzial immanent ist und die für sie zum Nachteil gereichen können. In diesem Zusammenhang ist die Abwehrhaltung der Menschen gegenüber der illegalen Migration ein auf jahrhundertealte Erfahrungen zurückreichender Reflex, der von den sich als aufgeklärt gebenden, in Wahrheit aber als arrogant wahrgenommenen Vertretern des alten, westlich verankerten Europas nicht geringgeschätzt, sondern als Erfahrungsschatz eines vielfältigen und traditionsreichen Kulturraums verstanden werden sollte. Wenn dies nämlich verkannt wird, potenzieren sich die als von außen kommend eingestuften Gefahren in den Augen der Mitteleuropäer, und die vermeintlich gutgemeinten Ideen und Vorschläge gerade aus Brüssel werden als weitere Einmischung und Bedrohung, wenn nicht gar als Bevormundung und Besserwisserei verstanden.[2] Daher sind hier Maß und Mitte angezeigt!

Um andere Länder hinreichend verstehen und die dortigen Entwicklungen überhaupt richtig einordnen zu können, bedarf es einer vertieften Auseinandersetzung mit der Herkunft, der Geschichte, der Kultur, der andersgelagerten politischen Landschaft und den öffentlichen Debatten sowie dem Denken und Wähnen der dort lebenden Menschen. Es ist notwendig, die Bedeutung von Geschichte, Herkunft, von Nation und Nationalstaat, Identität und Tradition gerade der Länder der mittel- und osteuropäischen Region in ihrer ganzen Bandbreite zu durchdringen. Hierbei haben vor allem die deutschsprachigen Länder Deutschland und Österreich einen Heimvorteil. Ihre Geschichte ist durchwoben von einer Wechselwirkung mit Ost- und Mitteleuropa, ihre Sprache wird öfter gesprochen als etwa in Westeuropa, und ihre kulturelle Nähe mit uns Mitteleuropäern ist größer. Zu den Deutschen hegen speziell wir Ungarn mehr als nur eine Grundsympathie, uns verbindet eine jahrtausendalte Freundschaft und eine Art Seelenverwandtschaft.[3] Ministerpräsident Orbán brachte dies schon 2015 so zum Ausdruck: „Ungarn respektiert Deutschland nicht nur, sondern mag das Land auch."[4] Aus dieser Ausgangsposition lässt sich Zukunft gestalten.

Die Erfolge von Mitteleuropa

In den letzten Jahren kann man die Erfolge von Mitteleuropa deutlich erkennen. Während noch 2010 Ungarn zusammen mit Griechenland genannt wurde, entwickelte sich das Land seitdem wirtschaftlich bestens.[5] Nicht nur hat Ungarn einen beachtlichen Aufholprozess in der Wirtschaft betrieben, sondern auch an politischer Stabilität und Verlässlichkeit ein Musterbeispiel vorgelebt, gepaart mit Rechtssicherheit und guten Lebens- und Arbeitsbedingungen. Das spiegelt sich in einer zunehmend zufriedenen und selbstbewussten Bevölkerung wider und macht das Leben und Arbeiten in Ungarn zu einem attraktiven Lebensentwurf – auch für viele Deutsche und Ausländer, die hier mehr als willkommen sind. Auch die anderen Länder Mittel- und Osteuropas konnten im letzten Jahrzehnt eine beeindruckende Verbesserung in Wohlstand, Fortschritt und Lebensweise erzielen und damit Europa insgesamt zu einem besseren Ort in der Welt machen.

Ungarn liegt also inmitten einer dynamischen Wachstumsregion. Bewahrung der christlichen Werte Europas und der europäischen Identität gehen Hand in Hand mit einer Bewahrung von nationaler Identität in Europa und in der Region, denn der Kontinent ist ein Europa der Vaterländer.[6] Dabei stehen gutnachbarschaftliche Beziehungen im Mittelpunkt der ungarischen Politik. „100 Jahre ungarische Einsamkeit sind vorbei" – so drückte sich Ministerpräsident Viktor Orbán anlässlich des 100. Jahrestages der ungarischen Gebietsabtretungen von 1920 aus.[7] Damit ist auch besiegelt, dass die Zukunft der Zusammenarbeit, nicht der Isolation, dem Mut, nicht der Angst, der Hoffnung, nicht der Verzagtheit gehört. An dieser Entwicklung sollen andere partizipieren können, mit Zuversicht und frischen Ideen. Dies ist als eine Einladung zu verstehen, Europa aus seiner lebendigen Mitte heraus neu beleben zu wollen.

Deutschland und Mitteleuropa

In einem sich erneuernden Europa sollten die Politik und das Leben der Länder in Mittel- und Osteuropa denkbar gut unter die Lupe genommen werden. Diese Region steht für Wachstum und Beschäftigung, für niedrige Steuern und für einen hohen Stellenwert von Leistung, Eigentum und Eigenheim, von Familie, natürlichen Gemeinschaften und Werten. Den Ländern Ost- und Mitteleuropas ist gemein, dass sie zunächst nicht bei anderen um Lösungen nachfragen, sondern selbst ihr Schicksal in die Hand nehmen und aus eigener Kraft Solidität und Verlässlichkeit, Vertrauen und Substanz gewinnen wollen. In Fragen der geistig-seelischen Herkunft Europas und seiner Traditionen stehen sie für das jüdisch-christliche Erbe des Abendlandes und die Bewahrung unseres „European way of life". Deutschland wäre gut beraten, sich in Zukunft noch mehr mit Mitteleuropa zu beschäftigen, die hiesigen Muster und Verfahrensweisen, vor allem aber die Mentalität seiner Menschen zu studieren, zu verstehen und in die konkrete Politikgestaltung einzubauen. Ungarn als das Land, das mit Deutschland die meisten Bindungen sprachlicher, geschichtlicher, kultureller und seelischer Prägung hat, kann dabei als Moderator und Trendsetter zugleich wirken.

Anmerkungen

[1] Schlögel, Karl: *Die Mitte liegt ostwärts. Die Deutschen, der verlorene Osten und Mitteleuropa*, Berlin 1986.

[2] Puttkamer, Joachim von: *Blicke auf ein gespaltenes Land. Die ungarische Nation und ihre Geschichte*, in: OSTEUROPA 61.12 (2011): Quo vadis Hungaria? Kritik der ungarischen Vernunft, S. 9-30.

[3] Seewann, Gerhard: *Geschichte der Deutschen in Ungarn. Band 1 & 2* (Studien zur Ostmitteleuropaforschung), Marburg 2012.

[4] Spengler, Frank / Bauer Bence: *Erste Reaktionen der ungarischen Medien auf den Besuch von Bundeskanzlerin Dr. Angela Merkel in Ungarn*, in: Konrad-Adenauer-Stiftung, URL: https://www.kas.de/de/web/ungarn/laenderberichte/detail/-/content/erste-reaktionen-der-ungarischen-medien-auf-den-besuch-von-bundeskanzlerin-dr.-angela-merkel-in-ungarn1 [Abruf am 31.10.2023].

[5] Portfolio: *Nagy meglepetés a magyar GDP-növekedésben* [Große Überraschung beim ungarischen BIP-Wachstum], URL: https://www.portfolio.hu/gazdasag/20220215/nagy-meglepetes-a-magyar-gdp-novekedesben-526761 [Abruf am 31.10.2023].

[6] Rasthofer, Alexander: *Vielfalt in Einheit. Liberalismus und Kommunitarismus in Transformationsstaaten am Beispiel Ungarns unter Viktor Orbán und dem Fide*sz, Regensburg 2023. / Országgyűlés [Nationalversammlung]: *A Nemzeti Együttműködés Programja* [Das Programm der nationalen Zusammenarbeit], 22. Mai 2010.

[7] Orbán, Viktor: *Viktor Orbáns Rede an der Gedenkstunde*, Sátoraljaújhely, 6. Juni 2020, URL: https://berlin.mfa.gov.hu/assets/28/56/00/a380f8457265f6e550c8f598acde36425703ac6d.pdf [Abruf am 31.10.2023].

Paneuropäisches Picknick

In Sopron, an der Grenze zwischen Ungarn und Österreich, wurde am 19. August 1989 europäische und deutsche Geschichte geschrieben. An diesem Tag überschritten mehr als 600 Menschen aus der DDR im Rahmen eines Paneuropäischen Picknicks erstmals friedlich den Eisernen Vorhang. Die Nachrichten über dieses Ereignis verstärkten den anwachsenden Massenexodus von Deutschen aus der DDR, und dies führte zu einer erheblichen weiteren Destabilisierung des SED-Regimes. Das Paneuropäische Picknick war insofern ein entscheidender Schritt auf dem Weg zur deutschen Einheit. Im Grunde genommen beruhte die nachhaltige und erfolgreiche Wirkung des Picknicks auf einer glücklichen Verkettung von Ereignissen und dem zufälligen Zusammentreffen von unterschiedlichsten Akteuren und Interessen.

Abbau des Eisernen Vorhangs

Die Einführung des sogenannten Weltpasses für ungarische Staatsangehörige Anfang 1988 setzte einen regen Reiseverkehr in Gang, da die Ungarn nunmehr in jedes Land der Welt reisen konnten. Die Zahl illegaler Grenzübertritte durch ungarische Bürger nahm rapide ab, bereits 1988 wurden 98 Prozent dieser Übertritte von Angehörigen anderer Ostblockländer vollzogen. Der Eiserne Vorhang hinderte also nicht mehr die Ungarn, gen Westen zu gehen, sondern vor allem Ostdeutsche.

Darüber hinaus war der Beitritt Ungarns zur Flüchtlingskonvention der Vereinten Nationen mit Wirkung vom 12. Juni 1989 ein wichtiger Schritt auf dem Weg zum Abbau des Eisernen Vorhangs. Die ungarische Regierung wollte auf diese Weise geflüchtete Landsleute vor einer Abschiebung in das diktatorische Rumänien Ceaușescus bewahren. An mögliche in Ungarn ausharrende ausreisewillige Ostdeutsche hatte man beim Beitrittsgesuch im März 1989 indes keineswegs gedacht. Dieser Rechtsakt eröffnete aber später die Anwendbarkeit auf DDR-Staatsangehörige „im Geiste der Konvention". Der Abbau der Grenzbefestigungsanlagen erfolgte ab dem 2. Mai 1989, da die ungarische Regierung nicht bereit war, erhebliche Summen in die Sanierung von Grenzanlagen zu investieren, die das Land nicht mehr brauchte und wollte. Diese Initiative war auch der Versuch, einen engeren Austausch mit dem Westen zu wagen, vor allem mit dem Nachbarland Österreich.[1]

Idee und Organisation

Die Idee des Paneuropäischen Picknicks wurde am 20. Juni 1989 in Debrecen geboren, der Stadt, in der während der Ungarischen Revolution am 14. April 1849 symbolträchtig die Entthronung des Hauses Habsburg verkündet worden war. Otto von Habsburg war von dortigen Oppositionellen eingeladen worden, um einen Vortrag über Europa nach den Europawahlen 1989 zu halten. Habsburg engagierte sich während seiner Zeit als Mitglied des Europäischen Parlaments in Straßburg immer wieder nicht nur im Sinne der bayerischen CSU, sondern auch für die Interessen der unterdrückten, in einem freien Europa nicht artikulationsfähigen Völker Mittel- und Osteuropas, besonders der Ungarn. Nach dem Vortrag saßen die Organisatoren mit Habsburg zusammen, und es entwickelte sich unter Federführung von Ferenc Mészáros spontan die Idee, dass eines Tages in einem zusammenwachsenden Europa an der Grenze zwischen Ungarn und Österreich Menschen aus beiden Nationen Speck braten und ein „Paneuropäisches Picknick" mit Musik und Tanz veranstalten könnten.

In der Folge trieb Mária Filep vom örtlichen Ungarischen Demokratischen Forum (MDF) dieses Vorhaben energisch voran. Der Titel „Paneuropäisches Picknick" wurde nach Aussagen der Organisatoren ohne Bezug zu der Organisation Paneuropa-Union gewählt, da diese in Ungarn gar nicht bekannt gewesen sei. Über die Bezeichnung kam es später zu einem Konflikt mit der Paneuropa-Union, da diese beanspruchte, Veranstalterin des Picknicks gewesen zu sein. Mária Filep jedoch hatte zu jener Zeit alle Hände voll zu tun: Sie musste einen Ort finden, die Genehmigung für den provisorischen Grenzübergang einholen, Menschen einladen, Mitstreiter finden und natürlich Finanzmittel auftreiben. Es war ein glücklicher Zufall, dass sie Mitte August Oppositionelle aus den mittelosteuropäischen Ländern in Ungarn bei einer informellen Sommerschule, dem sogenannten Schicksalsgemeinschaftslager in Martonvásár, zu Gast hatte, die sie spontan zu dieser Unternehmung an der Grenze als Abschlussveranstaltung der Zusammenkunft einlud.

Die Suche nach einem geeigneten Ort erwies sich als eine echte Herausforderung. Schließlich fanden die Debrecener in Sopron mit Vertretern der örtlichen Gruppe der Oppositionspartei Ungarisches Demokratisches Forum (MDF), László Magas, László Nagy, János Rumpf, Felix Őrs und Pál Csóka engagierte Mitstreiter. Sopron, unweit des Gefängnisses von Fertőrákos gelegen, ist für viele Ungarn ein geschichtsträchtiger Ort, denn hier wurden Menschen, die von den totalitären Regimen des 20. Jahrhunderts verurteilt worden waren, hingerichtet beziehungsweise beigesetzt. Parallel gewannen die Organisatoren den reformkommunistischen

Staatsminister Imre Pozsgay und Otto von Habsburg als Schirm-
herren des Paneuropäischen Picknicks. Beide blieben der Veranstaltung jedoch aus Sicherheitsgründen fern und entsandten als
Vertreter László Vass und Walburga von Habsburg. Es war nämlich nicht absehbar, wie die Sowjetunion auf die Veranstaltung
reagieren würde. Die Machthaber in Ungarn sahen das Picknick
wohl auch als Möglichkeit, sowjetische Reaktionen auf den Grenz-
abbau auszutesten – eine Intention, von der aber die Organisatoren
des Picknicks nichts wissen konnten.

Handzettel mit dem Slogan „Baue ab und nimm mit" bewar-
ben das Paneuropäische Picknick als großes Fest unter Freunden
und Nachbarn. Einen für landwirtschaftliche Zwecke erhaltenen
Abschnitt des Eisernen Vorhanges konnten die Teilnehmer als
Ausdruck eines grenzenlosen Europas mit eigenen Händen abbau-
en und sich die Echtheit bestätigen lassen. Erst wenige Tage vor
dem Picknick erhielten die Organisatoren die Bestätigung, dass es
tatsächlich an einer provisorischen Grenzübergangsstelle am Alten
Pressburger Weg zwischen Fertőrákos in Ungarn und Sankt Mar-
garethen in Österreich für Österreicher und Ungarn mit gültigen
Ausweisdokumenten in der Zeit von 15 bis 18 Uhr möglich sein
werde, die Grenze zu passieren.

Geplant war, um 15 Uhr mit offiziellen Delegationen die provisorische Grenzübergangsstelle und das Picknick selbst zu eröffnen. Fast schon kafkaesk erscheint es, dass an jener Stelle ein altes
Holztor stand, das seit 1948 fest verschlossen und verriegelt gewesen war. Den Schlüssel zu dem am Tor angebrachten Schloss
konnte niemand mehr finden. Von daher entschied man sich, das
Schloss durchzubrechen und im örtlichen Baumarkt ein neues
Schloss zu besorgen. Das Tor wurde sorgfältig verschlossen und
sollte am Nachmittag des 19. August öffentlichkeitswirksam geöffnet werden.[2]

Schicksalsmoment für die DDR-Flüchtlinge

Elektrisiert durch die Nachrichten über den Abbau der Grenze und das Ende der politischen Eiszeit in Ungarn hofften viele Tausende Ostdeutsche in diesem Sommer auf eine Möglichkeit, von dort aus in den Westen zu gelangen. Bis zur endgültigen Grenzöffnung im September 1989 wurden an der Westgrenze Ungarns etwa 7.200 DDR-Flüchtlinge aufgegriffen, etwa 6.200 gelang die Flucht. Am 13. August 1989, dem 28. Jahrestag des Baus der Berliner Mauer, musste die Botschaft der Bundesrepublik in Budapest wegen Überfüllung durch Zufluchtsuchende aus der DDR geschlossen werden. Die Vorsitzende des ungarischen Malteser-Caritas-Dienstes, Csilla Freifrau von Boeselager, organisierte daraufhin gemeinsam mit dem Pfarrer der Römisch-Katholischen Gemeinde „Zur Heiligen Familie", Imre Kozma, eine provisorische Aufnahme und die Versorgung der Menschen in Zugliget und in Csillebérc. Inoffizielle Schätzungen beziffern die sich über den gesamten Sommer 1989 hinweg in Ungarn aufhaltenden Ostdeutschen auf 100.000 bis 200.000 Personen. Die Nachricht vom Paneuropäischen Picknick am 19. August 1989 verbreitete sich wie ein Lauffeuer unter diesen in Ungarn weilenden Menschen. Tatsächlich war es in Ungarn alles andere als ein Geheimnis, was in Sopron geplant war, denn die Picknick-Organisatoren hatten Flugblätter mitsamt Kartenausschnitten an gut 25 Botschaften übermittelt.

Die unter Führung von Oberstleutnant Árpád Bella stehenden Grenzer in Sopron wurden am Tag des Paneuropäischen Picknicks von der großen Zahl hoffnungsvoll eintreffender Ostdeutscher völlig überrascht. Zunächst glaubte Bella, es mit der offiziellen Delegation der Organisatoren und den Vertretern Österreichs und Ungarns zu tun zu haben – doch warum sollten diese schon um 14.57 Uhr statt zu der angekündigten Zeit eintreffen? Allerdings wurde Bella schnell klar, dass die verzweifelt in Richtung Grenztor strömenden Menschen DDR-Flüchtlinge waren, die – alles zurücklassend – nur noch den Weg nach Österreich suchten. Bella beschloss, nicht einzugreifen, ostentativ der ungarischen Seite den Rücken zuzuwenden und schließlich nur die aus Österreich Kommenden zu kontrollieren. Bis in die frühen Abendstunden gelangten so mehr als 600 DDR-Flüchtlinge in drei Schüben und vielen spontanen kleineren Durchbrüchen nach Österreich. In seiner Singularität stellte dieses Ereignis zugleich auch die größte Massenflucht seit dem Bau der Berliner Mauer dar.

Die offizielle Delegation traf übrigens erst gegen 15.30 Uhr an Ort und Stelle ein. Zu jener Zeit lag sich der erste „Schwung" der Ostdeutschen schon längst auf österreichischer Seite freudig in den Armen, erleichtert, es geschafft zu haben. Das Tor mit dem sorgsam angebrachten neuen Schloss war längst durchbrochen worden. Um aber medienwirksame Bilder zu produzieren und in alle Welt aussenden zu können, machten die Veranstalter das Tor wieder zu, schlossen es ab und öffneten es dann für die Kameras. Diese Aufnahmen sind der Nachwelt überliefert.

Für die DDR wurde das Paneuropäische Picknick zum Schicksalsmoment. Die Sowjetunion griff nicht ein und ließ die Ungarn gewähren. Schließlich reifte mit dem Tod von Kurt-Werner Schulz, des offiziell letzten Opfers des Eisernen Vorhangs an der Grenze zu Österreich, einige Tage später die Einsicht, dass die Grenze letztlich für Flüchtlinge aus der DDR dauerhaft geöffnet werden müsse. Damit war auch das Schicksal der DDR besiegelt.[3]

Anmerkungen

[1]   Slachta, Krisztina / Orgoványi, István / Tóth, Imre: *Vom Ausbau bis zum Abbau. Die Geschichte des Eisernen Vorhangs in Ungarn*, in: Zeitschrift des Forschungsverbundes SED-Staat: ZdF 45 (2020), S. 56-67. / Tóth, Imre: *Historischer Hintergrund*, in: Stiftung Paneuropäisches Picknick '89, URL: https://www.paneuropaipiknik.hu/de/geschichte [Abruf am 31.10.2023].

[2]   Nagy, László: *Das Paneuropäische Picknick und die Grenzöffnung am 11. September 1989*, in: Stiftung Paneuropäisches Picknick '89, URL: https://www.paneuropaipiknik.hu/uploads/document/10/tort-hatter-de-5ce50689d5742.pdf [Abruf am 31.10.2023].

[3]   Karner, Stefan / Lesiak, Philipp (Hrsg.): *Der erste Stein aus der Berliner Mauer. Das Paneuropäische Picknick 1989*, Graz 2019. / Dobrowiecki, Péter: *Erinnerungspolitik in Ungarn* (Faktenwissen Ungarn Nr. 2022/12), URL: https://magyarnemetintezet.hu/de/faktenwissen-ungarn/faktenwissen-ungarn-erinnerungspolitik-in-ungarn [Abruf am 31.10.2023].

IV.

Ungarische Blicke auf Deutschland

Debatten um Ungarn – Debatten um Deutschland?

Die von Ministerpräsident Viktor Orbán seit 2010 geführte konservative Regierung in Ungarn gilt vielen grünen, linken und linksliberalen Parteigängern als Antipode ihrer eigenen Überzeugungen, als Negativbeispiel und Schreckgespenst. Doch auch viele Christdemokraten und Konservative in weiten Teilen Europas hadern mit der eigenwilligen, wenngleich sehr erfolgreichen und selbstbestimmten Politik. Worin liegt diese Haltung begründet? Bei genauem Hinsehen verraten die Debatten über Ungarn mindestens genauso viel über das gegenwärtige Deutschland und auch über Europa mit all seinen gesellschaftspolitischen Tendenzen, die für nicht wenig Furore sorgen.

Neue Tendenzen in Deutschland

In den letzten Jahren haben in Deutschland und weiten Teilen Europas beachtenswerte Entwicklungen Einzug gehalten. Bedingt durch die aus den Vereinigten Staaten nach Deutschland überschwappenden Bewegungen verändern sich akademisches, journalistisches, politisches, gesellschaftliches und öffentliches Leben schnell und tiefgreifend. Diese Bewegungen werden gemeinhin mit den Begriffen Wokeismus,[1] Genderismus, Antirassismus,[2] Cancel Culture,[3] Identitätspolitik,[4] Diskursverengung,[5] Kontaktschuld[6] umschrieben und begründen Verhaltensweisen, die auf Dekonstruktion, Transformation und Ablehnung vieler Grundlagen unseres Wertesystems beruhen und zutiefst ideologisch sind. Dabei werden andere Meinungen ausgeblendet und stigmatisiert, verurteilt und bekämpft. Dies geschieht im Namen der Liberalität, die in Wahrheit keine mehr ist. Viel mehr trägt diese Attitüde die Merkmale einer autoritären Ausgrenzung in sich.

Besonders in Deutschland treffen diese Ideen und Vorgehensweisen auf fruchtbaren Boden – bedingt durch die immer schon vorherrschenden gesellschaftlichen Debatten der Nachkriegszeit, begünstigt durch die gesellschaftlich tief verankerten Grünen, katalysiert durch den Hang zu Moral und Moralismus, die anderswo leicht als Überheblichkeit und Besserwisserei empfunden werden können. Dass ausgerechnet in Deutschland diese neuen Überzeugungen so stark sind, sagt mehr über dessen gesamtgesellschaftliche Umstände aus als jede wahre oder vermeintlich wahre Kritik an der konservativen Regierungspraxis in Ungarn. In Deutschland werden gesellschaftliche oder politische Überzeugungen sehr ernst genommen und intensiv gelebt, mitunter einhergehend mit einer Mischung aus Gerechtigkeitsempfinden, Sendungsbewusstsein und einer moralischen Überhöhung der eigenen Positionen.

Herausforderungen der bürgerlichen Mitte in Deutschland

In dieser Gemengelage wird besonders deutlich, wie stark die Grünen die Oberhoheit übernommen haben, Debatten prägen und Deutungsmuster bestimmen. Damit entfalten sie als Kristallisationspunkt all jener oben beschriebenen Tendenzen, Bewegungen und Weltanschauungen die größtmögliche Resonanz, wirken für deren Verbreitung und Unterstützung und verkörpern somit den neuen Mainstream des öffentlichen Lebens. Dabei sind sie und ihre Wähler in weiten Teilen etabliert, wohlhabend und Hüter der „herrschenden Meinung". Demgegenüber wirkt die bürgerliche Mitte sprach-, orientierungs- und handlungslos. Sie hat sich in der Zeit der Merkel-Regierungen mit den Sozialdemokraten erschöpft und erscheint für viele Beobachter inhaltlich ermattet.

Erstens verfügt die bürgerliche Mitte in Deutschland kaum über Anknüpfungspunkte an den weit überwiegenden Teil der Medienlandschaft. Die politischen Meinungen einer mehrheitlichen Zahl der in Deutschland tätigen Journalisten tendieren eindeutig nach links.[7] In solch einem Umfeld vermögen die Bürgerlichen kaum ihre Weltsicht zu artikulieren, sie stehen ständig unter Beobachtung und werden gleichsam unter Druck gehalten. Zugang zu eigenen wirkungsmächtigen Medien haben sie weitgehend nicht – und wenn es doch bürgerliche Neugründungen gibt, laufen diese Gefahr, allzu leicht stigmatisiert, nach rechts durchgereicht oder bestenfalls ignoriert zu werden. Das Phänomen der Kontaktschuld verhindert es für die Bürgerlichen zudem, hier effektiv Plattformen wahrzunehmen, zu besetzen und auszubauen, da sie ihrerseits nicht stigmatisiert und ausgegrenzt werden wollen. Damit sind sie dem medialen wie politischen Mainstream hoffnungslos ausgeliefert. Eine robuste konservative Politik wie in Ungarn ist in Deutschland bereits aus diesen Gründen gegenwärtig undenkbar. Schon die Sympathie für die Politik des ostmitteleuropäischen Landes wäre ein Tabubruch und würde vom medialen Mainstream sanktioniert werden. Kann man vor diesem Hintergrund jemals ein ausgeglicheneres Ungarnbild in den deutschen Medien erwarten?

Zweitens haben sich durch die oft kritisierte „Sozialdemokratisierung der Union", die Annäherung an tatsächliche oder vermeintliche grüne gesellschaftliche Erwartungen und die eigene inhaltliche Auszehrung originär bürgerliche Positionen weitgehend verflüchtigt.[8] Sie sind allenfalls nur noch diffus vorhanden – und wenn doch, werden sie weder prägnant artikuliert noch entschieden verfolgt. Eine markante konservative Politik wie in Ungarn erscheint auf deutsche Verhältnisse bezogen wie ein Anachronismus. Vergleiche mit Deutschland der achtziger Jahre werden laut, und tatsächlich sagte Viktor Orbán vor Kurzem über seine Politik: „Das ungarische Modell ist so, als hätte Helmut Kohl eine Zweidrittelmehrheit in Deutschland gehabt." Der Weg der Selbstfindung der Union dauert an, und wenig spricht dafür, dass sie in einem gesamtgesellschaftlich nach links gerückten Umfeld eine konservative Wende oder Erneuerung wagen würde. Es ist eher davon auszugehen, dass sie ihre Themen – wenn überhaupt – nur noch in einer abgespeckten, grün-kompatiblen Soft-Version anbieten wird.

Drittens haben die Bürgerlichen durch die Zersplitterung der Parteienlandschaft praktisch keine Chancen mehr auf eine eigene Mehrheit, sondern sind hinsichtlich einer Regierungsmehrheit auf absehbare Zeit wohl auf die Grünen oder Sozialdemokraten angewiesen. Im Bundestag sind sogar acht Parteien vertreten, und nicht nur auf Bundesebene, auch in vielen Ländern regieren Dreiparteienkoalitionen.[9] Die Ampel verfügt nur in Hamburg, Niedersachsen, Rheinland-Pfalz und im Saarland über eine eigene Mehrheit, muss sich also im Bundesrat mit der Union abstimmen. Ferner macht den Bürgerlichen die Repräsentationslücke zu schaffen, in der 20 bis 25 Prozent der Wähler einer politischen Artikulation ermangeln. Sie sind zwischen einer nach rechts gerückten AfD und den früher (CDU/CSU) oder später (FDP) mit den linken Parteien koalierenden Formationen praktisch aufgerieben. Ohne die Mobilisierung dieser Wählerschichten wird es aber keine bürgerlichen Mehrheiten in Deutschland geben. Viel genehmer scheint es in dieser Lage, sich dem vermeintlich Unabänderbaren zu fügen und eine Zusammenarbeit mit der SPD oder am besten mit den Grünen anzusteuern. So gesehen mögen sich viele ungarische Beobachter die Augen gerieben haben, als in Situationen, in denen es eine bürgerliche Mehrheit ohne die AfD gegeben hätte, die CDU doch lieber mit den Grünen regiert als mit der FDP – so geschehen in Schleswig-Holstein. In einem anderen Bundesland toleriert sie sogar rot-rot-grün. In Ungarn hingegen verfügen die beiden bürgerlichen Parteien über eine solide gesellschaftliche Basis und eine breite Unterstützung, die ihnen die Umsetzung einer freiheitlich-konservativen Agenda problemlos ermöglichen.

Die Rolle der europäischen Parteipolitik

Ähnliche Entwicklungen sind auch im Europäischen Parlament zu beobachten. Noch zersplitterter als der Bundestag, haben es die Bürgerlichen hier weit schwerer, Mehrheiten zu finden und ihre Positionen zu artikulieren. Die Herausforderungen für die Vertreter der bürgerlichen Mitte, deren Konzept- und Ideenlosigkeit treten auf europäischer Ebene noch markanter hervor. Die Europäische Volkspartei kann nicht einmal darauf hoffen, im Parlament Mehrheiten zu erreichen, im Übrigen gab es solche abgesehen von der Legislaturperiode von 1999 bis 2004 auch nie. Zudem lassen sich alle gesellschaftlichen Bewegungen in Brüssel wie mit dem Brennglas beobachten. Sie sind hier auf engstem Raum fokussiert. Das Europäische Parlament als Forum der europäischen politischen Debatten beheimatet die unterschiedlichsten Politikkonzepte, hier treffen die Ansichten scharf aufeinander, dennoch müssen am Ende oft alle einem Kompromiss zustimmen. Besonders wuchtig trat dieses Phänomen in Erscheinung, als der ungarische Ministerpräsident mehrfach dem Plenum Rede und Antwort stand. Dabei wirkte seine markige Politikauffassung wie eine Beschwörung des Undenkbaren oder Unbegreifbaren, der Lebensrealität vieler Europarlamentarier entrückt. In diesem Umfeld wird Politik definiert, umgesetzt und ausgeweitet – und das Urteil über das merkwürdige konservative Land in Ostmitteleuropa war demnach auch sehr schnell gefällt. Daher verwundert es nicht, dass in linksliberalen und grünen Kreisen das Szenario einer erfolgreichen, populären und international beachteten bürgerlichen Politik, die sich all jenen genannten identitätspolitischen Tendenzen entgegenstellt, als Drohkulisse und reale Gefahr wahrgenommen wird. Nur so lassen sich auch die bis ins Mark gehenden Angriffe gegen die ungarische Regierungspolitik und gegen die Person Viktor Orbán erklären.

Was ist illiberal?

Die bürgerliche Regierung von Viktor Orbán verwirklicht in Ungarn eine klassisch freiheitlich-konservative Reformagenda, die eigentlich vergleichbar ist mit der Politik vieler liberaler, konservativer oder christdemokratischer Parteien in Europa. Für den ausländischen Beobachter eher verwirrend mag daher der Umstand sein, dass der ungarische Ministerpräsident im Jahre 2014 vom „illiberalen Staat",[10] später von der „illiberalen Demokratie" sprach. Dieses Gedankenkonstrukt basiert zum einen auf einer sehr stark im amerikanischen politischen Denken beheimateten Grundannahme, wonach „liberal" die Linksliberalen, die US-Demokraten oder auch die heute als Wokismus bezeichneten Bewegungen meint. Zweitens haben die in Ungarn von 1994 bis 1998 und wieder von 2002 bis 2008 mit den Postkommunisten regierenden ungarischen Linksliberalen dem klassischen Liberalismus wahrlich keine Ehre erwiesen. Es dominierte in dieser Zeit gesellschaftspolitische Beliebigkeit, ein Ausverkauf der Werte und auch der heimischen Wirtschaft. Zugleich führte diese Politik zu einer tiefen sozialen, politischen, gesellschaftlichen und moralischen Krise der Jahre 2006 bis 2010.[11] Außerdem wurde von Viktor Orbán die These vertreten, dass die Demokratie keine Attribute brauche, schließlich hätten „die Liberalen" kein Vorrecht auf diese gepachtet, auch Sozialdemokraten und Christdemokraten seien Demokraten. Gerade in Ungarn ist die Erinnerung an eine einzig mögliche Variante der Demokratie immer noch mit einem schlechten Beigeschmack verbunden. Eine Entsprechung findet sich im weit verbreiteten Slogan „Marktwirtschaft ohne Attribute" von Vaclav Klaus. Es hilft also für das Verständnis der westeuropäischen Betrachter, nicht unbedingt auf das Etikett, die Fremd- oder Selbstwahrnehmung, sondern vielmehr auf den Inhalt zu achten.

Ausgleich zwischen Individualinteresse und Gemeinwohl

Die Politikgestaltung der seit vielen Jahren regierenden ungarischen Konservativen sollte also fernab jeglicher Attribute beleuchtet werden. Für den Zeitgenossen aus dem Ausland mutet das Land mit seiner sehr fremden Sprache, der Betonung der Geschichte, dem massiven Antikommunismus, den andersgelagerten Debatten und der robusten konservativen Agenda zumindest merkwürdig, unverständlich und anachronistisch an. Doch verwirklicht die Regierung von Viktor Orbán bei Lichte besehen eine Politik der Mitte, eine Politik, die großen gesellschaftlichen Anklang findet, und die vor allem eine solide Erfolgsbilanz vorzuweisen hat. Nicht umsonst wurde der Langzeitministerpräsident bereits dreimal wiedergewählt und jedes Mal mit einer parlamentarischen Zweidrittelmehrheit ausgestattet, zuletzt im April 2022 mit einem Rekordergebnis in absoluten wie relativen Stimmenzahlen. Damit ist er der dienstälteste Regierungschef im Europäischen Rat. Nimmt man die vier Jahre seiner ersten Regierungszeit in den Jahren 1998 bis 2002 hinzu, so kommt er auf stolze 17 Jahre – mehr als Angela Merkel oder Helmut Kohl vorweisen können.

Es geht den Ungarn um einen neuen Gesellschaftsvertrag, um einen sozialverträglichen Ausgleich zwischen Individualinteresse und Gemeinwohl und um ein Bekenntnis zu Werten, die als Fundamente von Staat, Gesellschaft und Gemeinwesen dienen können. Die Ungarn gelten als sehr individualistisches Volk, mit einem feinen seismographischen Gespür für Bedrohungen ihrer Freiheit durch Obrigkeiten von außen oder von innen. Die Kritik der Ungarn an den negativen Folgen eines radikalen Liberalismus beruht in erster Linie auf den schmerzhaften eigenen Erfahrungen in den Jahren nach der Wende. Die Nachteile der gesellschaftlichen Individualisierung äußerten sich in einem Wettbewerbsegoismus, der erfahrungsgemäß die Bande zwischen den Menschen kappt und zu Identitätsverlust und Entwurzelung führt. Weiterhin zerstörte der Neoliberalismus die Mittelschicht, da er Ungleichheiten erzeugte. Dementgegen stellt Orbán den Begriff der Gemeinschaft von Interessen und Werten in den Mittelpunkt politischen Denkens.

Die Gesellschaft setzt sich demzufolge aus den Polen der individuellen Freiheit und der gemeinschaftlichen Interessen zusammen, zwischen denen es ein Gleichgewicht herzustellen gilt. So werden bereits in der Verfassung gemeinschaftliche Grundrechte den individuellen beigeordnet. Auf diese Weise strebt man eine Verknüpfung von Rechten und Pflichten an, die die Rechte des Individuums in eine gemeinschaftliche Verpflichtung einbindet, ohne den Freiheitsgedanken loszulassen. Orbáns „illiberale Demokratie" kritisiert den entfesselten, zügellosen und ungeordneten Liberalismus der 1990er-Jahre in seiner spezifisch ostmitteleuropäischen Ausprägung und dessen rücksichtslosen Individualismus, verwirft aber nicht die klassisch liberalen, freiheitlichen Prinzipien. Das ist die Schlussfolgerung aus der Lehre, dass der Mensch zur sinnstiftenden Selbstverwirklichung eine soziale und moralische Fundierung durch kulturelle Strukturen braucht. In diesem Sinne lässt sich die ungarische Betonung von Familie, Heimat und Nation verstehen. Sie sind die Bausteine, die Ungarn von einer Ansammlung von Individuen zu einer Verantwortungsgesellschaft, einer Gemeinschaft von Gemeinschaften, machen. Den Freiheitssinn der Ungarn in ein Ver-

hältnis der praktischen Konkordanz zu Gemeinsinn und Gemeinwohl zu bringen – das ist eine raffinierte und fein austarierte Aufgabe und eine tägliche Belastungsprobe für die ungarische Politik.
Dabei kann nur sehr sensibel und behutsam vorgegangen werden.[12]

Bürgerliche Reformagenda

Die liberal-konservative Reformagenda umfasst sämtliche Bereiche
des öffentlichen Lebens und justiert dort nach, wo es in den Jahren
vor 2010 Versäumnisse gab. Insbesondere die Betonung von Heimat, Staat, Nation, Kultur und Identität, des abendländischen Wer-
tekanons, der jüdisch-christlichen Grundlagen und der staatstra-
genden Rolle des Christentums geben die Rahmenbedingungen
des modernen Ungarn vor. Dabei handelt das bürgerliche Lager
nach der Maxime, dass es allen Ungarn gut gehen sollte, unabhän-
gig davon, welche Parteien sie wählen. „Niemand wird am Weges-
rand zurückgelassen", so das mehrfach prononcierte Motto der konservativen Regierungsparteien. In der konkreten Politikgestaltung
lassen sich diese Grundlagen aus der tiefen Werteorientierung, der
soliden inneren Verfasstheit der Bürgerlichen im Land und aus dem
Bewusstsein herleiten, endlich vollwertig zu Europa zu gehören.
    Dabei stehen beispielsweise Gesellschafts- und Familienpoli-
tik ebenso im Mittelpunkt wie Wirtschafts- und Beschäftigungs-
politik, Nachbarschafts- und Sicherheitspolitik, Energie- und Klimapolitik oder auch die interessengeleitete und europaweit bekannte
Migrationspolitik. In vielen dieser Politikfelder findet das bürgerliche Regierungshandeln auch bei Anhängern der Opposition Unterstützung und Anerkennung. Gerade in diesen Bereichen erzielte
Ungarn in der jüngsten Vergangenheit beachtliche Fortschritte.
    Die aktuelle bürgerliche Gesellschaftspolitik der ungarischen
Regierung liest sich fast wie ein Gegenentwurf zur identitätspolitischen Linken und achtet die natürlich gewachsenen Gemein-

145

schaften, die dreizehn anerkannten autochthonen Volksgruppen sowie die immense religiöse Vielfalt des Landes und möchte diesem keine ideologischen und missionarischen Scheuklappen anlegen. Es herrscht in Ungarn durchgängig eine interessierte, offene und vorurteilsfreie Diskussionskultur. In der Familienpolitik konnten die Geburtenraten dank bewusster Besserstellung junger erwerbstätiger Frauen aus der gesellschaftlichen Mittelschicht in den vergangenen zwölf Jahren um 25 Prozent gehoben werden, die Abtreibungen sanken ohne eine Verschärfung der (in Ungarn sehr liberalen) Strafrechtspraxis, sondern ausschließlich durch die vielfältigen positiven Anreize. Zudem erreicht die Zahl der Eheschließungen neue Höchstzahlen.[13]

Dreh- und Angelpunkt der Wirtschaftspolitik sind Arbeit und Beschäftigung, niedrige Steuern und die Stärkung des heimischen Klein- und Mittelstandes. In den Jahren ab 2010 konnten durch Steuersenkungen, Entbürokratisierung und ABM-Programme zur Eingliederung in den ersten Arbeitsmarkt mehr als eine Million Menschen in Lohn und Brot gebracht werden, die Steuersätze sind historisch niedrig, die Steuereinnahmen sprudeln und die Schattenwirtschaft konnte dank Digitalisierung und mehr Steuergerechtigkeit massiv zurückgedrängt werden. Ungarn geht auch einen neuen Weg in der Nachbarschaftspolitik, setzt auf Vertrauen, Ausgleich und Kooperation mit seinen Nachbarn. Die Beziehungsgeflechte waren lange Zeit aufgrund des historischen Traumas des Friedensvertrages von Trianon sehr angespannt, nunmehr gilt es aber, die „100 Jahre ungarische Einsamkeit" in Mitteleuropa zu bewältigen und zum Ausgangspunkt einer neuen Verständigung zu werden.

Ungarns Sicherheit kann nur im Verbund mit seinen Nachbarn garantiert werden. Daher beteiligt sich Ungarn intensiv an Systemen gemeinsamer Sicherheit, so etwa beim Schutz des Luftraumes der Slowakei oder des Baltikums durch ungarische Kampfjets.[14] Der äußeren Sicherheit tritt ein umfassender Sicherheitsbegriff gegen innere Bedrohungen zur Seite, mit einer beachtlichen Stärkung der Schengen-Außengrenzen, der Aufrüstung der Polizei und einem bemerkenswerten Rückgang der Kriminalitätszahlen. In diesem Zusammenhang kommt der rigiden Migrationspolitik eine Schlüsselrolle zu. Für viele Ungarn stellen die seit Jahren anhaltenden immensen Migrationsbewegungen eine neue Völkerwanderung dar, die unser Gemeinwesen und die europäische Identität massiv bedrohen. Sie haben durch ihre Geschichte ein fast schon seismographisches Gespür für Bedrohungen und Gefährdungen entwickelt. Sie wollen ihre Freiheit in Europa, ihre ungarische und europäische Identität nicht aufgeben und suchen nach einer Selbstbehauptung des Landes in demographischer, kultureller, religiöser, aber auch in politischer und gesellschaftlicher Hinsicht.

Deutsche Blaupausen für ungarische Lebenswahrheiten?

Es kann gar nicht verwundern, dass diese ungarische Politikgestaltung in der deutschen Lebenswirklichkeit, in medialer Berichterstattung und in politischen Debatten, ein völlig aus der Zeit gefallenes, mit den Lebensrealitäten des modernen Deutschlands kaum mehr vereinbares Bild abgibt. Damit befleißigt sich aber die deutsche politische und mediale Mehrheit auch eines falschen, verzerrten und einseitigen Ungarnbildes. Diese Betrachtungsweise entspringt dem originären deutschen Denken, dieses Mal auf der richtigen Seite der Geschichte zu stehen, moralisch höherwertig zu handeln und die gesinnungsethisch als einzig wahr empfundene Meinung absolut zu setzen, sie zu verbreiten und alle anderen, hiervon abweichenden Auffassungen auszublenden. Wenn also in Ungarn eine konservative Regierung ein Programm umsetzt, das diesen Erwartungen zuwiderläuft, kann die aufgeregte deutsche mediale Öffentlichkeit gar nicht anders, als mit dem moralischen Fallbeil all das zu kritisieren, wofür Viktor Orbán und seine Regierung, die ungarischen

Konservativen, aber auch der weit überwiegende Teil der ungarischen Bevölkerung stehen. Aus dieser Hinsicht erscheint es nicht unangemessen, die heftigen deutschen Reaktionen auf das Handeln Ungarns in erster Linie dem deutschen Zeitgeist zuzuschreiben und nicht der ungarischen Politik anzulasten.

Kontaktschuld

Vor allem liefert das Phänomen der in Deutschland und Europa existierenden Kontaktschuld ein Erklärungsmuster, warum auch die Bürgerlichen mit der ungarischen Politikgestaltung hadern. Sie wollen nicht in den medialen, gesellschaftlichen und politischen Sog hineingezogen werden, denen die Ungarn aus Gründen der inneren Kohäsion und Verfasstheit zu widerstehen imstande sind. Die Bürgerlichen in Deutschland müssen bei der Unterstützung ungarischer Positionen nicht nur erheblichen Argumentationsaufwand betreiben, sondern sehen bisweilen auch die Grundlagen ihrer politischen Arbeit als gefährdet an. Dieses Risiko erscheint vielen daher oft als zu groß. Anders als in Ungarn bestimmen die gesellschaftlichen Debatten in ihren Ländern fast ausschließlich die Linken, und diese haben auch die Hoheit über das akademische, wissenschaftliche und intellektuelle Leben. Damit sind vermeintliche oder tatsächliche Solidarisierungen mit dem von diesen Kräften ausgegrenzten „System Orbán" unentschuldbar und können mit Retorsionen belegt werden. Dass so etwas nur Wenige in Kauf nehmen wollen oder können, erscheint durchaus nachvollziehbar.

Fazit

Die Politik der bürgerlichen Regierung in Ungarn verwirklicht trotz anderslautender Unterstellungen und diverser Missverständnisse eine klassisch freiheitlich-konservative Agenda. Sie kann sich hierbei auf einen großen Teil des ungarischen Elektorats stützen, das insbesondere in den Bereichen der Familien-, Migrations- und Wirtschaftspolitik das Regierungshandeln goutiert. Ungarn befindet sich auf einem guten Weg im Sinne der angestrebten europäischen strategischen Souveränität und der Selbstbehauptung in einem sich wandelnden globalen Umfeld. Damit erscheint diese Politik linksgerichteten Kreisen wie ein Fremdkörper und als ein zu bekämpfendes Konzept. Dabei kann sich diese Kritik auf eine breite mediale wie politische Basis in Deutschland und Europa stützen und auf die in Deutschland überwiegend herrschende akademische, mediale wie politische Klasse. Zugleich sind diese Einstellungen nicht losgelöst von den innerdeutschen Debatten, in denen Ungarn als Gegenentwurf wahrgenommen wird. So ist es kaum verwunderlich, wenn die konservative ungarische Politik mit allen zur Verfügung stehenden Mitteln angegangen wird. Damit verrät aber diese Polemik mehr über das aktuelle Deutschland und seine Debatten und Prozesse, als über das gegenwärtige Ungarn.

Anmerkungen

1 Ungar-Sargon, Batya: *Bad News. How Woke Media Is Undermining Democracy*, New York 2021.
2 Boulila, Stefanie C. / Carri, Christiane: *On Cologne: Gender, migration and unacknowledged racisms in Germany*, in: European Journal of Women's Studies, 24.3 (2017), S. 286-293.
3 Simons, Greg: *Role of Social Media in Amplifying Neo-Liberal Cancel Culture*, in: Transatlantic Policy Quarterly 20.3 (2021), S. 71-79.
4 Pilgrim, David: *Identity Politics. Where Did It All Go Wrong?*, Bicester, Oxfordshire 2022.
5 Russ-Mohl, Stephan (Hrsg.): *Streitlust und Streitkunst. Diskurs als Essenz der Demokratie* (Schriften zur Rettung des öffentlichen Diskurses Band 3), Köln 2020.
6 Lörke, Tim: *Abbruch der Gespräche. Monika Maron, der S. Fischer Verlag und die Herausforderung der Meinungsfreiheit*, in: Donahue, William Collins / Mein, Georg / Parr, Rolf (Hrsg.): andererseits – Yearbook of Transatlantic German Studies Band 9/10, Bielefeld 2022, S. 75-84.
7 Statista: *Umfrage zur Bundestagswahl unter Volontärinnen und Volontären der ARD im Mai 2020*, 5. Mai 2023, URL: https://de.statista.com/ statistik/daten/studie/1184876/umfrage/sonntagsfrage-ard-volontaere/ [Abruf am 31.10.2023]. / Steindl, Nina / Lauerer, Corinna / Hanitzsch, Thomas: *Journalismus in Deutschland*, in: Publizistik 62 (2017), S. 401–423. / Lünenborg, Magreth / Berghofer, Simon: *Politikjournalistinnen und -journalisten. Aktuelle Befunde zu Merkmalen und Einstellungen vor dem Hintergrund ökonomischer und technologischer Wandlungsprozesse im deutschen Journalismus. Eine Studie im Auftrag des Deutschen Fachjournalisten-Verbandes (DFJV)*, Berlin 2010.
8 Dürr, Tobias: *Regieren ohne Grund: Die CDU mit und nach Merkel*, in: Forschungsjournal Soziale Bewegungen 34.3 (2021), S. 444-452.
9 Leibert, Tim: *Europawahl 2019: Grüne Städte, schwarzes Land, blauer Osten?*, in: Nationalatlas aktuell 13.4 (07/2019).
10 Orbán, Viktor: *Die Epoche des arbeitsbasierten Staates bricht an* [A munkaalapú állam korszaka következik], 26. Juli 2014, URL: https:// pusztaranger.wordpress.com/2014/08/01/viktor-orbans-rede-auf-der-25-freien-sommeruniversitat-in-baile-tusnad-rumanien-am-26-juli-2014/ [Abruf am 31.10.2023].

[11] Pogátsa, Zoltán: *The Political Economy of Hungary: Managing Structural Dependency on the West*, in: Bos, Ellen / Lorenz, Astrid (Hrsg.): Das politische System Ungarns. Nationale Demokratieentwicklung, Orbán und die EU, Wiesbaden 2021, S. 153-172. / Oltay, Edith: *Fidesz and the Reinvention of the Hungarian Center-Right*, Budapest 2012.

[12] Rasthofer, Alexander: *Vielfalt in Einheit. Liberalismus und Kommunitarismus in Transformationsstaaten am Beispiel Ungarns unter Viktor Orbán und dem Fidesz*, Regensburg 2023.

[13] KSH: *Population and vital events*, URL: https://www.ksh.hu/population-and-vital-events [Abruf am 31.10.2023].

[14] Dobrowiecki, Péter: *Das Entwicklungsprogramm der Ungarischen Streitkräfte* (Faktenwissen Ungarn Nr. 2023/02), URL: https://magyarnemetintezet.hu/berlini-gyors/faktenwissen-ungarn-das-entwicklungsprogramm-der-ungarischen-streitkrafte [Abruf am 31.10.2023].

Bürgerliche Politikgestaltung

Vergleicht man die politische Landschaft und die öffentlichen Debatten in Deutschland und Ungarn, dann kommt man nicht umhin festzustellen, dass sich viele aktuelle Diskurse, Meinungsverschiedenheiten und Konflikte sowohl im europäischen, aber auch im bilateralen Miteinander auf die unterschiedlichen Prämissen und Voraussetzungen bürgerlicher Politikgestaltung zurückführen lassen. Insbesondere die freiheitlich-konservative Reformagenda in Ungarn lässt sich erst dann in voller Breite erschließen, wenn man sich die entsprechenden Ansätze der Bürgerlichen in Deutschland vergegenwärtigt.

Zur Lage der CDU

Unlängst schrieben die Zeitungen viel über die Schwäche der Ampelkoalition, das Erstarken der AfD und vor allem über die wechselhafte Lage der Christdemokraten. Es scheint so, als wäre die CDU noch immer auf der Suche nach ihrer Oppositionsrolle. Noch immer muss sie den Verlust der Macht verarbeiten und die richtigen Schlüsse für die Zeit in der Opposition ziehen.

Das Selbstverständnis der CDU als „staatstragende" Partei erschwert diesen Prozess erheblich, denn gerade in geopolitisch turbulenten Zeiten kann es angebracht sein, die Regierung zu unterstützen. Dies macht sich etwa in Fragen der Ukrainepolitik bemerkbar. Die CDU hat in der Frage ihrer Oppositionsfähigkeit aber auch ein strukturelles, inhaltliches und personelles Problem.

Strukturell ist sie in vielen Angelegenheiten mit der Bundesregierung in einem Boot, denn sie regiert in der Hälfte der Länder ausschließlich mit den Parteien der Ampelkoalition, noch dazu mit allen. In sechs Ländern stellt sie den Ministerpräsidenten, in zwei Ländern ist sie der Juniorpartner. Dazu kommt, dass die CDU in Thüringen den postkommunistischen Ministerpräsidenten von der Linkspartei unterstützt, der ohne Mehrheit regiert.

Der einzige Ministerpräsident der Union, der sich auf eine bürgerliche Mehrheit im Landtag verlassen kann, ist der CSU-Vorsitzende Markus Söder. Von dieser Position aus kann er energisch und authentisch die Bundesregierung attackieren und tut dies auch. Die CDU ist da viel vorsichtiger. Das sagt viel aus über das Machtgefüge innerhalb von CDU/CSU. Aber selbst im einzigen Bundesland außerhalb Bayerns, in dem es eine bürgerliche Mehrheit – sogar ohne die AfD – gäbe, nämlich in Schleswig-Holstein, wird sie nicht genutzt und wird stattdessen mit den Grünen regiert.

Inhaltlich betrachtet sind viele Kernanliegen bürgerlicher Politik bei der CDU nur noch schwach und diffus ausgeprägt. Sofern sie doch noch vorhanden sind, werden sie kaum vertreten. In den Jahren der Merkel-Regierungen war man meist mit den Sozialdemokraten am Ruder, viele sozialdemokratische Forderungen in Sachen Inhalt und Personal wurden befriedigt. Die Union wollte hingegen tatsächlichen oder vermeintlichen gesellschaftlichen Erwartungen vor allem mit Blick auf die Grünen entsprechen und ist kräftig nach links gerückt. Besonders deutlich ist das in den Bereichen Migrationspolitik, Gesellschaftspolitik, Energiepolitik und Verteidigungspolitik zu erkennen.[1]

Die Führungsmannschaft der CDU besteht zu großen Teilen aus Merkel-Anhängern bzw. aus Politikern der Merkel-Ära. Daher fällt es besonders schwer, aus der strukturell-inhaltlichen Falle herauszukommen und damalige Fehler klar als solche zu benennen, die Konsequenzen daraus zu ziehen und beherzt einen Politikwechsel anzustrengen. Statt inhaltlich und personell einen Neuanfang zu wagen, verliert sich die Union in Grabenkämpfen zwischen den Anhängern von Angela Merkel und denen von Friedrich Merz.

Bürgerliche Mehrheiten?

In der Hälfte der Landtage gibt es bereits heute bürgerliche Mehrheiten – und in Grenzen auch im Bundestag. Doch werden diese außerhalb Bayerns ebenfalls nicht genutzt. Ein besonders eklatantes Beispiel ist – wie oben erwähnt – Schleswig-Holstein. Theoretisch könnte die CDU in vier Ländern die Ampel-Koalitionspartner auswechseln, in weiteren zwei Ländern sogar an die Regierung kommen. Doch dies geschieht nicht.

Die AfD ist zwar mit zwei Ausnahmen in allen Landtagen vertreten, wird aber systematisch von den Entscheidungsfindungen ausgeschlossen. So wird ihr etwa der ihr zustehende Posten des Bundestagsvizepräsidenten verwehrt und musste sich ihre politische Stiftung die staatliche Finanzierung erst auf dem Klageweg erstreiten. Eine Kooperation mit der AfD lehnen alle anderen Parteien ab. Allein ein Nachdenken über eine Zusammenarbeit mit der AfD auf der eigentlich als unkompliziert geltenden Kommunalebene führte bereits zu einem politischen Gewitter, wie etwa das Echo auf die Äußerungen des CDU-Vorsitzenden Friedrich Merz in seinem ZDF-Sommerinterview 2023[2] bewies.

Vielmehr erscheint es aus Gründen der politischen Opportunität geboten, sich möglichst lautstark von der AfD abzugrenzen und die „Brandmauer" aufrechtzuerhalten. Dabei verweist die CDU auf ihre Grundsatzentscheidung, weder mit der AfD noch mit der Linkspartei zusammenzuarbeiten. Merkwürdigerweise verstößt sie in Thüringen gegen dieses Prinzip und hält einen Ministerpräsidenten der Linken an der Macht.

Wo ist die Opposition?

Aufgrund der strukturellen, inhaltlichen wie personellen Verfestigung bestehender Verbindungen zu den linken Parteien tritt die CDU auf der Stelle und kann letztlich keine kraftvolle Oppositionsarbeit betreiben. Von den rekordniedrigen Zustimmungswerten der Ampelparteien – momentan kämen sie zusammen auf kaum 40 Prozent – müsste eigentlich die Opposition profitieren.

Die CDU wird jedoch kaum als solche wahrgenommen. Stattdessen geht die AfD auf Konfrontationskurs zur Regierung und gefällt sich in ihrer Rolle als Underdog. Je mehr sie verteufelt wird, umso selbstbewusster tritt sie auf. Die jüngsten Erfolge geben ihr Recht. Sie kann nun vollends auf starke Botschaften setzen, wie im Falle der Wahl von Maximilian Krah zum EP-Spitzenkandidaten.

Für die politischen Beobachter erscheint es wie aus der Zeit gefallen, dass die stärkste Oppositionskraft, also die CDU, sich so gar nicht als prägende und bestimmende politische Kraft positioniert und sich stattdessen in Konflikte mit der anderen Oppositionspartei rechts der Mitte verheddert. Dass das bürgerliche Lager gespalten ist und wegen des Mantras der permanenten „Brandmauer" kaum an bürgerliche Mehrheiten zu denken ist, frustriert die eigenen Wähler und treibt sie scharenweise zur AfD, die zeitweise nur noch vier Prozentpunkte von der Union entfernt lag.[3]

Botschaften des bürgerlichen Lagers

Dabei könnten viele Botschaften des bürgerlichen Lagers, spräche man sie einmal aus, für Klarheit und Entschiedenheit sorgen. Neben den relevanten Themen Migration, Gesellschaft, Wirtschaft, Energie und Sicherheit gibt es noch viele weitere, die den Wählern unter den Nägeln brennen und bei denen sie klare Gegenentwürfe zur Ampelpolitik erwarten. Diese könnten zugleich als verbindende Elemente im bürgerlichen Lager fungieren. Viele Wähler von CDU, CSU, FDP, AfD und den Freien Wählern denken nämlich ganz ähnlich.

Diese Fragen zu benennen und beherzt zu vertreten, könnte sich als einigendes Band in einem ansonsten strukturell nicht-linken Deutschland erweisen. Dass die Mehrzahl der Medien, der öffentlichen Diskurse und der Politik eher das Bild eines Hippie-Landes vermitteln, entspricht nicht der Lebensrealität der meisten Deutschen. Die breite Mitte der Gesellschaft will in einem sicheren Land mit guter Zukunftsperspektive leben, solide wirtschaften, Eigentum, Eigenheim und bleibende Werte schaffen, ihren Kindern gute Bildung, Gesundheit und Chancen garantieren[4] und nicht etwa von verblendeten Ideologen regiert werden – diesbezüglich denken die meisten Deutschen übrigens genauso wie die Ungarn.

Ungarische Politikansätze

Wenn in Deutschland über Ungarn diskutiert wird, dann sind diese Debatten eher auf Deutschland bezogen und verraten viel mehr über die innerdeutschen Befindlichkeiten als viele wahrhaben wollen. In Ungarn wird insbesondere in den Bereichen Familie, Gesellschaft, Migration, Wirtschaft, Energie und Sicherheit eine bürgerliche Politik betrieben, die gut und gerne als freiheit-lich-konservative Agenda verstanden werden kann.

Dabei haben die Konservativen im Land eine breite Mehr-heit, ein Wunschtraum für das zersplitterte bürgerliche Lager in Deutschland. Dass die Linken, Linksliberalen und Grünen umso heftiger auf Ungarn schießen, je erfolgreicher das Land ist, ist eine klarer Beweis für die Richtigkeit des eingeschlagenen Weges. Die konservative Seite kann in Ungarn in den Bereichen Migra-tion, Familie und Wirtschaft zudem auch auf weite Teile der lin-ken Wähler zählen, da diese inzwischen vom Erfolg und der Ver-nünftigkeit der Regierungspolitik auf diesen Gebieten überzeugt sind. Auch die bewiesene Kompetenz beim Bewältigen von Krisen kommt bei diesen Wählern gut an.

All das ist nicht zuletzt die Grundlage für die viermali-ge Zweidrittelmehrheit der Regierungsparteien. Wenn man aus Deutschland auf diese Situation blickt, mag sich bei den Bürger-lichen Wehmut einstellen, schließlich hat das ungarische bürger-liche Lager Voraussetzungen, von denen das deutsche nur träu-men kann. Dennoch gilt: Deutsche Fragen müssen in Deutschland beantwortet werden.

Finden die Bürgerlichen beider Länder zueinander?

Für die Bürgerlichen in Ungarn ist klar, dass es prinzipielle Gegen-sätze zu den linksliberalen, woken, grünen und linken Ideologien gibt, die sich vor allem auf den oben erwähnten Politikfeldern zei-gen und sich aus grundsätzlichen Erwägungen ergeben. Die Ungarn wollen einen Ausgleich zwischen Individualinteresse und Gemein-wohl erreichen und sorgen daher für die Einbindung des Einzel-nen in Gemeinschaften, ein zutiefst christdemokratischer Gedanke.

Balázs Orbán, der Politische Direktor des Ministerpräsiden-ten, bemerkte kürlich in einem Interview: „Nach unserem Dafürhalten muss die Verfassungsordnung dafür sorgen, diese Bindungen zu stärken. Es ist sicher nicht Aufgabe einer Verfassung, die rechtlichen Grundlagen für eine fortschreitende Vereinsamung der Menschen zu legen."[5] Zugleich betonte er, dass der ungarische Staat niemandem hineinreden wolle, wie er zu leben habe. Dies würde in Ungarn wegen des großen Freiheitsdranges der Menschen auch gar nicht funktionieren.

Während das gut aufgestellte bürgerliche Lager in Ungarn über Mittel und Möglichkeiten, Kraft und Entschlossenheit sowie über Ausdauer und Sendungsbewusstsein verfügt, tun sich die deutschen Konservativen eher schwer und agieren äußerst vorsichtig. Dabei war es Altkanzler Helmut Kohl selbst, der macht- und kraftvoll regierte. Das „Regieren als Kunst des Machterhalts" (Karl-Rudolf Korte)[6] war seine Stärke, er war aber auch ein virulenter Parteipolitiker, der zwar polarisierte, aber erfolgreich gegen den Mainstream ankämpfte. Die CDU verfügt durchaus über ein Werteverständnis sowie über Tradition und Erfahrung, um wieder eine erfolgreiche konservative Partei zu werden.

Eine Betrachtung von Beispielen erfolgreicher internationaler konservativer Politik wäre hier sicher angebracht, sei es nun im Blick nach Spanien, Italien, Polen, Schweden oder auch nach Tschechien. Doch die erfolgreichste bürgerliche Partei ist der ungarische Fidesz. Somit sollte auch die CDU nicht umhinkönnen, sich zumindest einmal gründlich anzuschauen, wie in Ungarn Politikgestaltung funktioniert und was die Basis für den Erfolg der Regierungsparteien ist.

Dieser Erfolg hat sicher etwas mit einer guten, soliden und erfolgreichen Regierungsarbeit zu tun, aber auch mit der Führungspersönlichkeit von Ministerpräsident Viktor Orbán. Meist unterschlagen wird in den internationalen Debatten jedoch, dass Fidesz mehr als zwanzig Jahre lang systematisch den vorpolitischen Raum, das bürgerliche Lager und die gesamte ungarische

Gesellschaft umwarb, Verbündete und Unterstützer sammelte, den Diskurs beeinflusste, Initiativen übernahm, Kontakt zum Wähler suchte und auch beständig an sich selbst arbeitete.

Herausforderungen der Zusammenarbeit

Die Bürgerlichen in Ungarn haben wiederholt klargemacht, dass sie eine Kooperation mit der CDU/CSU suchen und keine Zusammenarbeit mit der AfD wünschen. Seinen Grund hat dies nicht zuletzt in der derzeitigen Ferne der AfD von der Übernahme von Regierungsverantwortung. Aber auch hier gilt: Deutsche Fragen sind in Deutschland zu beantworten. Ob und wie sich die AfD in Zukunft eventuell wandelt und eines Tages gar in Regierungsverantwortung kommt, ist eine völlig offene, und in erster Linie innerdeutsche Frage, in die sich die Ungarn tunlichst nicht einmischen sollten.

Sie betonen vielmehr, dass sie die ungarischen innenpolitischen Fragen in Ungarn lösen wollen und diese nicht etwa in Brüssel oder Berlin gelöst werden sollen. Ebenso muss der deutsche Wähler eine Entscheidung für seine Zukunft treffen. Und über allem steht ein bei Fidesz häufig zitierter Spruch: „Der Wähler hat immer Recht".

Gegenwärtig hofft man in Ungarn, dass die CDU/CSU eine wahre Alternative zur Ampelregierung darstellen kann und bürgerliche Politikansätze wieder zum Tragen kommen. Dabei ist eine große Offenheit zur Zusammenarbeit vorhanden. Gerne würden die Ungarn ihre Erfahrungen an andere weitergeben. Dazu bedarf es jedoch nicht zuletzt der Bereitschaft des deutschen bürgerlichen Lagers.

Eine andere Frage ist immer gewesen, dass die Ungarn die Politik der Merkel-Union wenig verstanden haben. Für sie ist vor allem die Zusammenarbeit mit den Grünen und Sozialdemokraten kaum nachvollziehbar. Natürlich weiß man um die schwierigen Mehrheitsfindungen und das bundesdeutsche Konsensmodell, doch sieht man zugleich, dass es während der Merkel-Jahre ohne Not in vielen Politikbereichen zu einer Selbstaufgabe konservativer Positionen gekommen ist.[7] Dieser Ansatz wird auch unter der jetzigen Parteiführung weiter betrieben. Große Hoffnungen richten sich jedoch noch immer auf den neuen Generalsekretär Carsten Linnemann, der ja für eine konservative Politik stehen soll. Sollte dies tatsächlich zutreffen, dann käme seine Partei nicht umhin, den Dialog mit den erfolgreichen Bürgerlichen in Ungarn wieder zu suchen.

Nicht vergessen sollte man in diesem Zusammenhang, dass Ministerpräsident Viktor Orbán in Deutschland ein unumgänglicher Teil der politischen Debatte geworden ist. Von vielen verteufelt, von vielen geliebt, bleibt niemand unberührt, wenn von ihm die Rede ist. Dabei wäre eine ausgewogene Betrachtung der ungarischen Politik sicherlich hilfreich, wofür es jedoch in Deutschland häufig an Wissen bezüglich der Hintergründe, Umstände und Voraussetzungen ungarischer Entwicklungen mangelt. Darum ist es umso wichtiger, die Kommunikationskanäle offenzuhalten und die deutsche Öffentlichkeit kontinuierlich mit den notwendigen Informationen zu versorgen, was sich als durchaus anspruchsvolles Unterfangen erweist.

Fazit

Bürgerliche Politikansätze in Deutschland und Ungarn haben andere Voraussetzungen. Die strukturellen und inhaltlichen Einlassungen der Union mit den politischen Wettbewerbern von links und die Spaltung des bürgerlichen Lagers bleiben die größten Herausforderungen. Dennoch denken die meisten Wähler in beiden Ländern sehr ähnlich, und dennoch ist die Mitte der Gesellschaft eher bürgerlich. Sollten die Spannungen in Deutschland überwunden werden und die Bürgerlichen ihre Rolle als Sachwalter der breiten Mitte der Gesellschaft wieder annehmen, erschiene eine stärkere Zuwendung zu erfolgreichen internationalen Beispielen konservativer Politikgestaltung durchaus möglich. Dabei führt an Ungarn kein Weg vorbei. Die ungarischen Bürgerlichen sind die erfolgreichsten in ganz Europa. Sie regieren mit Viktor Orbán ununterbrochen seit 13 Jahren und insgesamt sogar 17 Jahre, also länger als Konrad Adenauer, Helmut Kohl oder Angela Merkel. Damit und mit ihrer erfolgreichen und selbstbestimmten Politik werden sie auch international vielfach als Vorbild angesehen und können sich immer besser vernetzen. Es liegt an den Deutschen, die Zusammenarbeit mit den ungarischen Bürgerlichen wieder zu intensivieren – die Ungarn sind dazu ganz sicher bereit.

Anmerkungen

[1] Dürr, Tobias: *Regieren ohne Grund: Die CDU mit und nach Merkel*, in: Forschungsjournal Soziale Bewegungen 34.3 (2021), S. 444-452.

[2] ZDF: *ZDF-Sommerinterview mit Friedrich Merz*, 23. Juli 2023, URL: https://www.zdf.de/politik/berlin-direkt/berlin-direkt---sommerinterview-vom-23-juli-2023-100.html [Abruf am 31.10.2023].

[3] Rennefanz, Sabine: *Die Idiotie der Brandmauer*, in: Spiegel, 21. September 2023, URL: https://www.spiegel.de/politik/deutschland/umgang-mit-der-afd-die-idiotie-der-brandmauer-kolumne-a-dfb1d00d-bbe4-48a0-8b31-7a5e746d2947 [Abruf am 31.10.2023].

[4] Siegers, Pascal / Schulz, Sonja / Hochman, Oshrat (Hrsg.): *Einstellungen und Verhalten der deutschen Bevölkerung. Analysen mit dem ALLBUS* (Blickpunkt Gesellschaft), Wiesbaden 2019.

[5] Kacsoh, Dániel: *Interview mit Balázs Orbán, dem politischen Direktor des Ministerpräsidenten. „Wir sind westlich, aber noch normal"* in: BZ Magazin 25.15 (08/2023), S. 8-13.

[6] Korte, Karl-Rudolf: *Deutschlandpolitik in Helmut Kohls Kanzlerschaft. Regierungsstil und Entscheidungen 1982-1998*, Stuttgart 1998.

[7] Dürr 2021.

Ein deutsches Dilemma

Polens Außenminister Radosław Sikorski sagte 2011: „Deutsche Macht fürchte ich heute weniger, als deutsche Untätigkeit."[1] Dieser Satz widerspiegelt auch heute sehr gut die in vielen europäischen Ländern wahrnehmbare eindeutige Erwartungshaltung, Deutschland sollte nicht untätig sein, nicht zögern und keine Ausflüchte suchen, sondern ausgehend von seinen eigenen nationalen Interessen gemeinsam mit den anderen ein europäisches Interesse definieren und dieses schützen, anwenden und zur Geltung bringen. Das gilt erst recht in einem konfliktbeladenen globalen Umfeld, in dem Europa um seine Selbstbestimmung kämpfen muss. Im Schatten von, nicht selten aber auch im Wettbewerb mit Großmächten wie Russland, China, Indien und den USA.

Schuldgefühle und gesellschaftliche Entwicklungen

Das Schuldgefühl, das die Deutschen nach dem Zweiten Weltkrieg entwickelten, bestimmt ihr Denken und Handeln bis zum heutigen Tag. Die Deutschen wissen, dass sich Verbrechen gegen die Menschlichkeit – wie unter den Nazis geschehen – nie wiederholen dürfen. Wenngleich Westdeutschland nach 1945 eine erfolgreiche Demokratie aufbauen konnte, die seinen Bürgern einen beispielhaften wirtschaftlichen, kulturellen und zivilisatorischen Aufschwung verschaffte, in dessen Gefolge sie die dunklen Jahre ihrer Geschichte hinter sich ließen, sind die schuldbehafteten Handlungsmuster weiterhin präsent.[2] Das zeigt sich am rigorosen Auftreten gegen jede echte oder auch nur vermeintliche „Nazi"-Tendenz im In- und Ausland. Da sind die Deutschen gründlich wie immer: Was seit 1945 als gesellschaftlicher Konsens gilt, das vertreten sie entschlossen und bestimmt – mit einer Vehemenz, die in vielen anderen Länder zumindest als ungewöhnlich wahrgenommen wird. Das heißt, sie halten diese als gesellschaftlichen Konsens wahrgenommenen Lehrsätze ein, halten andere an, es ihnen gleichzutun, und erzwingen sie notfalls mit Überzeugung, mit Sendungsbewusstsein und natürlich als Verfechter der historischen Wahrheit.

In der Innenpolitik zeigt sich das daran, dass alles, was rechts von CDU und CSU an Gedankengut, Gruppierungen, Bewegungen, Parteien, Medien oder auf welche Weise auch immer artikuliert wird, unverzüglich in diesen Interpretationsrahmen gerät, aus dem man kaum mehr herauskommt. Im Wesentlichen sind die in den politischen und gesellschaftlichen Mainstream nicht hineinpassenden bürgerlichen Artikulationen nicht zugelassen, sie erzeugen Gegenreaktionen und es entsteht eine Meinungsblase. Die in der bundesdeutschen Gesellschaft durchaus vorhandenen Reflexe werden aber auch durch neue Tendenzen aus den USA wie Cancel Culture, Wokismus oder Identitätspolitik teilweise überschrieben, teilweise überlappt, was zu einer außergewöhnlichen Mixtur führt, die andernorts nicht zu beobachten ist. Bei den Deutschen ist das Moralisieren ein Muss, das häufig in arrogante und ausgrenzende Belehrungen mündet.[3]

Dieses Moralisieren macht freilich nicht an den Landesgrenzen Halt.[4] So muss es nicht überraschen, warum Politik und Medien in Deutschland so harsche Positionen gegenüber Ungarn einnehmen. In der Außenpolitik führt besagte Tendenz dazu, dass von Deutschland nie mehr eine Gefahr ausgehen darf, und dass man behutsam mit seinen Beschaffenheiten umgeht, also nicht den Status einer Großmacht anstrebt. Dieses Land darf einzig dem „Guten" dienen, zum Wohle Europas, ja der ganzen Welt, und selbstverständlich nur gemeinsam mit seinen Verbündeten, in einem gemeinsam definierten Rahmen.

Was bedeutet das in Bezug auf die Ukraine?

Wer nun glaubte, im aktuellen Krieg Russlands gegen die Ukraine würden die Deutschen für Frieden, einen Ausgleich und eine schnellstmögliche Beilegung des Konflikts eintreten, hat sich gewaltig geirrt. Ganz im Gegenteil ziehen die Repräsentanten der politischen Elite und der Medienelite die gegenteiligen Schlüsse, dominiert nicht der Pazifismus, sondern die Vorstellung, die Ukrainer zu bewaffnen, um die russischen Eindringlinge zurückzuschlagen. Hierbei spielt die nicht zu widerlegende Grundannahme eine große Rolle, nach der die Ukrainer im Recht sind, sie wurden angegriffen, sie verteidigen sich nur.

Die Deutschen erkennen ihre eigene Vergangenheit wieder, und sie glauben besser als jeder andere einschätzen zu können, welche Gefahr der russische Angriff für Europa bedeutet. Darum zweifelt in Deutschland auch niemand an, dass die Ukrainer für uns alle und in unserem Namen Freiheit, Demokratie, Menschenrechte und Rechtsstaatlichkeit, ja die europäische Identität verteidigen. Und dabei muss man ihnen mit allen zur Verfügung stehenden Mitteln helfen.

Natürlich kann Deutschland in dieser Konstellation kaum eine Führungsrolle in der internationalen Ukraine-Koalition einnehmen. Diese Rolle gebührt eindeutig den USA und Großbritannien, zwei Nicht-EU-Ländern, und die deutsche Regierung folgt ihren Bündnispartnern. Berlin muss dabei entscheiden, ob es der Politik der USA und zugleich dem gemeinsamen Denken und Handeln der NATO und der dort formulierten Politik folgt, oder ob es einen alternativen Radius ausgestaltet, gemeinsam mit seinen europäischen Verbündeten. In diese Richtung gehen übrigens die französischen Vorstellungen von der europäischen strategischen Souveränität. Selbst Präsident Emmanuel Macron äußerte sich im Dezember 2022 dergestalt, dass es früher oder später Friedensverhandlungen mit Russland geben müsse[5] – die Orbán-Regierung fordert Gleiches schon seit langem und weitaus entschiedener. Auch in Deutschlands sind viele Bürger gegen weitere Waffenlieferungen, aber sie stehen eher am Rande und bestimmen das Geschehen nicht mit.[6]

Wie könnte sich eine derartige Zusammenarbeit – zumal unter deutscher Führung – überhaupt gestalten? Aus den bisherigen Ausführungen ergibt sich, dass in der jetzigen Lage jede in diese Richtung gehende Vorstellung die grundsätzliche Frage mit sich brächte, ob Deutschland überhaupt eine Führungsrolle einzunehmen gedenkt, wohin das führen würde und wozu diese überhaupt gut wäre. Daneben würde eine solche Rolle wohl sogleich einen Konflikt mit der jetzigen US-Administration heraufbeschwören. Die Amerikaner erkennen die Schwäche Europas und der europäischen Führungsmächte, sie sind nicht unentschlossen, sondern ergreifen die Initiative. Bei den Waffenlieferungen steht die Bundesregierung von Olaf Scholz ganz eng an der Seite der USA. Im vergangenen Jahr wurde sogar die amerikanische Greenpeace-Chefin Jennifer Morgan zur Sonderbeauftragten des Außenressorts gemacht, als sie noch keine deutsche Staatsbürgerschaft besaß.

Zunehmende Spannungen

Zur Ausübung einer führenden Rolle Deutschlands wäre es daher wichtig, dass die innere Verfasstheit und die öffentlichen Zustände es möglich machten, eine auch von anderen anerkannte Führungsrolle für sich reklamieren zu können. Deutschland durchlebt aber in vielen Bereichen wechselvolle Zeiten, weil die Krisen seit 2015 einfach nicht abreißen wollen, die sich auf die seelische, wirtschaftliche und öffentliche Situation auswirken. Die Migrationskrise ist bis heute nicht bewältigt; sie hat immense soziale und wirtschaftliche Probleme heraufbeschworen, mit Auswirkungen auf das Bildungswesen, den Wohnungsmarkt, den Arbeitsmarkt und die öffentliche Sicherheit. Das Coronavirus kam dann hinzu, einige Corona-Restriktionen währten noch sehr lange. Selbst im Jahr 2023 ist Covid noch ein Thema, das Land konnte sich erst langsam von den wirtschaftlichen Folgen der Pandemie erholen, die Entscheidungsmechanismen sind schwerfälliger geworden und viele Arbeitnehmer arbeiten noch immer im Home Office. Nun kommen die Auswirkungen des Ukraine-Krieges hinzu, unter anderem eine schlechtere Versorgungssicherheit, eine allgemeine Teuerung und die Energiekrise. Unbeeindruckt davon wollen die politischen Entscheidungsträger nichts von einer Rückkehr zur Kernenergie wissen. Lieber forcieren sie die Verbrennung von Kohle – trotz all ihrer gleichzeitigen Verweise auf den Klimawandel.

Zugleich hat Deutschland auf vielen Gebieten seine führende Rolle eingebüßt und gelten Deutsche längst nicht mehr als das, was sie einmal waren: Strukturiert, pünktlich, zuverlässig, ausgeglichen und rational denkend. Vorbei sind die Zeiten, als alle Welt aufschaute, wenn es deutsche Wirtschafts- und Ingenieursleistungen zu bestaunen gab. Die deutsche Automobilindustrie hat den Wettbewerb verschlafen, der Energiesektor ist mit sich selbst beschäftigt, und grundlegende Dinge wie Infrastruktur, Digitalisierung oder Versorgungssicherheit funktionieren nicht mehr wie selbstverständlich. Ob es die chronischen Verspätungen der Deutschen Bahn sind oder das Chaos an Flughäfen, ob die miserable Netzabdeckung beim Internet oder die heruntergekommenen Straßen und Brücken: Der Niedergang wird für alle Bürger sichtbar. Und zu all dem gesellt sich der Berliner Wahlskandal, wo eine komplette Wahl wiederholt werden musste, weil viele ohne Berechtigung wählten, andere falsche Wahlzettel erhielten oder aber das Wahlergebnis nachträglich per Hand „korrigiert" wurde. Hier bildet auch die Bundeswehr keine Ausnahme – ganz im Gegenteil. In letzter Zeit wurde viel über die katastrophalen Zustände berichtet, und nach dem Wirken von drei Verteidigungsministerinnen ist die Moral der Truppe am Boden.

Bundeskanzler Olaf Scholz ist ein erfahrener und besonnener Politiker, nicht von ungefähr war er Vizekanzler unter Angela Merkel. Er hat das Dilemma der deutschen Politik im nationalen und internationalen Spannungsfeld erkannt und weiß sehr wohl, welchen Unmut eine eigenständige deutsche Position erregen könnte, und dass ein konstruktives Misstrauensvotum im Bundestag im Handumdrehen das Ende seiner Kanzlerschaft bedeuten könnte.

Die Rolle der USA

Der Ukraine-Krieg legte einen potenziellen geopolitischen Konflikt offen. Die Rolle der USA in Europa erscheint im Spiegel des Krieges in einem anderen Licht. Dabei gab es schon in der jüngeren Vergangenheit Spannungen, beispielsweise wegen der Abhör- oder der WikiLeaks-Skandale. Die Wirtschaft der USA wuchs weiter – anders als die europäische. In den USA explodierten die Energiepreise nicht, die Inflation stieg im Vergleich zur Entwicklung in Europa nur moderat an. Auch die US-Rüstungsindustrie fuhr gut dabei; Deutschland hat mittlerweile drei Dutzend Kampfflug-zeuge der fünften Generation vom Typ F-35 geordert und kauft jede Menge Militär- und Transporthubschrauber.[7] Politisch haben die Europäer und allen voran die Deutschen die Führungsrolle der USA in der internationalen Ukraine-Koalition sichtbar akzeptiert. Wenn man die öffentliche Meinung und die Erklärungen der politischen Entscheidungsträger verfolgt, erscheint es unrealistisch, dass die Europäer einen eigenen Ansatz versuchen werden – jede Initiative unter deutscher Federführung scheint nahezu ausgeschlossen.

Aussichten

Eine deutsche Führungsrolle besitzt somit derzeit keine Realität. Es gibt zu viele innere Spannungen, lähmende Schwäche und gesellschaftliche Frustrationen. Die Erwartungen und der Druck aus dem Ausland können die Deutschen nicht aus ihrer Lethargie reißen. Ohne geordnete Verhältnisse daheim und bei andauerndem Krieg in der Ukraine wird Deutschland kaum seine realen Interessen formulieren und von diesen geleitet auf internationalen Foren auftreten können.

Würde Deutschland allerdings gemeinsam mit Frankreich und zur großen Überraschung der Weltgemeinschaft Friedensverhandlungen erzwingen können, brächte das dem Ansehen und Einfluss des Landes einen markanten Schub – aber wohl auch einen Konflikt mit der US-Administration. Dieser Krieg kennt keine militärische Lösung, Friedensverhandlungen würden Deutschland einen direkten Weg ebnen, um sich vor den Augen der Welt als führende europäische Macht auf der Landkarte zu positionieren.

Anmerkungen

1   Radosław Sikorski: „Deutsche Macht fürchte ich heute weniger als deutsche Untätigkeit", zitiert nach: DGAP: *„Deutsche Macht fürchte ich heute weniger als deutsche Untätigkeit"*, 28. November 2011, URL: https://dgap.org/de/veranstaltungen/deutsche-macht-fuerchte-ich-heute-weniger-als-deutsche-untaetigkeit [Abruf am 31.10.2023].

2   Wolbring, Barbara: *Nationales Stigma und persönliche Schuld. Die Debatte über Kollektivschuld in der Nachkriegszeit*, in: Historische Zeitschrift 289.2 (2009), S. 325-364.

3   Grau, Alexander: *Hypermoral. Die neue Lust an der Empörung*, München ⁶2021.

4   Merkel, Wolfang: *Neue Krisen. Wissenschaft, Moralisierung und die Demokratie im 21. Jahrhundert – Essay*, in: Aus Politik und Zeitgeschichte 71.26-27 (2021), S. 4-11.

5   ZDF: *„Garantien" für Russland. Macron-Äußerungen sorgen für Kritik*, 5. Dezember 2022, URL: https://www.zdf.de/nachrichten/politik/macron-sicherheitsgarantien-russland-deutschland-ukraine-krieg-100.html [Abruf am 31.10.2023].

6   ARD-DeutschlandTrend: *Keine Mehrheit für mehr Waffenlieferungen*, 5. Januar 2023, URL: https://www.tagesschau.de/inland/deutschlandtrend/deutschlandtrend-3255.html [Abruf am 31.10.2023]. / INSA, *„Welchen Ausgang des Kriegs zwischen Russland und der Ukraine wünschen Sie sich?"*, Februar 2023.

7   Tagesschau: *Bundeswehr soll F-35-Kampfjets bekommen*, 14. März 2022, URL: https://www.tagesschau.de/inland/bundeswehr-f-35-kampfflugzeuge-101.html [Abruf am 31.10.2023].

Deutschland und Frankreich – ein Blick aus Mittelosteuropa

Im Januar 2023 jährte sich der wegweisende Elysée-Vertrag zwischen Deutschland und Frankreich zum 60. Mal. Das auch als Grundlagenvertrag verstandene Abkommen der beiden einst verfeindeten europäischen Länder wurde am 22. Januar 1963 von Charles de Gaulle und Konrad Adenauer unterzeichnet und galt als Wegbereiter der deutsch-französischen Aussöhnung, als Modell europäischer Annäherung und Grundlage gelebter Völkerverständigung.

Der aus dem Vertrag herrührende politische, ideelle und moralische Anspruch strahlte weit in das 21. Jahrhundert hinein und gab Europa ein echtes Wertefundament. Die hierin grundgelegten Ansätze trugen viel zum europäischen Einigungswerk bei und begründeten den Willen der beiden größten Länder der Europäischen Union, sich als Motor der europäischen Integration verstehend, den Kontinent gemeinsam und in engem Einvernehmen voranzubringen.[1]

Dieser Motor ist jedoch in jüngster Vergangenheit ins Stocken geraten. Was dies für Mittel- und Osteuropa, insbesondere Ungarn, bedeutet, ist Gegenstand intensiver Debatten im In- und Ausland. Die Ungarn verfolgen sehr aufmerksam, wie sich die Verstimmungen im deutsch-ungarischen Miteinander auf die Region und auf ganz Europa auswirken dürften.

Frankreich sucht und findet seine Rolle

Ungarn war Gastgeber des V4-Gipfels im Dezember 2021, an dem auch der französische Staatspräsident Emmanuel Macron teilnahm. Bereits damals titelten die Zeitungen „Wir wollen kein deutsches Europa" (Cicero),[2] „Macron ante portas" (Tagespost)[3] oder „Aufstand der Atomfreunde" (FAZ).[4] Die Zusammenarbeit der Visegrád-Länder mit Frankreich wurde damals intensiv geprobt – neben den Fragen der strategischen Souveränität Europas war und ist der Umgang mit der Atomkraft ein bestimmendes Thema dieses Formats. Damals ahnte noch keiner, dass mit dem russischen Angriffskrieg gegen die Ukraine diese bestimmenden Themen eine noch größere Relevanz entfalten sollten. Verteidigungsfähigkeit, Resilienz und Energiesicherheit sind die entscheidenden Schlagworte und bestimmen Ende 2022 die Agenda zu ungleich größeren Teilen als vor einem Jahr hätte antizipiert werden können.

Die Vertreter der Visegrád-Länder sehen diese Fragen im Grunde ähnlich wie Frankreich, sie setzen voll auf Atomkraft und sind sich mit Frankreichs Präsidenten Emmanuel Macron einig, dass die Energieversorgungssicherheit ohne Atomstrom dauerhaft nicht zu gewährleisten sei. In diesem zentralen Punkt deuteten sich schon damals gravierende Meinungsverschiedenheiten zur deutschen Position an, die sich seitdem nur noch verschärft haben dürften.

Am Silvestertag 2021 wurde der Entwurf der Europäischen Kommission für die Taxonomie-Regeln bekannt, laut dem die Kernenergie als nachhaltig einzustufen sei. Ein halbes Jahr später, am 6. Juli 2022, stimmte dann das EU-Parlament dem delegierten Rechtsakt zur Taxonomie-Verordnung zu.[5] Dem vorangegangen dürften intensive Verhandlungen der französischen Seite gewesen sein, denn ohne geschickte Lobbyarbeit hätte sich diese Regelung wohl kaum durchsetzen können. In dieser Frage kann Frankreich auf viele europäische Länder, aber nicht auf Deutschland und Österreich, zählen. Dass der Donnerschlag ausgerechnet pünktlich zum Amtsantritt der deutschen Ampelregierung erfolgt ist, lenkte noch einmal verstärkend die Aufmerksamkeit auf den divergierenden Effekt dieser Politikgestaltung. Die deutsch-französischen Meinungsverschiedenheiten liegen in fünf Punkten begründet.

(1) Atomkraft

Die friedliche Nutzung der Kernenergie ist kaum bestreitbar der zentrale Zankapfel zwischen Deutschland und Frankreich. Während Frankreich voll auf Atomstrom setzt und hierfür auch massiv Bündnispartner sucht und findet, schlingert die deutsche Energiepolitik zwischen Ideologie, Illusion und Ideenlosigkeit. Noch immer glauben – allen voran die Vertreter der grünen Regierungspartei –, dass trotz Krieg und Energieknappheit der Atomausstieg nicht rückgängig gemacht werden sollte, während aber viele Deutsche einem Weiterbetrieb zustimmend gegenüberstehen.

Während so die meisten Länder Europas eine realistische Sichtweise auf die Atomkraft haben und in neue Technologien und Anlagen investieren,[6] ist in den Kreisen deutscher Entscheidungsträger die massive Atomangst nach wie vor vorhanden. Frankreich und viele europäische Länder verfolgen hier einen gänzlich anderen Weg, die Diskrepanz wird vermittelst der grünen Regierungsbeteiligung in Deutschland offenbar.

(2) Rüstungspolitik

Auch in anderen Gebieten kulminierten die Meinungsverschiedenheiten, was zu einem auch für die große Öffentlichkeit bemerkbaren Paukenschlag führte. Die für Ende Oktober 2022 geplanten deutsch-französischen Regierungskonsultationen wurden nämlich abgesagt, in vielen Fragen herrsche Abstimmungsbedarf – so das offizielle Kommuniqué. Neben den Energiefragen galten und gelten die verteidigungspolitischen Angelegenheiten als Bereiche mit viel Konfliktpotenzial. Das 100 Milliarden Euro starke Sondervermögen für die Verbesserung der Wehrfähigkeit der Bundesrepublik sieht Beschaffungen bewährter US-amerikanischer Rüstungstechnik vor, während deutsch-französische Projekte in den Hintergrund rücken.

(3) Flüssiggasleitungen

In der Frage der auszubauenden Energieunion entluden sich die Spannungen am Widerstand Frankreichs gegen das einst von Frankreich und Deutschland mit großer Verve verfolgte Projekt der sogenannten Mid-Catalonia-Flüssiggasleitung von Spanien nach Frankreich. Stattdessen wird auf Betreiben der französischen Seite die unter dem Mittelmeer verlaufende Pipeline BarMar von Barcelona nach Marseille verfolgt. Diese Entscheidung dürfte als ausschlaggebender Anlass für die Verstimmungen unmittelbar vor den geplanten Regierungskonsultationen gegolten haben.

(4) „Doppelwumms"

Die Pläne der Bundesregierung, zur Abfederung gestiegener Energiekosten deutsche Unternehmen mit einem 200 Milliarden Euro starken Energiepaket zu entlasten, sorgten nicht nur in Frankreich für Kopfschütteln. Während Frankreich und viele andere EU-Länder hierbei massive Wettbewerbsverzerrungen befürchten, erkannten die sparsamen Länder Mittel- und Osteuropas in der 200 Milliarden teuren Gas- und Strompreisbremse des deutschen Staates nicht nur einen Markteingriff zugunsten der deutschen Seite, sondern auch die gefährliche Tendenz des Schuldenmachens. Mit Sorge wird dabei zur Kenntnis genommen, dass die einst so sparsamen Deutschen im Handumdrehen und ohne mit der Wimper zu zucken innerhalb eines halben Jahres zusätzliche 300 Milliarden Schulden aufnehmen, während die mühselig verhandelten „Corona-Gelder" für alle 27 EU-Länder und für mehrere Jahre gerade einmal etwas mehr als das Doppelte betragen.

(5) Europäische Politische Gemeinschaft

Die Anfang Oktober 2022 erstmalig zusammengetretene Europäische Politische Gemeinschaft gilt eindeutig als Projekt von Emmanuel Macron. Sie ist gedacht als einbindende Plattform 47 europäischer und vorderasiatischer Staaten im Sinne einer „assoziierten EU-Mitgliedschaft", um zentrale Politikfelder miteinander abzustimmen, ohne dass die ihr zugehörigen Länder zwangsläufig EU-Vollmitglied sein müssen.[7] Dass die deutsche Bundesregierung von dieser Idee einer weiteren paneuropäischen Organisation nicht begeistert war, gilt als offenes Geheimnis. Viele fragen sich in der Tat, ob eine neue Organisationsform überhaupt etwas bringen könne, schließlich gebe es mit dem Europarat ein ähnliches und fast deckungsgleiches europäisches Instrumentarium. Sollte die Idee der Europäischen Politischen Gemeinschaft mit dem geplanten Gipfel in Moldawien vom 1. Juni 2023 weiterleben und sich konkretisieren, hätte Frankreich Ansprüche auf die Führungsrolle in der EU erworben.

Das deutsche Führungsvakuum

Auf einer gemeinsamen Veranstaltung von „Cicero" und „Berliner Zeitung" erklärte der ungarische Ministerpräsident Viktor Orbán Anfang Oktober 2022: „Mit Angela Merkel würde es den Krieg in der Ukraine nicht geben."[8] In der Tat hinterlässt die Bundeskanzlerin eine Lücke, die der Nachfolger erst noch füllen muss. Während die Ampelkoalition durch die sich teilweise überlappenden Migrations-, Corona- und Energiekrisen schlingert und erst ihr klares Profil und vor allem ihre Fähigkeit zur Krisenbewältigung finden muss, kann der französische Präsident mit ruhigerer Hand auf seine Erfahrungen und Erfolge, beispielsweise bei seinem Hauptversprechen, der Senkung der Arbeitslosigkeit, einer gestärkten Position Frankreichs in der EU-Politik oder aber der relativ guten Bewältigung der Pandemie verweisen. Ein Schönheitsfehler seiner Politik ist lediglich die fehlende Mehrheit in der Assemblee Nationale.

Das deutsche Führungsvakuum wird mittlerweile in weiten Teilen Europas als solches vernommen und beklagt. In diese Führungslosigkeit Deutschlands stieß der Krieg Russlands mit voller Wucht. Viel mehr noch erschien in diesem Licht die Ideen- und Führungslosigkeit unseres ganzen Kontinents. Riefen die Weltmächte früher bei Angela Merkel an, wenn es ernst wurde, stellt man sich heute die Frage, ob sie überhaupt noch anrufen – und wenn ja, wen?

Auswirkungen auf Mittelosteuropa

„Deutsche Macht fürchte ich heute weniger als deutsche Untätigkeit" – diese Aussagen des damaligen polnischen Außenministers Radosław Sikorski aus dem November 2011[9] gelten heute unvermindert und geben treffend wieder, wie sich die Länder Ostmitteleuropas die Verantwortung des größten EU-Landes vorstellen. Ursprünglich auf die europäische Schuldenkrise bezogen, wurden die Aussagen Sikorskis zum geflügelten Wort und lassen sich auf die heutige Situation ummünzen. Deutsche Ohnmacht wird in Mittelosteuropa als besonders bedrohlich empfunden. Lange Zeit haben die Länder dieser Region auf Deutschland geschaut, die Verantwortung Deutschlands und den Dialog auf Augenhöhe eingefordert. Dies ist heute nur noch bedingt der Fall.

Die Länder Ostmitteleuropas demonstrieren mit ihren Erfahrungen, dass sie Solidität und Wachstum, Eigenverantwortung und solides Wirtschaften in den Vordergrund stellen – ein Modell, das auch für Deutschland attraktiv sein könnte. In den Fragen der ideellen Herkunft Europas und der europäischen Traditionen stehen diese Länder für das jüdisch-christliche Erbe und für die Bewahrung des „European way of life" wie wir ihn kennen und schätzen gelernt haben.

Durch ihre Diktaturerfahrung erkennen sie Gefahren präziser und wissen, was sie an einem freien Europa haben. Doch kam es bedauernswerterweise niemals zu einer starken Allianz Deutschlands mit Mittelosteuropa. Stattdessen setzte man in Deutschland auf alte Mechanismen. Heute besinnen sich die Mittelosteuropäer auf ihre eigenen Stärken und wissen, dass sie sich nur auf sich selbst verlassen können. Deutschland wurde nicht zum Motor der V4 und ist heute auch nicht mehr Motor des Kontinents.

Fazit

Die Perspektiven, sich nicht mehr auf Deutschland verlassen zu können, sind prägend in Mittelosteuropa. Mit Sorge wird beobachtet, wie Deutschland seiner Führungsverantwortung nicht nachkommt und sich die deutsche Ampelkoalition an innenpolitischen Konfliktthemen abarbeitet. Die Position Deutschlands wird als geschwächt wahrgenommen, und die aktuellen Spannungen im deutsch-französischen Verhältnis bestätigen diesen Trend zusätzlich. Die Hinwendung der Mitteleuropäer zu Frankreich ist in Fragen der strategischen Souveränität nahezu unausweichlich. Hierfür hat Präsident Emmanuel Macron eine treffende Formel gefunden, um sich derartige eigene Allianzen zu sichern.

Anmerkungen

1 Defrance, Corine / Pfeil, Ulrich: *Der Élysée-Vertrag und die deutsch-französischen Beziehungen 1945-1963-2003*, Berlin/Boston 2005.

2 Bauer, Bence: *„Wir wollen ein europäisches Deutschland, kein deutsches Europa"*, in: Cicero, 18. Dezember 2021, URL: https://www.cicero.de/aussenpolitik/mitteleuropas-haltung-zur-neuen-deutschen-bundesregierung-wir-wollen-ein-europaisches-deutschland-kein-deutsches-europa [Abruf am 31.10.2023].

3 Bauer, Bence: *Macron ante portas*, in: Tagespost, 22. Dezember 2021, URL: https://www.die-tagespost.de/politik/macron-ante-portas-art-224059 [Abruf am 31.10.2023].

4 Zimmermann, Niklas: *Aufstand der Atomfreunde gegen Brüssel*, in: FAZ, 30. Dezember 2021, URL: https://www.faz.net/aktuell/politik/ausland/warum-die-v4-staaten-den-aufstand-gegen-die-eu-energiepolitik-proben-17706957.html [Abruf am 31.10.2023].

5 Europäische Kommission: *EU taxonomy: Complementary Climate Delegated Act to accelerate decarbonisation*, 11. Juli 2022, URL: https://finance.ec.europa.eu/publications/eu-taxonomy-complementary-climate-delegated-act-accelerate-decarbonisation_en [Abruf am 31.10.2023].

6 Martinovský, Petr / Mareš, Miroslav: *Political support for nuclear power in Central Europe*, in: International Journal of Nuclear Governance, Economy and Ecology 3.4 (2012), S. 338-359.

7 Bundesregierung: *Was ist die Europäische Politische Gemeinschaft?*, 4. Oktober 2023, URL: https://www.bundesregierung.de/breg-de/aktuelles/epg-hintergrund-2193492 [Abruf am 31.10.2023].

8 Berliner Zeitung: *„Sturm über Europa": Die Berliner Zeitung und Cicero im Gespräch mit Viktor Orbán*, Podiumsdiskussion vom 11. Oktober 2022, in: YouTube, 12. Oktober 2022, URL: https://www.youtube.com/watch?v=I0Vq_cKbcKs [Abruf am 31.10.2023].

9 Radosław Sikorski: „Deutsche Macht fürchte ich heute weniger als deutsche Untätigkeit", zitiert nach: DGAP: *„Deutsche Macht fürchte ich heute weniger als deutsche Untätigkeit"*, 28. November 2011, URL: https://dgap.org/de/veranstaltungen/deutsche-macht-fuerchte-ich-heute-weniger-als-deutsche-untaetigkeit [Abruf am 31.10.2023].

V.

Deutsche Blicke auf Ungarn

Ungarische Wegmarken

In den vergangenen Jahren haben sich große Teile führender deutscher Medien auf Ungarn eingeschossen – undemokratisch, unfrei, unfair sei die Machtausübung der Konservativen im Lande, so noch die milderen Urteile. Nach der Auffassung einer breiten medialen Öffentlichkeit baue die ungarische Regierung Unterdrückung und Diktatur aus, es gäbe nach dieser Ansicht keine Meinungsfreiheit, keine demokratische Vielfalt und keinen Medienpluralismus.

Falsches Ungarnbild

Meist haben die Autoren solcher Befunde aber weder einen authentischen Zugang zur besonderen politischen Kultur noch zum Alltagsleben der Ungarn, geschweige denn verfügen sie über Kenntnisse der ungarischen Sprache. Noch problematischer erscheint aber das dürre Faktenwissen und der Mangel an verlässlichen, objektiven Informationsquellen. Kein deutsches Medium berichtet direkt aus dem Land, Korrespondentennetze wurden ausgedünnt, und nicht selten können sich auch ernstmeinende Berichterstatter nicht dem medialen und öffentlichen Druck vorgefertigter Meinungen widersetzen. Sie sind – sollten sie eine ehrliche und objektive Bestandsaufnahme wagen – in einem akuten Begründungszwang, der ihre Arbeit über Gebühr erschwert. Nur hartgesottene und entschlossene Beobachter werden sich auf Ungarn und seine spezielle geschichtliche, politische und mentalitätsmäßige Situation einlassen wollen – dies kostet Zeit, Aufwand und nicht zuletzt Nerven.

Wissen, Mentalität und Deutungsmuster

Besonders relevant ist gerade im Umgang mit Ungarn und seiner Politik ein Verständnis der Tiefenschichten der Geistesgeschichte, der politischen Kultur und der abweichenden Wahrnehmungsmuster im Land. Vieles in den öffentlichen Debatten ist anders zu verstehen als in Deutschland, anders zu interpretieren und in einen anders gelagerten Kontext zu setzen. Erschwerend hinzu kommen die Eigenartigkeiten der ungarischen Sprache, die in direkter Übersetzung schroff, martialisch und gewaltig wirkt. Hierbei würde schon das Grundwissen der Hermeneutik und der Wirkungsäquivalenz Wunder vollbringen. Kennt man aber Land und Leute, Mentalitäten und Befindlichkeiten, kommt man oftmals zu ganz anderen Schlüssen als die gängigen Muster vieler deutscher Medien es wahrhaben wollen.

Ausgangslage 1: Sieg der Konservativen

In Deutschland wie in Europa ist es zumindest ungewohnt, dass eine politische Kraft über einen derartig hohen Wählerzuspruch verfügt wie Fidesz-KDNP. In der Geschichte des Kontinents konnte noch niemals eine politische Formation auf eine so lange Sicht so große Teile der Wählerschaft mobilisieren und dauerhaft an sich binden. Zur Erinnerung: 2010 erhielt die Listenverbindung von Fidesz-KDNP 53 Prozent, im Jahr 2014 dann 45 Prozent, 2018 wiederum 50 Prozent und 2022 das Rekordergebnis von 54 Prozent. Dieser Umstand ist für viele westeuropäische Beobachter kaum einzuordnen, kennt man doch Wahlergebnisse jenseits der 40 Prozent meist nur aus den Geschichtsbüchern. Noch mehr Unverständnis weckt die Tatsache, dass dieser massenhafte Zuspruch der ungarischen Wähler einer konservativen Parteiallianz gilt, für viele Zeitgenossen in Deutschland, die den Machtverfall der CDU[1] aus eigener Anschauung kennen, ruft dies ein besonderes Gefühl des Misstrauens und des Argwohns hervor. Kombiniert mit der selbstbewussten, souveränen Politik des Wahlgewinners erscheint das Land noch unverständlicher. Dass die Ungarn aber Viktor Orbán so häufig ihre Stimme geben, hat auch mit den Erfahrungen zu tun, die sie mit den vor 2010 regierenden Sozialisten und Liberalen gemacht haben. Diese haben das Land in eine politische, wirtschaftliche und moralische Trümmerlandschaft verwandelt und rufen in den Wählern dunkle Erinnerungen hervor.[2] Sie möchten unbedingt vermeiden, dass die verantwortlichen Akteure vor 2010 und ihre alten und neuen Verbündeten in die Nähe der Regierungsverantwortung kommen.

Ausgangslage 2: Das politische System

Das politische System Ungarns gleicht sehr dem britischen mit einem starken Mehrheitswahlrecht und einer dadurch bedingten klaren Trennlinie zwischen der Regierung und der Opposition. In Ungarn verlangt und erwartet der Wähler glasklar von der Regierung, dass sie Probleme löst, mutige Entscheidungen trifft und Führungsstärke zeigt. Von der Opposition werden Kritik und das Formulieren von sachgerechten Alternativen erwartet. Demgemäß mag es kaum verwundern, dass die Staatsführung meist durchregiert und die Opposition so ziemlich alles ablehnt, was von Regierungsfraktionen kommt – und natürlich auch umgekehrt. Für den deutschen Beobachter ist dies alles sehr fremd.[3]

Das fragmentierte deutsche Parteiensystem mit den Regenbogenverhältnissen und keinen eindeutigen Siegern macht diese klare

Unterscheidung und Trennlinie wie in Ungarn fast gar nicht mehr möglich. Im Deutschen Bundestag sind gegenwärtig acht Parteien vertreten (SPD, CDU, CSU, Grüne, FDP, AfD, Linkspartei, SSW) und in den 16 Ländern regieren wiederum sieben Parteien (die obigen abzüglich AfD und SSW, aber zuzüglich den Freien Wählern) in dutzendfachen Zusammensetzungen. Über den Bundesrat sind die Länder an der Gesetzgebung des Bundes beteiligt. Es gibt einen Vermittlungsausschuss und die ständige Suche nach Kompromissen, nach Ausgleich und Einbindung. Die Bundesregierung verfügt über keine Bundesratsmehrheit und muss permanent mit der Union nach Lösungen ringen.[4]

Kommt man aus dieser politischen Konstellation – Medienleute und Politiker kennen ja nichts Anderes –, mutet das entschlossene und energische Auftreten der ungarischen Regierungspolitik wie ein Donnerschlag an, was vielleicht noch in der Zeit von Franz-Josef Strauß vorstellbar gewesen ist, heute aber keinesfalls. Ebenso wundern sich übrigens ungarische Beobachter über die langsamen, schwierigen und zermürbenden Verhandlungsrunden der deutschen Politik – Vermittlungsausschuss, Koalitionsausschuss, Koalitionsverhandlungen, Sondierungsgespräche, Antragsberatung, Antragskommission und vieles mehr. In der ungarischen Sprache kommen diese Begriffe fast nicht vor.

Ausgangslage 3: Die Medienlandschaft

Der Vorwurf, in Ungarn sei die Medienfreiheit in Gefahr, gipfelt nicht selten in der Feststellung, es gäbe in Ungarn nur noch gleichgeschaltete Medien. Dies ist unwahr. Vielmehr ist die Medienlandschaft in Ungarn bunt und vielseitig, die Medien sind frei und für alle zugänglich – heute. Noch vor 2010 war die Situation tatsächlich höchst einseitig und unausgewogen – aber damals zugunsten der Linken. Das hat merkwürdigerweise niemanden im Ausland gestört. In Ungarn war es aufgrund der polarisierten politischen Lage schon immer so, dass jedes sich mit Politik befassende Medium eindeutig einer Seite zugeordnet werden konnte. Während vor 12 Jahren noch die linksliberalen Medien in Auflage, Reichweite und Leserschaft eine große Dominanz ihr Eigen nennen konnten, waren die bürgerlichen und konservativen Medien in der Minderzahl. Heute kann eine gänzlich ausgewogene Medienlandschaft festgestellt werden, mit fast ausbalancierten Verhältnissen, aber immer noch mit einer kleinen Mehrheit der Linken. In der Tat gab es also in den letzten Jahren gravierende Verschiebungen in eine Richtung – aber auch hin zu einer ausgewogenen Gesamtsituation. Heute sind von den zehn Wochenzeitungen sieben regierungskritisch, drei regierungsfreundlich, während die meisten Lokalblätter und der öffentlich-rechtliche Rundfunk regierungsfreundlich sind. Die größte landesweite Print-Tageszeitung ist regierungskritisch, ebenso der größte Fernsehsender. Von den fünf großen Internet-Nachrichtenportalen beziehen drei eindeutig Stellung gegen die Regierung.[5]

In Deutschland hingegen gab es eine solche Machtverschiebung zu konservativen Blättern nicht. Vielmehr geben bei vielen Medien die Vertreter eines grün-linken Kurses den Ton an. Dies gilt auch für den Öffentlichen Rundfunk, wo nach einer vor einigen Jahren publizierten Erhebung bei den Volontären eine 90-prozentige Mehrheit für Rot-rot-grün festgestellt werden konnte.[6] Konservative Leitartikler sind in der Minderheit, das Narrativ wird sehr prägnant von den Grünen und ihren Anhängern vorgegeben, und selbst das Traditionsblatt Frankfurter Allgemeine Zeitung kann nicht mehr klar als konservativ bezeichnet werden. Bürgerliche Zeitungsleser wenden sich verstärkt einer Schweizer Zeitung, der Neuen Zürcher Zeitung zu oder aber dem vom Mainstream mit Verachtung gestraften, aber erfolgreichen Monatsmagazin Tichys Einblick. Dass in diesem schwierigen medialen Umfeld die ungarische konservative Regierungspolitik keine große Fangemeinde hat, mag kaum verwundern.[7]

Ausgangslage 4: Liberal-konservative Reformagenda

Kennt man die Aussagen des ungarischen Ministerpräsidenten vom illiberalen Staat,[8] dann verblüfft die Etikettierung der Regierungspolitik des Landes als liberal-konservativ auf den ersten Blick sehr. Bei genauerem Hinsehen jedoch entpuppt sich die Politik von Fidesz-KDNP als eine echte „Blue Revolution", also ein entschlossenes und mutiges Herangehen an Reformen in Wirtschafts-, Gesellschafts- und Innenpolitik. Zudem setzt Ungarn wichtige Wegmarken mit seiner erfolgreichen Familienpolitik und einer rigiden Migrationspolitik. Das unternehmerfreundliche Umfeld mit niedrigen Steuern und einer Flat-Tax-Einkommenssteuer machen das Land attraktiv, die Steuereinnahmen sprudeln und die Schattenwirtschaft wird Jahr für Jahr zurückgedrängt. Daneben wurden seit 2010 an die eine Million neue Arbeitsplätze geschaffen, es herrscht Vollbeschäftigung und das Wirtschaftswachstum im zweiten Quartal 2022 war mit 6,5 Prozent europaweit an prominenter Stelle. In Ungarn gilt ein alter Wahlspruch der CDU: „Sozial ist, was Arbeit schafft".[9]

Viele Ungarn identifizieren sich mit der Politik, die auf niedrige Steuern, unternehmerische Anreize, Leistung, Wertschöpfung und Eigentum baut. Die Familienpolitik ist international bekannt und anerkannt, die Geburtenraten stiegen überproportional, die Zahl der Abtreibungen ist auf einem Tiefpunkt. In der Migrationspolitik will das Land sein jüdisch-christliches Wertefundament nicht aufgeben und akzeptiert nur sehr begrenzt Einwanderung aus anderen Kulturkreisen, illegale Einwanderung wird abgelehnt. In den letzten Jahren ist die öffentliche Sicherheit immer mehr gestiegen, Ungarn gilt als eines der sichersten und lebenswertesten Länder des Kontinents.

Gut und gerne kann diese Politik als liberal-konservative Reformagenda bezeichnet werden, aber wie immer gilt: Nicht das Etikett, sondern der Inhalt ist entscheidend. Die Ungarn haben sich eindrucksvoll entschieden: Nicht mehr, sondern weniger Einwanderung. Nicht hohe, sondern niedrige Steuern. Nicht staatliche Umverteilung, sondern Eigeninitiative. Nicht Verschwendung von Ressourcen, sondern Eigentum und Wertschöpfung. Nicht Multikulti, sondern Bewahren von Tradition, Kultur, Religion und Heimat. Eine solche konservative Politik, die aber auch von weiteren Bevölkerungsgruppen getragen wird, konnte in vielen europäischen Ländern schon lange niemand mehr umsetzen, auch das prägt die Debatten über Ungarn. Es erscheint also nicht ganz ausgeschlossen, dass Deutschland und Europa diese Politik einfach nicht mehr kennen und auch daher mit den Entscheidungen der Ungarn hadern.

Ausgangslage 5: Breite Akzeptanz des Regierungshandelns

Für die antagonistische politische Landschaft mit einer klaren Frontstellung zwischen Rechten und Linken ist es ungewöhnlich, dass die konservative Regierung mit ihrer Agenda in Migrations-, Familien- und Wirtschaftsangelegenheiten einen so hohen Zuspruch auch bei den linken Wählern hat. Diese unterstützen die diesbezüglichen Regierungsentscheidungen zu großen Teilen. Weite Teile auch der linksliberalen Wählerschaft finden die Migrationspolitik von Fidesz-KDNP gut, sie unterstützen die Familienpolitik und teilen die Ansicht, dass die Regierung einen guten wirtschaftspolitischen Kurs gefahren ist. Ebenso unterstützen sie die Regierungsparteien in ihrem ausgewogenen und besonnenen Kurs in Fragen des Krieges Russlands gegen die Ukraine. Diese ruhige Hand konnte Ungarn aus dem bewaffneten Konflikt heraushalten und die Energieversorgungssicherheit des Landes gewährleisten. Auch dies imponierte den Wählern bei den letzten Wahlen zur Ungarischen Nationalversammlung im April 2022.

Fazit

Der deutsche Historiker Andreas Rödder drückte es so aus: „Ungarn ist das Gegenbild des linken Identitätsbildes". Ebenso war für ihn klar, dass der Öffentliche Rundfunk in Deutschland linksliberal eingestellt ist. Aus diesem Grund darf man sich nicht wundern, dass das Ungarnbild derart negativ gezeichnet wird. Es wäre wichtig, die hinter der Berichterstattung stehenden Fakten und Hintergründe zu beleuchten, um ein wahres Bild des Landes zu bekommen. Die hier in fünf Punkten umrissenen Deutungsmuster sollen als erster Ansatz auch für viele neue ins Land gekommene Leser dienen, um Ungarn und seine Politik besser zu verstehen.

Anmerkungen

1   Dürr, Tobias: *Regieren ohne Grund: Die CDU mit und nach Merkel*, in: Forschungsjournal Soziale Bewegungen 34.3 (2021), S. 444-452.

2   Pogátsa, Zoltán: *The Political Economy of Hungary: Managing Structural Dependency on the West*, in: Bos, Ellen / Lorenz, Astrid (Hrsg.): Das politische System Ungarns. Nationale Demokratieentwicklung, Orbán und die EU, Wiesbaden 2021, S. 153-172. / Oltay, Edith: *Fidesz and the Reinvention of the Hungarian Center-Right*, Budapest 2012.

3   Bos, Ellen / Lorenz, Astrid (Hrsg.): *Das politische System Ungarns. Nationale Demokratieentwicklung, Orbán und die EU*, Wiesbaden 2021. / Barlai, Melani / Hartleb, Florian / Mikecz, Dániel: *Das politische System Ungarns*, Baden-Baden 2023.

4   Beyme, Klaus von / Busch, Andreas (Hrsg.): *Das politische System der Bundesrepublik Deutschland. Eine Einführung*, Wiesbaden ¹³2023.

5   Polyák, Gábor: *The Hungarian Media System. Stopping Short or Re-Transformation?*, in: Südosteuropa 63.2 (2015), S. 272-318. / Center for Media and Communication Studies (CMCS) (Hrsg.): *Hungarian Media Laws in Europa. An Assessment of the Consistency of Hungary's Media Laws with European Practices and Norms*, Budapest 2012. / Stegherr, Marc / Liesem, Kerstin: *Die Medien in Osteuropa. Mediensysteme im Transformationsprozess*, Wiesbaden 2010.

6   Statista: *Umfrage zur Bundestagswahl unter Volontärinnen und Volontären der ARD im Mai 2020*, 5. Mai 2023, URL: https://de.statista.com/statistik/ daten/studie/1184876/umfrage/sonntagsfrage-ard-volontaere/ [Abruf am 31.10.2023].

7   K. Lengyel, Zsolt: *Das Ungarn-Bild der deutschen Medien. Entwicklungslinien nach 1990 und thematische Schwerpunkte von 2010 bis 2016*, in: K. Lengyel, Zsolt / Göllner, Ralf Thomas / Aschauer, Wolfgang (Hrsg.): Ungarn, Deutschland, Europa. Einblicke in ein schwieriges Verhältnis (Studia Hungarica Band 53), Regensburg 2017, S. 141-212. / K. Lengyel, Zsolt / Aschauer, Wolfgang (Mod.): *Ungarn und Deutschland in den Medien. Eine Regensburger Podiumsdiskussion, Podiumsdiskussion vom 18.11.2016 mit Georg Paul Hefty, Boris Kálnoky, Gregor Mayer und Karin Rogalska im Rahmen der Tagung „Ungarn, Deutschland, Europa: Bilanz und Perspektiven eines schwierigen Verhältnisses"*, in: K. Lengyel, Zsolt / Göllner, Ralf Thomas / Aschauer, Wolfgang (Hrsg.): Ungarn, Deutschland, Europa.

Einblicke in ein schwieriges Verhältnis (Studia Hungarica Band 53), Regensburg 2017, S. 213-246.

8 Orbán, Viktor: *Die Epoche des arbeitsbasierten Staates bricht an* [A munkaalapú állam korszaka következik], 26. Juli 2014, URL: https://pusztaranger.wordpress.com/2014/08/01/viktor-orbans-rede-auf-der-25-freien-sommeruniversitat-in-baile-tusnad-rumanien-am-26-juli-2014/ [Abruf am 31.10.2023].

9 Archiv des Fidesz: *Orbán: Nem jóléti állam, hanem munka alapú társadalom épül + képek* [Orban: Kein Wohlfahrtsstaat, sondern eine arbeitsbasierte Gesellschaft wird aufgebaut + Bilder], 19. Oktober 2012, URL: http://archiv.fidesz.hu/index.php?Cikk=185467 [Abruf am 31.10.2023]. / Rasthofer, Alexander: *Sozialpolitik in Ungarn* (Faktenwissen Ungarn Nr. 2023/03), URL: https://magyarnemetintezet.hu/de/faktenwissen-ungarn/faktenwissen-ungarn-sozialpolitik-in-ungarn [Abruf am 31.10.2023].

Konservative Pfeiler in Gesellschaft und Politik

Große Teile der medialen, gesellschaftlichen und politischen Meinungsführer in der Bundesrepublik haben sich auf das kleine Ungarn eingeschossen. Die Politik der amtierenden konservativen Regierung wird als europafeindlich, diktatorisch und xenophob dargestellt. In Realität jedoch verteidigt das Land christlich-abendländische Werte, schützt die Außengrenzen und lebt als freie, souveräne und selbstbestimmte Nation. Wo liegt also dieser Widerspruch zwischen Wahrnehmung und Wahrheit begründet – und wie kann man die Ungarn besser verstehen?

Gesellschaftliche Tendenzen in Westeuropa

In vielen Teilen vor allem Westeuropas haben in den letzten Jahren bemerkenswerte Entwicklungen Einzug gehalten. Neben der Ausbreitung des Genderismus,[1] der Woke-Bewegung,[2] der Cancel Culture[3] und der politischen Korrektheit[4] kommt es vermehrt zu Bedrohungen der Wissenschaftsfreiheit, zur Verbreitung von Sprechverboten und Kontaktschuld sowie zu einer Einengung der Debattenräume.[5] Insbesondere konservative Stimmen, Einstellungen und Persönlichkeiten finden sich in einer massiven Bedrohungslage. Auf diese Phänomene haben vereinzelt Bewegungen und Initiativen wie das Netzwerk Wissenschaftsfreiheit oder der Appell für freie Debattenräume hingewiesen. Doch sind diese liberal-bürgerlichen Kräfte in Politik, Medien und Zivilgesellschaft immer noch schwach. Sie stehen für einen anderen Ansatz in der Gesellschaftspolitik, auf den zu achten unbedingt notwendig ist. Viele gesellschaftliche Tendenzen in Deutschland spiegeln oftmals nicht die ganze gesellschaftliche Bandbreite ab, sondern sind Bekundungen einer sich lautstark gebenden linksliberal-grünen Gemeinde, die bei weitem nicht von der großen Anzahl an Menschen unterstützt wird, wie sie selbst vielleicht glaubt.[6] Auch hier liegt eine Täuschung vor, auf die es sich lohnt hinzuweisen.

Ungarnbild in der deutschen Medienwelt

Dass in dieser speziell deutschen und deutschsprachigen Gemengelage Ungarn mit seiner bürgerlich-liberal-konservativen Politik nicht gut wegkommt, mag kaum überraschen. Schließlich vertritt Ministerpräsident Viktor Orbán mit seiner manchmal eigenwilligen, doch sehr erfolgreichen Politik nicht nur einen großen Teil des ungarischen Elektorats, sondern steht auch pars pro toto für viele konservative Wunschbilder im ganzen Kontinent. Seine Regierung ist damit auch der Lieblingsfeind der grünen und linksliberalen Bewegungen in Europa und ganz besonders in Deutschland. Dass Ungarn mit seiner Politik auch noch erfolgreich ist und der Ministerpräsident bereits zum vierten Mal in Folge vom Wähler mit einer parlamentarischen Zweidrittelmehrheit ausgestattet wurde, verstört die Beobachter noch viel mehr. Sie empfinden Ungarn als bedrohlich, weil Ungarn den Beweis erbringt, dass konservative Politik die Menschen gut anspricht und reüssieren kann. Dies aber gilt es medial auf allen sich zur Verfügung stellenden internationalen Foren zu bekämpfen – so das Bekenntnis der identitätspolitischen Linken in Deutschland und Europa.[7]

Liberal-konservative Reformagenda

Dabei verwirklicht das Land mit der Regierung von Viktor Orbán eine klassische liberal-konservative Reformagenda, die vielen bürgerlichen Parteien in Europa in nichts nachsteht. Für den ausländischen Beobachter verwirrend mag dann eher der Umstand sein, dass der Ministerpräsident im Jahr 2014 vom „illiberalen Staat",[8] später von der „illiberalen Demokratie" sprach. Dieses Gedankenkonstrukt basiert zum einen auf einer sehr stark im amerikanischen politischen Denken beheimateten Grundannahme, wonach „liberal" die Linksliberalen, die US-Demokraten oder auch die heute als woke bezeichneten Bewegungen meint. Zum zweiten haben die in Ungarn von 1994 bis 1998 und wieder von 2002 bis 2008 mit den Postkommunisten regierenden ungarischen Linksliberalen dem klassischen Liberalismus wahrlich keine Ehre erwiesen. Es dominierte gesellschaftspolitische Beliebigkeit, ein Ausverkauf der Werte und auch der Industrie und der heimischen Wirtschaft. Zugleich führte diese Politik zu einer tiefen sozialen, politischen, gesellschaftlichen und moralischen Krise der Jahre 2006 bis 2010.[9] Zum dritten wurde von Viktor Orbán die These in den Raum gestellt, die Demokratie brauche keine Attribute, schließlich hätten „die Liberalen" kein Vorrecht auf sie gepachtet, auch Sozialdemokraten und Christdemokraten seien Demokraten,[10] ganz ohne Attribute. Eine Entsprechung findet sich im weit verbreiten Slogan „Marktwirtschaft ohne Attribute". Es hilft also für das Verständnis, nicht auf das Etikett, sondern auf den Inhalt zu schauen – und hierbei verwirklicht Ungarn eine erfolgreiche klassisch bürgerliche liberal-konservative Reformagenda.

Erfolgreiche Krisenbewältigung

Der im April 2022 wiedergewählte Viktor Orbán schert sich derweil nicht um das schlechte Bild in der deutschen Presse, sondern macht einfach seine Politik, die er – und offenbar auch seine Wähler – richtig und wichtig finden. Er vertritt den Ansatz, von den Ungarn gewählt worden zu sein und Politik für die Ungarn zu machen. Dabei tritt er erfolgreich für die Selbstbehauptung des Landes inmitten zahlreicher globaler Krisen ein und setzt entscheidende Wegmarken.

Bisher ist Ungarn aus allen Krisen, die speziell Deutschland schwer zu schaffen gemacht haben, gut herausgekommen, aus allen konnte das Land die richtigen Schlüsse ziehen und sozusagen noch aus der Steilkurve heraus zum Überholmanöver ansetzen. Beispielsweise gab es in Ungarn überhaupt keine Auswirkungen der europäischen Migrationskrise 2015, weil das Land die Grenzen sichern konnte und klar die Parole ausgab, selbst entscheiden zu wollen, mit wem die Landesbevölkerung zusammenleben will. Die Ungarn sind Fremden gegenüber aufgeschlossen, doch besitzen sie ein feines seismographisches Gespür für Bedrohungen ihrer Freiheit, ihrer Souveränität und ihrer Lebensweise. Die zahlreichen Fremdherrschaften der Vergangenheit haben sie hierzu sensibilisiert.[11] Dass hierbei auch noch die Europäische Union verpflichtende Flüchtlingsquoten festschreiben wollte, hat diese Abwehrhaltung verständlicherweise nur noch verhärtet.

Ebenso konnte Ungarn deshalb die Coronavirus-Krise schnell hinter sich lassen, weil es als einziges Land auf alle sechs verfügbaren Impfstoffe setzte und eines der ersten in der Immunisierung der Bevölkerung war. Dabei wurde die Devise ausgegeben, dass die Freiheit, die den Ungarn so lieb und teuer ist, schnell und vollumfänglich wiederherzustellen sei. Auch daher verstanden die Ungarn die Bedeutung einer schneller Durchimpfung. Anschließend konnten die Menschen ab Mai 2021 wieder ihr Leben fast ohne Einschränkungen leben – ein wichtiger Gewinn an Lebensqualität, was Ungarn auch international attraktiv machte. Damit erlebte Ungarn auch schnell einen wirtschaftlichen Wiederaufschwung und erreichte hier bald wieder Vor-Corona-Werte.[12]

Wirtschaftspolitik

Neben der erfolgreichen Krisenbewältigung nach der katastrophalen Regierungszeit der Sozialisten mit einer weitreichenden und tiefen moralischen, politischen, wirtschaftlichen, sozialen und gesellschaftlichen Krise waren die ersten Ziele der neuen konservativen Regierung Wohlstand und Beschäftigung. Ein alter Slogan aus dem Baukasten der deutschen Christdemokraten wurde in Ungarn in die Praxis umgesetzt: „Sozial ist, was Arbeit schafft." Bereits im Jahr 2013 konnte die Abhängigkeit vom Internationalen Währungsfonds durch eine vorzeitige Schuldentilgung beendet werden, und auch die massive Verschuldung der privaten wie öffentlichen Haushalte in Fremdwährungen konnte nach und nach auf eine Denomination in der Landeswährung Forint umgestellt werden. Dabei galt die Politik einer gemeinsamen Lastentragung zwischen Banken, Staat und Verbrauchern. Die Steuerpolitik wurde massiv reformiert, Umgehungs- und Abschreibetatbestände wurden erheblich reduziert, wenn nicht in einigen Bereichen ganz abgeschafft, die Steuersätze stark gesenkt und damit auch Steuergerechtigkeit, Steuervereinfachung und Steuertransparenz realisiert. Die Unternehmenssteuer beträgt 9 Prozent, die Einkommenssteuer wie auch Kapitalertragssteuer 15 Prozent. Der größte vorzeigbare Erfolg ist die Vollbeschäftigung im Land mit einer Million neuen Arbeitsplätzen und der Steigerung der einkommenssteuerpflichtigen Menschen von 1,7 Millionen im Jahr 2010 auf mehr als 4,7 Millionen im Jahr 2022. Dies wird begleitet von einer soliden Infrastrukturpolitik mit vielen neuen und guten Straßenverbindungen, neuen Ansiedlungen und Investitionen und einem Internetbreitbandausbau.

Familien- und Gesellschaftspolitik

Dem demographischen Wandel will Ungarn nicht durch Einwanderung, sondern durch die Steigerung der Geburtenzahlen begegnen. Die Familien in Ungarn werden nicht mit dem Gießkannenprinzip durch Kindergeld gefördert, sondern mit Steuernachlässen. Dabei gilt: Je mehr Kinder, desto weniger Steuern, gerade die Mittelklasse soll gefördert werden, weil hier das Kinderkriegen in der Vergangenheit am massivsten ausblieb. Insbesondere junge Frauen sollen in ihrer Entscheidung pro Kind unterstützt werden, es gilt die Devise, dass mit einer Geburt keine Frau finanziell schlechter stehen darf als ohne. Mütter mit vier Kindern zahlen lebenslang keine Einkommenssteuern, ebenso Mütter bis zum 30. Lebensjahr. Diese Politik strotzt nur so von Erfolg: Die Geburtenquote stieg von 1,23 auf 1,59, die Abtreibungen sind auf einem historischen Niedrigstand und die Zahl der Eheschließungen explodiert. Viele Ungarn erkennen die Vorteile dieser Politik und nehmen bereitwillig diese Möglichkeiten an. Wie in der Migrationspolitik kann die ungarische Regierung auch in der Familienpolitik auf eine Unterstützung auch großer Teile der linken Wählerschaft verweisen. Dies schlägt sich in den Wahlergebnissen nieder.[13]

Fazit

Die Ungarn sind überzeugte Europäer und wollen endlich in einem freien Europa ihre Souveränität genießen und selbstbestimmt ihren eigenen Weg gehen – ohne Belehrungen von oben oder von außen. Sie empfinden die ständigen Maßregelungen und die Gängelungen als Einschnitt in ihre Freiheitssphäre. Sie möchten Europa aber auch mitgestalten und ihren eigenen Gesellschaftsentwurf in die Diskussionen einbringen, weil sie davon überzeugt sind, dass dies Europa bereichert und aus seiner lebendigen Mitte neu gedacht werden kann. Dazu prädestiniert sie ihre Diktaturerfahrung, ihr Eintreten für Freiheit und Selbstbestimmung sowie ihre jetzige Erfolgspolitik durchaus, ein Modell für andere zu sein.

Anmerkungen

[1] Boulila, Stefanie C. / Carri, Christiane: *On Cologne: Gender, migration and unacknowledged racisms in Germany*, in: European Journal of Women's Studies, 24.3 (2017), S. 286-293.

[2] Ungar-Sargon, Batya: *Bad News. How Woke Media Is Undermining Democracy*, New York 2021.

[3] Simons, Greg: *Role of Social Media in Amplifying Neo-Liberal Cancel Culture*, in: Transatlantic Policy Quarterly 20.3 (2021), S. 71-79.

[4] Pilgrim, David: *Identity Politics. Where Did It All Go Wrong?*, Bicester, Oxfordshire 2022.

[5] Russ-Mohl, Stephan (Hrsg.): *Streitlust und Streitkunst. Diskurs als Essenz der Demokratie* (Schriften zur Rettung des öffentlichen Diskurses Band 3), Köln 2020. / Lörke, Tim: *Abbruch der Gespräche. Monika Maron, der S. Fischer Verlag und die Herausforderung der Meinungsfreiheit*, in: Donahue, William Collins / Mein, Georg / Parr, Rolf (Hrsg.): andererseits – Yearbook of Transatlantic German Studies Band 9/10, Bielefeld 2022, S. 75-84.

[6] Statista: *Umfrage zur Bundestagswahl unter Volontärinnen und Volontären der ARD im Mai 2020*, 5. Mai 2023, URL: https://de.statista.com/statistik/daten/studie/1184876/umfrage/sonntagsfrage-ard-volontaere/ [Abruf am 31.10.2023].

[7] K. Lengyel, Zsolt: *Das Ungarn-Bild der deutschen Medien. Entwicklungslinien nach 1990 und thematische Schwerpunkte von 2010 bis 2016*, in: K. Lengyel, Zsolt / Göllner, Ralf Thomas / Aschauer, Wolfgang (Hrsg.): Ungarn, Deutschland, Europa. Einblicke in ein schwieriges Verhältnis (Studia Hungarica Band 53), Regensburg 2017, S. 141-212. / K. Lengyel, Zsolt / Aschauer, Wolfgang (Mod.): *Ungarn und Deutschland in den Medien. Eine Regensburger Podiumsdiskussion, Podiumsdiskussion vom 18.11.2016 mit Georg Paul Hefty, Boris Kálnoky, Gregor Mayer und Karin Rogalska im Rahmen der Tagung „Ungarn, Deutschland, Europa: Bilanz und Perspektiven eines schwierigen Verhältnisses"*, in: K. Lengyel, Zsolt / Göllner, Ralf Thomas / Aschauer, Wolfgang (Hrsg.): Ungarn, Deutschland, Europa. Einblicke in ein schwieriges Verhältnis (Studia Hungarica Band 53), Regensburg 2017, S. 213-246.

[8] Orbán, Viktor: *Die Epoche des arbeitsbasierten Staates bricht an* [A munkaalapú állam korszaka következik], 26. Juli 2014,

URL: https://pusztaranger.wordpress.com/2014/08/01/viktor-orbans-rede-auf-der-25-freien-sommeruniversitat-in-baile-tusnad-rumanien-am-26-juli-2014/ [Abruf am 31.10.2023].

9 Pogátsa, Zoltán: *The Political Economy of Hungary: Managing Structural Dependency on the West*, in: Bos, Ellen / Lorenz, Astrid (Hrsg.): Das politische System Ungarns. Nationale Demokratieentwicklung, Orbán und die EU, Wiesbaden 2021, S. 153-172. / Oltay, Edith: *Fidesz and the Reinvention of the Hungarian Center-Right*, Budapest 2012.

10 Rasthofer, Alexander: *Vielfalt in Einheit. Liberalismus und Kommunitarismus in Transformationsstaaten am Beispiel Ungarns unter Viktor Orbán und dem Fidesz*, Regensburg 2023.

11 Farkas, Julian: *Der Freiheitskampf des ungarischen Geistes 1867–1914*, Berlin/Boston 2019. / Annabring, Matthias: *Der Freiheitskampf in Ungarn. Ursachen, Verlauf und Auswirkungen*, Aalen/Württemberg 1957.

12 Portfolio: *Nagy meglepetés a magyar GDP-növekedésben* [Große Überraschung beim ungarischen BIP-Wachstum], URL: https://www.portfolio.hu/gazdasag/20220215/nagy-meglepetes-a-magyar-gdp-novekedesben-526761 [Abruf am 30.10.2023].

13 Böhm, Márton József: *Die Pfeiler der ungarischen Familienpolitik* (Faktenwissen Ungarn Nr. 2022/10), URL: https://magyarnemetintezet.hu/de/faktenwissen-ungarn/faktenwissen-ungarn-pfeiler-der-ungarischen-familienpolitik-1 [Abruf am 31.10.2023]. / KSH: *22.1.1.6. Live births, total fertility rate*, URL: https://www.ksh.hu/stadat_files/nep/en/nep0006.html [Abruf am 31.10.2023]. / KSH: *22.1.1.15. Marriages, divorces*, URL: https://www.ksh.hu/stadat_files/nep/en/nep0015.html [Abruf am 31.10.2023].

Ende eines Mythos

An jedem 10. September jährt sich die Grenzöffnung an der österreichisch-ungarischen Grenze, anlässlich derer Zehntausende in Ungarn ausharrende DDR-Flüchtlinge im Spätsommer 1989 in die Bundesrepublik reisen konnten. Mit diesem Jahrestag verbunden ist ein großes und wichtiges Kapitel der deutsch-ungarischen Beziehungen, das ein positives, aber auch missverstandenes Ungarnbild erzeugte. Im Mittelpunkt dieser Diskussionen stand Gyula Horn, einst Außenminister, später Ministerpräsident des Landes.

Uneinigkeit bei den wichtigen Jahrestagen

Dreh- und Angelpunkt dieser Auseinandersetzungen ist die Frage nach der Rolle des reformkommunistischen Außenministers Horn bei der Grenzöffnung und den vorangegangenen politischen Weichenstellungen. Aller Welt wohlbekannt ist das Bild vom 27. Juni 1989 von der österreichisch-ungarischen Grenze nahe Sopron, wo Horn gemeinsam mit seinem österreichischen Amtskollegen Alois Mock mehr schlecht als recht mit der Drahtschere hantierte. Sie durchschnitten symbolhaft den Eisernen Vorhang und demonstrierten vor den Kameras aus dem In- und Ausland, dass Ungarn die Grenze aufmacht und zu einer Öffnung gen Westen bereit sei.

Diese Bilder gingen um die Welt und untermauerten das Image des guten, gewandten Reformkommunisten, der mit Europa und der Welt kooperiert und die ungarische Variante von Glasnost und Perestroika verkörperte. Noch jahrelang wurde dieser Jahrestag von den Außenministerien der beiden Länder als der Tag der Grenzöffnung gefeiert und mit entsprechenden Veranstaltungen bedacht.

Seine Reputation im Westen konnte Horn noch weiter festigen, als er am Abend des 10. September 1989 in den Nachrichten die Grenzöffnung für die DDR-Bürger bekanntgab. Tausende jubelnder Menschen aus Ostdeutschland lagen sich in den Armen und machten sich noch in der Nacht auf den Weg in Richtung Österreich. Während Alois Mock für seine Rolle in der Wendezeit als „Mister Europe" bezeichnet wurde, klebte an Horn die Bezeichnung „Mister Grenzöffnung".

Doch die Wahrheit ist in diesem Zusammenhang viel komplexer. Daher entbrannte auch in den späten Neunzigerjahren ein wahrer Historikerstreit um die Rolle von Gyula Horn, im Mittelpunkt dieser Zwistigkeiten standen die Jahrestage und deren Interpretation. Mittlerweile ist bekannt, dass Horn und Mock am 27. Juni in Wahrheit nicht den existierenden Eisernen Vorhang, sondern einen kleinen Abschnitt notdürftig wiederaufgebauten Stacheldrahts durchtrennten. Der Abbau der Grenzbefestigungsanlagen war schon so weit fortgeschritten, dass es nirgendwo mehr den Eisernen Vorhang gab. Daher musste aus PR-Gründen an einer leicht zu erreichenden Stelle der Zaun wiederaufgestellt werden, um die öffentlichkeitswirksamen Bilder produzieren zu können.[1] Diesem Umstand widmete sich eine Ausstellung im Museum „Haus des Terrors" im Jahre 2009, die den treffenden Titel „Átvágva" hatte, im Ungarischen ein Wortspiel, denn „átvágva" bedeutet zum einen „durchgeschnitten", aber auch im übertragenen Sinne „reingelegt". Doch war der 27. Juni eine erfolgreiche Inszenierung auf großer Bühne, die folgenreiche Bilder für die Weltöffentlichkeit produzierte.

Weit bedeutsamer für die welthistorisch entscheidenden Ereignisse der Wendezeit in Ungarn waren nämlich der 2. Mai 1989 und der 19. August 1989. Am Morgen des 2. Mai 1989 begannen die offiziell angekündigten Maßnahmen zum Abbau der Grenzbefestigungen, internationale Kamerateams wurden an die beiden Standorte Hegyeshalom und Sopron gefahren – letzterer war übrigens genau das Terrain, wo Horn dann am 27. Juni seinen großen Auftritt hatte. Doch Horn war an diesen durch die ungarische Regierung noch in den Monaten zuvor gefällten Entscheidungen gar nicht beteiligt, er wurde erst am 10. Mai 1989 zum Außenminister ernannt. Zu jener Zeit ging der Abbau der Grenzbefestigungsanlagen schon mit großer Intensität voran. Der Grund für den Abbau war ganz simpel: Ungarn hatte schon 1988 den Weltpass eingeführt, die Menschen konnten beliebig ausreisen. Sie also in einem Gefängnis festzuhalten – denn der Eiserne Vorhang war nichts anderes –, hatte keinen Sinn. Ebenso kostete die Instandhaltung der maroden und veralteten Grenzsperren Unsummen an Geld, die der reformkommunstische Ministerpräsident Miklós Németh nicht mehr aufzutreiben gewillt war.

Ebenso relevant war das Paneuropäische Picknick am 19. August 1989 bei Sopron, wo bei einer kurzzeitigen Öffnung einer ansonsten geschlossenen Grenzübergangsstelle mehr als 600 DDR-Bürger eine Massenflucht nach Österreich wagten – legal ausreisen durften sie mit ihren DDR-Dokumenten ja nicht. Die ungarischen Grenzer beschlossen, nicht einzugreifen und ebneten so den verzweifelten Menschen den Weg gen Westen, die dann auf österreichischer Seite in Freudentaumel ausbrachen, sie hatten es geschafft. Dieses Ereignis war der Initialfunke für die später beschlossene offizielle Grenzöffnung, die dann in der Nacht vom 10. auf den 11. September 1989 in Kraft trat.[2]

Der Horn-Mythos in Deutschland

Ungeachtet dieser historischen Tatsachen waren es aber weder die ungarische Zivilgesellschaft, die das Paneuropäische Picknick unter großen Gefahren ausrichtete, noch die ungarischen Grenzer um Árpád Bella, der sich für diese humane Geste noch in der kommunistischen Zeit hat disziplinarisch verantworten müssen, welche die Meriten für die Grenzöffnung einsammelten. Auch wurde die positive Rolle von Ministerpräsident Miklós Németh kaum gewürdigt. Stattdessen verbreitete sich aufgrund der Bilder vom 27. Juni 1989 und 10. September 1989 das wohlfeile Bild von „Mister Grenzöffnung", nämlich Gyula Horn. Der Politiker erhielt für diese Rolle im Sommer 1990 den Internationalen Karlspreis und wurde in der deutschen Öffentlichkeit, in Politik und Medien gefeiert wie ein Weltstar. Wie stark Horn und seine Rolle während der Grenzöffnung bis in das bürgerliche Lager in Deutschland hineinwirkten, zeigt der Umstand, dass die Laudatio kein Geringerer als der FDP-Außenminister Hans-Dietrich Genscher hielt. In Ungarn hingegen wurde man sich der wahren Hintergründe von 1989 immer klarer bewusst und ordnete Horn auch aufgrund seiner aktiven bewaffneten Tätigkeit bei der Niederschlagung des Ungarnaufstandes 1956 deutlich negativer ein. Viele Ungarn waren 1990 froh, die Kommunisten vertrieben zu haben, und bei aller Sympathie für die gewendeten Reformkommunisten wollte man sich eine souveräne, demokratische und unabhängige Regierung geben. So wurde József Antall am 23. Mai 1990 Ministerpräsident des Landes.

In Deutschland jedoch entwickelte sich ein wahrer Kult um Horn, der ähnlich wie Gorbatschow als Shootingstar gefeiert und verehrt wurde. Übrigens ist die Beurteilung dieser beiden Persönlichkeiten in ihren Heimatländern weitaus kritischer als in Deutschland und viel negativer als man in Deutschland wahrhaben mag.[3] Dies gipfelte auch in einer wenig schmeichelhaften Sequenz im Frühsommer 1990, als sich der konservative Wahlgewinner József Antall anschickte, eine bürgerliche Regierung zu bilden. Nach Zeitzeugenberichten von politischen Akteuren der Wendezeit soll Helmut Kohl bei Antall für den Verbleib von Gyula Horn als Außenminister lobbyiert haben.[4] Dieses Vorkommnis offenbart, wie stark die Verbundenheit mit Horn bis in christdemokratische Kreise reichte.[5] Dies ist nur vor dem Hintergrund des deutschen politischen Denkens zu erklären, das oft auf Ausgleich und Verständigung gerichtet ist, während es in den ostmitteleuropäischen Ländern des ehemaligen Ostblocks durchaus das Bedürfnis gab, mit der Vergangenheit abzuschließen, diese aufzuarbeiten und eben nicht eine Prolongierung alter reformkommunistischer Machtstrukturen zuzulassen. Eine andere Frage ist natürlich, inwieweit dies tatsächlich gelang, denn alte Seilschaften der Kommunisten in Wirtschaft, Politik, Gesellschaft und Medien überlebten und durchliefen eine besondere Metamorphose.

Alte Seilschaften

Die alten Seilschaften der Kommunisten und Postkommunisten wirkten noch jahrzehntelang fort. So war es in der Politik, wo zwischen 1994 und 1998 mit Gyula Horn höchstselbst ein prominenter Vertreter des Einparteienstaates den Posten des Ministerpräsidenten bekleidete. Später saß auf diesem Posten Ferenc Gyurcsány (2004-2009), ein ehemaliger ranghoher Funktionär der kommunistischen Jugendorganisation, doch auch Péter Medgyessy (2002-2004) war ein Minister in der kommunistischen Zeit gewesen, der für die ungarische Stasi arbeitete. Auch in der Wirtschaft blieben alte Wirtschaftseliten an der Macht und genauso verhielt es sich in vielen anderen Bereichen der Gesellschaft. Insbesondere in den Medien gab es niemals einen echten Systemwandel, denn die meisten Redakteure aus kommunistischen Zeiten blieben einfach dort, wo sie waren, und die neuen Eigentümer, viele aus dem Ausland, wollten auch lieber Geld verdienen als einen langwierigen Prozess einer personellen und moralischen Erneuerung zu wagen. Damit war die ungarische Medienlandschaft bis weit nach der Jahrtausendwende wenig ausgeglichen, die linksliberalen Journalisten und Medien waren in der Mehrheit.[6] Erst später konnten ausgewogene Medienverhältnisse hergestellt werden.

Neue Konflikte

Die deutschen Bewunderer des postkommunistischen Kurses waren weit zahlreicher als man vermuten würde. Nicht nur die Vertreter der linken Parteien sahen in den ungarischen Postkommunisten, später Sozialisten, ihre Verbündeten und Partner. Die Sympathien für Horn und seine Nachfolger dominierten lange Zeit das Bild von Ungarn bis in bürgerliche Kreise. Viele konnten es schlicht nicht verschmerzen, dass der von ihnen so hoch gelobte Horn von den ihnen unbekannten Konservativen um József Antall im Jahr 1990 aus dem Amt gejagt wurde. Noch schmerzhafter war es dann, als Horn im Jahre 1998 überraschend das Amt des Ministerpräsidenten aus der Hand geschlagen wurde – ausgerechnet von Viktor Orbán. Damals kam schon wie 1990 (und übrigens 2010) das bürgerliche Lager an die Macht, und in Ungarn galt es unter den Wendeparteien als ausgemachte Sache, nicht mit den Postkommunisten zu paktieren. Die damalige liberale Partei SZDSZ hat dieses Grundverständnis übrigens mit dem Eingehen der Koalition mit Gyula Horn und seinen Postkommunisten im Jahr 1994 aufgekündigt. Ähnliche Diskussionen gab es auch in Deutschland, wenn um die Bündnisfähigkeit der Partei „Die Linke" gerungen wurde. Man erinnere sich nur an die „Rote-Socken-Kampagne" der CDU aus dem Jahre 1994.

Als dann die Linken in Ungarn 2002 wieder das Regierungsruder übernahmen, koalierten sie ganz natürlich wieder mit den Liberalen. Die bis heute klar erkennbaren Trennlinien und Sollbruchstellen der ungarischen Politik wurden in jener Zeit zementiert. Die linksliberal-postkommunistische Regierung sorgte mit der Lügenrede von Gyurcsány 2006, der immensen Polizeigewalt gegen friedliche Demonstranten und einem beispiellosen moralischen Tiefflug für ein Erweckungserlebnis des ungarischen bürgerlichen Lagers. Angesichts der verheerenden Bilanz von Gyurcsány blieb auch wohlmeinenden westlichen Beobachtern nichts anderes mehr übrig, als beschämt wegzuschauen. Die jahrzehntelange Freundschaft und Sympathie für die Postkommunisten schien aufgebraucht. Doch unter der Oberfläche konnten es viele nicht verwinden, dass ausgerechnet der zuvor schon einmal abgewählte Viktor Orbán wieder das Heft des Handels an sich riss. Der beispiellose Höhenflug von Fidesz begann schon im Herbst 2006, seit dieser Zeit dominiert die Partei die öffentlichen Debatten im Land und treibt die Sozialisten vor sich her.[7]

Mit dieser historischen Altlast im Gepäck kam es dann 2010 zu einem großen Sieg der Konservativen von Viktor Orbán, der die postkommunistische Nomenklatura vollends ins Abseits schob. Angereichert mit den Erfahrungen der Gyurcsány-Zeit wollten die ungarischen Wähler nun wirklich mit den Postkommunisten brechen – und das für immer. Ein vergleichbares Wählerverhalten findet sich übrigens auch in Polen und Tschechien. Dennoch hielten die alten Seilschaften, Kontakte und Netzwerke der Linken weiter stand. Außerdem nutzen diese politischen Kreise die Möglichkeiten der Europäisierung, der Vernetzung und der feingefächerten Kommunikationskanäle viel intensiver und professioneller als die Konservativen. Letztere glaubten, es reiche die historische Wahrheit und die Tatsache, die Menschen auf ihrer Seite zu haben. Doch dies war ein Trugschluss. In den internationalen Debatten war viel relevanter, wer welche Redakteure, wer welche Entscheidungsträger und wer welche Politiker anderer Länder kannte und sie auch ansprechen konnte.

Fazit

Im Jahr 2022 wurde Viktor Orbán insgesamt das fünfte Mal – aber das vierte Mal in Folge – als Ministerpräsident von Ungarn gewählt. Er ist der Dienstälteste im Europäischen Rat. Ungarns Politik in den Bereichen Wirtschaft, Migration, Familie und Innere Sicherheit ist durchaus als Erfolg zu verstehen und wird auch von vielen liberalen Wählern als solcher wahrgenommen. Die 54 Prozent Zustimmung bei den Wahlen zur Ungarischen Nationalversammlung sind ein klares wie eindeutiges Zeichen dieser Unterstützung. Das Land setzt wichtige Wegmarken, doch die alten Konfliktlinien bleiben. Warum es für die ungarische Politik so schwierig ist, sich diesen zu entziehen, wird anhand der internationalen Deutungsmuster und des auch von innenpolitischen Gegnern geschürten negativen Ungarnbildes vielleicht etwas sichtbarer. Man sollte sich nicht täuschen lassen, wenn selbsternannte Ungarnexperten mit guten Netzwerken und hervorragenden Fremdsprachenkenntnissen über das Land aufklären und dem deutschen Publikum Muster, Schemata und Deutungen an die Hand geben, die nur einem einzigen Narrativ dienen. Vielmehr sollten alle Facetten wahrheitsgemäß Erwähnung finden und zu einem ausgewogenen und fundierten Ungarnbild beitragen.

Anmerkungen

[1] Tóth, Imre: *Menekültkérdés és határnyitás. A magyar és a német diplomáciai szolgálatok szerepe az 1989-es menekültválság megoldásában* [Flüchtlinge und Grenzöffnung. Die Rolle der ungarischen und deutschen diplomatischen Dienste bei der Lösung der Flüchtlingskrise von 1989], in: Múltunk 4 (2009), S. 4-38. / Nagy, László: *Das Paneuropäische Picknick und die Grenzöffnung am 11. September 1989*, in: Stiftung Paneuropäisches Picknick '89, URL: https://www.paneuropaipiknik.hu/uploads/document/10/tort-hatter-de-5ce50689d5742.pdf [Abruf am 31.10.2023].

[2] Slachta, Krisztina / Orgoványi, István / Tóth, Imre: *Vom Ausbau bis zum Abbau. Die Geschichte des Eisernen Vorhangs in Ungarn*, in: Zeitschrift des Forschungsverbundes SED-Staat: ZdF 45 (2020), S. 56-67. / Tóth, Imre: *Historischer Hintergrund*, in: Stiftung Paneuropäisches Picknick '89, URL: https://www.paneuropaipiknik.hu/de/geschichte [Abruf am 31.10.2023].

[3] Klimó, Árpád von: *Überlegungen zur „Vergangenheitsbewältigung" in Ungarn 1989-99 (Ausarbeitung eines Beitrags zum Geschichtsforum Berlin, 30. Mai 1999)*, URL: https://hsozkult.geschichte.hu-berlin.de/BEITRAG/essays/klimo.htm [Abruf am 31.10.2023].

[4] Orosz, Tímea: *„Die EU ist eine Gemeinschaft, die sich klar für ihre Vielfalt ausspricht" – Interview mit Hans Kaiser*, in: Ungarn heute, 27. Mai 2023, URL: https://ungarnheute.hu/news/46078/ [Abruf am 31.10.2023].

[5] WELT: *Wie sich das Ausland an Helmut Kohl erinnert*, 16. Juni 2017, URL: https://www.welt.de/politik/ausland/article165633762/Wie-sich-das-Ausland-an-Helmut-Kohl-erinnert.html [Abruf am 31.10.2023].

[6] Bos, Ellen / Lorenz, Astrid (Hrsg.): *Das politische System Ungarns. Nationale Demokratieentwicklung, Orbán und die EU*, Wiesbaden 2021.

[7] Oltay, Edith: *Fidesz and the Reinvention of the Hungarian Center-Right*, Budapest 2012.

Deutsche ziehen nach Ungarn

Wenn wir über Deutsche sprechen, die nach Ungarn gezogen sind, muss klargestellt werden, dass wir nur über Menschen mit deutscher Staatsangehörigkeit sprechen, nicht aber über ungarisch-deutsche Doppelstaatsbürger, da diese in Ungarn als Ungarn gelten. Solche Personen sind in der Statistik nicht enthalten, ebenso wenig wie Deutsche, die sich nur gelegentlich in Ungarn aufhalten und daher dort keinen Wohnsitz haben. Ungarische Staatsbürger, die zur autochthonen deutschen Minderheit gehören, sind ebenfalls ausgeschlossen. Obwohl sie deutsche Vorfahren haben und die deutsche Nationalität für sich beanspruchen, sind auch sie Ungarn. Ihre Zahl lag 2011 bei 185.696, im neuesten Zensus vom September 2022 bei 142.551.[1]

Die Ausgangslage

Nach Angaben des Ungarischen Statistischen Zentralamtes (KSH) nimmt die Zahl der dauerhaft in Ungarn lebenden Deutschen seit Jahren stetig zu. Handelte es sich in den Jahren nach der Wende noch um einige Tausend, so waren es 2019 bereits 16.537. Im Jahr 2023 leben derzeit bereits 22.310 deutsche Staatsbürger in Ungarn. In knapp vier Jahren trat ein Anstieg von 34,9 Prozent ein. Im letzten Jahr allein betrug die Veränderung 12,9 Prozent in nur zwölf Monaten. So können wir also eindeutig von einem dynamischen Anstieg sprechen.[2]

Die Macht der Zahlen

Nur eine kleine Zahl von Arbeitnehmern mit deutscher Staatsangehörigkeit hat ihren Wohnsitz im Land. Laut einer Studie der Abteilung Analyse und Lohnpolitik des Ministeriums für Technologie und Industrie waren im Jahr 2021 lediglich 272 Arbeitnehmer deutscher Staatsangehörigkeit in inländischen Zahlstellen beschäftigt.[3] Darüber hinaus lag die Zahl der deutschen Studenten an ungarischen Hochschulen laut Deutschem Bundesamt für Statistik im Jahr 2020 bei genau 3.415.[4] Das bedeutet, dass die große Mehrheit der in Ungarn lebenden Deutschen, abgesehen von diesen Arbeitnehmern und Studenten, wirtschaftlich inaktiv ist. Dies beinhaltet einerseits zwar Familienangehörige, vor allem aber Rentner und Pensionisten. Es kann daher davon ausgegangen werden, dass die große Mehrheit der Deutschen in Ungarn sich im Ruhestand befindet. Zwar ist die Zahl der auf ungarische Bankkonten eingezahlten Altersbezüge – laut Medienberichten gibt es etwa 14.700 solcher Fälle – etwas geringer als die vermutete Gesamtzahl der hier lebenden deutschen Rentner, doch gibt es viele, die sich hier dauerhaft niedergelassen haben, aber in den Statistiken nicht als solche erscheinen. Der Grund für diese Diskrepanz von einigen Tausend liegt darin, dass viele deutsche Rentner und Pensionisten mit ungarischer Adresse, trotz offizieller Ansässigkeit in Ungarn, dennoch die Auszahlung ihrer Renten auf ihr deutsches Bankkonto beantragen, da viele eine letzte „Bastion" in Deutschland aufrechterhalten wollen. Daher gelten sie auf dem Papier als deutsche Zahlungsempfänger. Auf alle Fälle ist die Zahl der in unserer Heimat lebenden deutschen Rentner und Pensionisten Medienberichten zufolge innerhalb von fünf Jahren um 25 Prozent gestiegen.

Motivation

Für diese jüngste Dynamik kann es eine Reihe von Gründen geben. In der deutschen Medienberichterstattung stehen finanzielle Gründe im Vordergrund. Viele führen aber auch ein lebenswerteres Umfeld und eine bessere öffentliche Sicherheit an. Tatsache ist, dass die Zahl der Straftaten in Deutschland im vergangenen Jahr zwar um 11,5 Prozent gestiegen ist, im mehrjährigen Durchschnitt aber eher stagniert.[5] Der Vergleich mit Ungarn ist dennoch aufschlussreich, wo die Zahl in den letzten zehn Jahren um 64,5 Prozent gesunken ist.[6] Noch deutlicher ist der Unterschied auf Pro-Kopf-Basis: In Deutschland lag die Zahl der Straftaten pro 100.000 Einwohnern im vergangenen Jahr bei 6.762, während sie in Ungarn bei 1.732 lag, also nur ein Viertel des deutschen Wertes betrug.

Neben materiellen Gründen ist der Erwerb einer eigenen Immobilie oder eines Hauses ein entscheidender Faktor, aber auch die Gewährleistung einer bewohnbaren Umgebung. In Deutschland kann es sich die gehobene Mittelschicht immer seltener leisten, eine eigene Immobilie zu erwerben, während dies in Ungarn – vor allem in ländlichen Gebieten – noch möglich ist. Auch das günstige Klima in Ungarn, die kulinarischen und gastronomischen, touristischen und kulturellen Angebote, die Gastfreundschaft und Herzlichkeit der Ungarn sind jeweils wichtige Aspekte. Ein vollständiges Bild davon vermittelt eine Reihe von Berichten über deutsche Einwanderer, die in der zweiwöchentlich erscheinenden „Budapester Zeitung" veröffentlicht werden.[7] Die Serie porträtiert die Hintergründe, Berufe und Beweggründe der Deutschen, die hierhergezogen sind.

Deutsche Infrastruktur in Transdanubien

Ein breites Spektrum von Unternehmen, professionellen Dienstleistern, Organisationen und Einzelpersonen hilft den Interessierten, nach Ungarn zu ziehen. In der transdanubischen Region ist die „Balaton Zeitung" eine Art Anlaufstelle für die deutsche Welt in Ungarn, die die Ansiedlung in Ungarn, aber auch das Wohlbefinden der hier lebenden deutschsprachigen Menschen unterstützt. Deutschsprachige Handwerker, Dienstleistungen, karitative Einrichtungen, Seelsorger und Freundschaftsinitiativen, formalisierte regelmäßige Stammtische – all das steht den deutschen Mitbürgern hier zur Verfügung. Besonders aufschlussreich gestaltet sich die Übersicht über die Kleinanzeigen. Neben der „Balaton Zeitung" und der bereits erwähnten „Budapester Zeitung" können die schwäbische „Neue Zeitung" und das „Sonntagsblatt" zur Orientierung dienen, als weitere wichtige Informationsquellen existieren noch das Internet-Nachrichtenportal „Ungarn Heute" und die tägliche MTVA-Nachrichtensendung „Nachrichten aus Ungarn". Darüber hinaus liefert online auch der von Irén Rab ins Leben gerufene Blog „Ungarn Real" viele Nachrichten, und nicht zuletzt ist die deutschsprachige Webseite des Deutsch-Ungarischen Instituts eine wichtige Anlaufstelle. Es existieren zudem zahlreiche deutsche Einrichtungen, etwa das Deutsche Theater in Szekszárd, die „Deutsche Bühne Ungarn". Außerdem finden sich in Ungarn Kindergärten und Schulen der deutschen Nationalität sowie eine Hochschuleinrichtung, die ausschließlich in deutscher Sprache unterrichtet, die Gyula Andrássy Universität. Ein weiteres Bindeglied ist die Deutsch-Ungarische Gesellschaft, die seit 2022 über eine lokale Zweigstelle verfügt. Zusammen mit dem Deutsch-Ungarischen Institut bietet sie Programme und Veranstaltungen für viele deutsche Übersiedler an.

Zusammenfassung

In den letzten Jahren haben sich viele deutsche Staatsbürger in Ungarn niedergelassen – mit steigender Tendenz. In erster Linie Ruheständler, aber auch Menschen mittleren Alters zogen zu. Deutsche Einwanderer finden eine aufgeschlossene, gastfreundliche ungarische Gemeinschaft und eine breite deutsche Infrastruktur vor. Dies macht es ihnen leichter, sich niederzulassen und zu bleiben. Viele Organisationen vermitteln zwischen Alteingesessenen und Neuankömmlingen. So kommen immer mehr Menschen und werden von den Ungarn mit Freude willkommen geheißen.

Anmerkungen

[1] KSH: *Zensus 2022. Endgültige Daten*, 26. September 2023, URL: https://nepszamlalas2022.ksh.hu/eredmenyek/vegleges-adatok [Abruf am 31.10.2023].

[2] KSH: *22.1.1.23. Foreign citizens residing in Hungary by country of citizenship and sex, 1 January*, URL: https://www.ksh.hu/stadat_files/nep/en/nep0023.html [Abruf am 31.10.2023].

[3] Ungarisches Ministerium für Technologie und Industrie: *A külföldi állampolgárok magyarországi munkavállalásának főbb sajátosságai* [Ausländische Staatsangehörige in Ungarn. Hauptmerkmale der Beschäftigung in Ungarn], Budapest 2021, URL: https://nfsz.munka.hu/nfsz/document/2/4/0/5/doc_url/Elemzes_a_kulfoldiek_magyarorszagi_munkavallalasarol_2021_evben.pdf [Abruf am 31.10.2023].

[4] Statistisches Bundesamt (Destatis): *Deutsche Studierende im Ausland. Ergebnisse des Berichtsjahres 2019*, Ausgabe 21, 16. Dezember 2021, URL: https://www.destatis.de/DE/Themen/Gesellschaft-Umwelt/Bildung-Forschung-Kultur/Hochschulen/Publikationen/Downloads-Hochschulen/studierende-ausland-5217101217004.pdf?__blob=publicationFile [Abruf am 31.10.2023].

[5] Statista: *Anzahl der registrierten Straftaten in Deutschland von 1991 bis 2022*, 26. September 2023, URL: https://de.statista.com/statistik/daten/studie/197/umfrage/straftaten-in-deutschland-seit-1997/ [Abruf am 31.10.2023].

[6] KSH: *11.1.2.1. Regisztrált bűncselekmények vármegye és régió szerint* [Registrierte Straftaten nach Bezirk und Region], URL: https://www.ksh.hu/stadat_files/iga/hu/iga0008.html [Abruf am 31.10.2023].

[7] Budapester Zeitung 2022/19, S. 26-29. / 2022/20, S. 26-29. / 2022/21, S. 26-29 / 2022/22, S. 26-29.

VI.

Ungarn in Europa

Drei Herausforderungen für die Europäische Union

Mit dem Angriffskrieg Russlands gegen die Ukraine haben sich die Prioritäten europäischer Sicherheits-, Verteidigungs- und Außenpolitik schlagartig geändert. Strategische Souveränität, Verteidigungsbereitschaft und außenpolitische Resilienz sind die oft genannten Schlagworte. Während in Europa in diesen Fragen selten gesehene Einigkeit herrscht und ein gemeinsamer Sanktionsmechanismus etabliert werden konnte, herrscht in vielen weiteren strategischen Punkten der Zukunft Europas weiterhin Gesprächsbedarf. Gerade den Ungarn ist mit dem Abklingen der zweijährigen Corona-Pandemie ein reger Austausch über viele europäische Grundsatzfragen immer wichtiger geworden.

1. Die Spaltung der Europäischen Union in Ost und West

Während Francis Fukuyama 1989 noch vom Ende der Geschichte sprach,[1] der Westen als Sieger aus dem Kalten Krieg hervorging und mit der Wiedervereinigung von Ost und West eine neue Dimension der europäischen Zusammenarbeit erreicht worden war, scheint mittlerweile eine Ernüchterung eingetreten zu sein. Diese ist dem Umstand geschuldet, dass womöglich das Zusammenwachsen des Kontinents nach der zwei Generationen währenden Spaltung ein langsamerer und mühseligerer Prozess werden könnte als zunächst antizipiert. In den neuen Mitgliedsländern, insbesondere in Polen und Ungarn, übersteigt die Zustimmung zur Mitgliedschaft in der Europäischen Union die entsprechenden Kennziffern aus vielen westeuropäischen Ländern bei weitem.[2] Trotzdem macht sich der Eindruck breit, man sei zu einer westlich geprägten Union gestoßen und müsse deren Mentalität, Verfahrensweisen und Politikgestaltung ohne Widerrede akzeptieren, während der „Westen" selbst nicht wahrhaben will, dass die erweiterte Europäische Union sich in Substanz, Charakter und Wahrnehmung verändert haben könnte. Belegt wird diese These durch entsprechende Narrative in den Ländern Mittel- und Osteuropas, aber auch durch neuere Veröffentlichungen in den akademischen Diskursen, wie etwa bei Ivan Krastev[3], der feststellt, dass westliche Gesellschaftsmodelle an Strahlkraft verloren oder auch Norbert Mappes-Niediek[4], der beklagt, dass der Osten Europas sich vom Westen nicht verstanden fühle und in den Debatten oftmals Arroganz und Besserwisserei erkennt. Diesem allgemeinen Gefühl des Nicht-Verstanden-Werdens liegt kaum eine materielle, vielmehr aber eine ideelle Verarmung der Europäischen Union zugrunde.

Die öffentliche Debatte gerade in Ungarn bemängelt, dass die alten Eliten Westeuropas in vielerlei Hinsicht nicht auf die Befindlichkeiten der mittel- und osteuropäischen Länder eingehen. Noch vor dem EU-Beitritt pflegte ein französischer Staatspräsident zu sagen, die Mittel- und Osteuropäer hätten eine gute Gelegenheit verpasst, einfach mal den „Mund zu halten".[5] Ähnlich wird auf die als Bevormundung verstandenen Belehrungen und Ermahnungen aus den alten Ländern und insbesondere aus Brüssel reagiert, gerade wenn es um klassische Souveränitätsfragen geht wie Staatsorganisation, Staatsangehörigkeit, Grenzschutz und dergleichen mehr. Damit wird aber auch das Grundgerüst der Legitimation der Europäischen Union von dieser angetastet. Immer mehr Ungarn stellen sich zunehmend die Frage, ob die gegenwärtige Funktionsweise des europäischen Projekts nicht etwa in seinem Ziel, eine gleichberechtigte Gemeinschaft souveräner Nationalstaaten zu bilden, konterkariert wird.

2. Ein neuer Kulturkampf?

Die von westeuropäischen liberalen Meinungseliten gestellten Forderungen der Identitätspolitik, des Antirassismus, des Feminismus, der Genderideologie, der offenen Grenzen und Gesellschaften und ähnlicher Ansichten stoßen in den Ländern Mittel- und Osteuropas auf Skepsis. Sind diese Ideologien wirklich unabdingbarer Bestandteil der freien Welt, der man sich nach 1989 anschließen konnte? Und vertreten diese ideologisierten Debatten zwischen Medien, Kultur, Nichtregierungsorganisationen und Teilen der Politik wirklich den europäischen Bürger und den europäischen Geist? Vermengen sich diese vielleicht gar nicht die europäischen Mehrheitsgesellschaften repräsentierenden Ansichten dann auch noch mit einem Missionierungsdrang gen Osten, gepaart mit Arroganz und Besserwisserei, so wird die Kernsubstanz der Europäischen Union unmittelbar angegriffen. Da diese Meinungseliten auch nicht immer über hinreichende demokratische Legitimation verfügen, aber dennoch für eine vermeintlich tonangebende Elite sprechen, wird der Glaube an die Europäische Union spürbar untergraben.

Wie wohl auch anderswo, beruht der Glaube der Mittel- und Osteuropäer an das gute Leben auf denkbar einfachen Grundannahmen: Heimat, Zuhause, Familie, ein gesundes Auskommen mit Arbeit und Anerkennung; Erhaltung der natürlichen Lebensgrundlagen von Staat und Gesellschaft; Bewahren von Recht und Ordnung. Während die linksliberalen Meinungseliten des alten

Europas diese einfachen Grundwahrheiten des Lebens zunehmend grundsätzlich infrage stellen, zeichnen sich die Mitteleuropäer, allen voran die Ungarn, dadurch aus, dass sie nicht weniger, sondern mehr Kinder, nicht das Verbot des Eigenheims, sondern dessen Förderung verwirklichen wollen. Man ist nicht für die obrigkeitsstaatliche Umverteilung, sondern für eine leistungsbasierte Workfaregesellschaft, nicht für die illegale Einwanderung, sondern für den Erhalt der kulturellen und historischen Substanz, nicht für ein gottloses Allerlei, sondern für die Bewahrung des christlichen Glaubens. Statt in einem grenzenlosen Global Village zu wohnen, möchte man weiterhin die Heimat sein Zuhause nennen dürfen.[6]

3. Der Demographische Wandel und die Zukunft unserer Kinder

Große Staatsmänner planen in der Regel nicht bis an ihr eigenes Lebensende, sondern bis zu dem ihrer Kinder und vielleicht sogar bis zum Lebensende ihrer Enkel und Kindeskinder. Diese Aussage verdient Wertschätzung, da sie den Horizont von Politikplanung und Politikgestaltung erweitert und zugleich die Interessenlagen zukünftiger Generationen mitberücksichtigt. Europa altert, kinderlose Familien sind keine Seltenheit mehr. Auch ermangelt es mehreren politischen Führungspersönlichkeiten westeuropäischer Länder überhaupt des Nachwuchses, obwohl dies vor einigen Jahrzehnten noch die Norm war. Wenn aber vielerorts Kinder schlicht nicht mehr zahlreich geboren werden und in den Dimensionen politischen Handelns auch nicht vorkommen, untergräbt Europa seine Zukunftsaussichten.

Diese Herausforderung ist für sich genommen eine der größten der modernen Industriegesellschaften und unterminiert langfristig in fast allen europäischen Ländern den Glauben an die eigene

Zukunftsgestaltung. Umso mehr tut eine kindergerechte und kinderfreundliche Politik gut daran, mit Steueranreizen, der Förderung des Kinderkriegens und des Eigenheimbaus einen Bewusstseinswandel in der Gesellschaft herbeizuführen, in der Kinderlärm wie Musik in den Ohren klingt und nicht als eine Störung der liebgewonnenen kinderlosen Ruhe wahrgenommen wird. Die Gefahren des demographischen Wandels können schnell zu einer realen materiellen Bedrohung anwachsen, sofern nicht langfristig ausgerichtete Abwehrmaßnahmen getroffen werden. Wenn bei Entscheidungen die zukünftigen Generationen nicht mehr berücksichtigt werden, schwindet auch die demokratische Akzeptanz unweigerlich.

Schlussfolgerung

Diesen hier beschriebenen Tendenzen und Gefahren effektiv entgegenzuwirken, bedarf es eines umfangreichen Neuansatzes. Die Meinungseliten und Entscheidungsträger aus dem alten Machtzentrum müssten viel mehr an Wissen, Erfahrung und Verständnis für die Ideen, Herangehensweisen und Befindlichkeiten der Menschen in den Ländern Ost- und Mitteleuropas entwickeln. Sie müssten sich einlassen auf die von zweierlei Diktaturerfahrung geprägten Länder, sie müssten verinnerlichen, dass der Osten nicht nur dazu gestoßen ist, sondern auch zu einer Bereicherung des Kontinents beiträgt. Europa muss aus seiner lebendigen Mitte her neu gedacht und erzählt werden, hierfür stehen auch die Ungarn bereit.

Anmerkungen

1   Fukuyama, Francis: *Das Ende der Geschichte*, München 1992.
2   Standard Eurobarometer 99, Frühjahr 2023, T204 & T206.
3   Krastev, Ivan / Holmes Stephen: *Das Licht, das erlosch: Eine Abrechnung*, Berlin 2019.
4   Mappes-Niediek, Norbert: *Europas geteilter Himmel. Warum der Westen den Osten nicht versteht*, Berlin 2021.
5   Jacques Chirac: „Ich glaube, dass sie eine gute Gelegenheit verpasst haben, den Mund zu halten“, zitiert nach: Spiegel: *Chiracs Rüge bringt Osteuropäer auf US-Kurs*, 19. Februar 2003, URL: https://www.spiegel.de/politik/ausland/mund-halten-chiracs-ruege-bringt-osteuropaeer-auf-us-kurs-a-236907.html [Abruf am 31.10.2023].
6   Vgl. hierzu die Rede des Ministerpräsidenten Viktor Orbán von 2019 in deutscher Übersetzung: Orbán, Viktor: *Viktor Orbáns Rede auf der 30. Freien Sommeruniversität in Bálványos*, 27. Juli 2019, URL: https://2015-2022.miniszterelnok.hu/viktor-orbans-rede-auf-der-30-freien-sommeruniversitat-in-balvanyos/ [Abruf am 31.10.2023].

Ungarn in Europa

Die demokratische Reputation Ungarns wird in der letzten Zeit von einem Teil der europäischen Medien und von vielen politischen Meinungsführern zunehmend in Frage gestellt. Stand das Land in den Wendejahren 1989/1990 unter den Völkern Mittel- und Osteuropas pars pro toto für den Freiheitsdrang und den Aufbruch in Richtung Demokratie und Europa, ist nach gut anderthalb Jahrzenten Mitgliedschaft in der Europäischen Union eine weitreichende Ernüchterung eingetreten – auf beiden Seiten. Hinsichtlich des „Ob" zur EU-Mitgliedschaft gibt es in Ungarn keine Frage, denn die Zustimmungsraten dazu sind unverändert hoch.[1] Bezüglich des „Wie" hingegen gibt es umfangreichen Diskussionsbedarf.

Viele Ungarn fürchten zunehmend eine für sie negative Entwicklung, die ihre Lebensentwürfe, ihren liebgewonnenen „European way of life" in Frage stellt. Sie hadern daher insbesondere mit einer Europäischen Union, die nach ihrer Ansicht die mühselig wiedergewonnenen persönlichen Freiheiten und die nationale Souveränität einschränken und die Bevölkerung weitgehend bevormunden will. Vertreter vor allem westeuropäischer Länder hingegen sehen im Agieren des Landes eine ihnen fremde, ihrer Lebenswirklichkeit entrückte Welt, der sie mit Unverständnis begegnen. Dies findet dann oft Ausdruck in dem allgemeinen Vorwurf, die ungarische Politik würde den „europäischen Werten" nicht mehr entsprechen. Die Diskrepanz der Perspektiven macht es notwendig, sich ernsthaft mit dem „Phänomen Ungarn" zu befassen, um die Motivationslage und die Zielsetzungen seiner politischen Führung in einem komplexer werdenden Europa zu verstehen. So stellt sich die Frage, ob Ungarn mit seiner eigenwilligen Politik vielleicht nicht doch einen konstruktiven Beitrag zu einer sich in Wandel und Erneuerung begriffenen Europäischen Union leisten könnte.

Geschichte, Sprache und Mentalität der Ungarn

Für viele westeuropäische Beobachter sind die in ihren Augen überdimensionierte Erinnerungskultur, der von der Diktaturerfahrung ausgehende robuste Antikommunismus und der generelle Stellenwert von Geschichte im öffentlichen Leben Ungarns befremdlich. Aber auch in anderen Ländern Mittel- und Osteuropas ist der öffentliche und politische Diskurs geprägt von einem lebendigen Geschichtsbild, einer starken nationalen Identität und einer nicht wegzudenkenden Narration über die Rolle von Staat, Staatsvolk und Nation. Um Europa gemeinsam gestalten zu können, ist es daher unerlässlich, sich dieser aus den historischen Gegebenheiten folgenden Rahmenbedingungen anzunehmen und das Land und seine Bevölkerung in ihrem ganzen Spektrum zu durchdringen. Dabei spielen nicht nur die bloßen Fakten eine Rolle, sondern auch Einstellungen, Befindlichkeiten, Mentalitäten, Verhaltensweisen und immer wiederkehrende Handlungsmuster. Nur so kann Verständnis und Verständigung befördert werden. Gerade die Politik muss imstande sein, dieses gesellschaftliche Grundverständnis in ihrer täglichen Arbeit zu würdigen, zu beachten und es mit ihrem feingliedrigen System aus politischer Führung, Entscheidung und Kommunikation mit Maß und Mitte umsetzen. Für den ausländischen Betrachter ist es daher unerlässlich, diese Faktoren zu kennen, sie zu verstehen und von ihnen ausgehend das Land, seine Menschen und seine Politik zu beurteilen. Denn die unterschiedlichen historischen Erfahrungen, die andersgelagerten Diskussionen, die abweichende politische Kultur, eine andere Sprache, eine nicht immer leicht nachvollziehbare Kommunikation und die den westeuropäischen Beobachtern kaum vertraute „Volksseele" der Ungarn erschweren diesen Prozess.

Das Land der 10 Millionen Freiheitskämpfer

Einem bekannten ungarischen Politiker wird die Bemerkung zugeschrieben, es sei sehr schwer, Ungarn zu regieren, denn im Land gebe es 10 Millionen Freiheitskämpfer. Diese Umschreibung charakterisiert eine Grundeigenschaft der Ungarn, den ständigen Kampf und die Rebellion gegen häufige äußere Bedrohungen. Tief verwurzelt in der Geschichte des Landes lernten die Menschen, dass sie oftmals auf sich allein gestellt waren. Im Kommunismus schließlich galt es, die Obrigkeit zu überwinden, mit List und Geschick und den anderen ein Schnippchen zu schlagen. Vor diesem Hintergrund sind auch Aversionen und gelegentlich lautstark geäußerte Vorbehalte gegen „Entscheidungen von oben" oder „Entscheidungen von außen" zu verstehen. Dadurch ist auch erklärlich, warum Maßnahmen der EU zunächst einmal durch die Souveränitäts- und Freiheitskämpferbrille betrachtet werden und fast immer vermutet wird, dass die andere Seite eine List, einen Hintergedanken, ein übles Motiv verfolgt. Diese Attitüde ist eingeübt, denn das tagtägliche Leben der Ungarn ist ein Abwehrreflex gegen all das, was diese Freiheit bedrohen könnte: Eine lästige Abgabe, eine unangenehme Pflicht, eine als unsinnig empfundene Regel. Doch jenseits dieser kleinen Freiheitskämpfe gibt es eine Welt, für die die Ungarn einstehen. Eine äußere Bedrohung wird aufgrund der historischen Prägungen sofort erkannt und abgewehrt, ein Reflex, den viele in Europa vielleicht schon verloren haben. Die Ungarn zeichnet ein feines Gespür für die täglichen Veränderungen in der Welt aus. Sie haben durch ihre geschichtlichen Erfahrungen gelernt, immer vorzeitig die Gefahren zu erkennen und den richtigen Zeitpunkt für Abwehrmaßnahmen zu wählen.

Die ungarische Flüchtlingspolitik als Zankapfel zwischen Ost und West

Kaum ein Thema bestimmte den europäischen Diskurs im letzten Jahrzehnt so sehr wie die internationalen Flüchtlings- und Migrationsströme. Das gesteigerte Interesse am EU-Wahlkampf und die gestiegene Wahlbeteiligung deuten darauf hin, dass die Europäer zumindest zum Teil eine gemeinsame öffentliche Wahrnehmung und ein Stück weit auch eine gemeinsame Öffentlichkeit diesbezüglich entwickelt hatten. Dass ausgerechnet eine derart umstrittene Frage wie die Flüchtlings- und Migrationspolitik diesen Prozess befeuern würde, hätten sich selbst begeisterte Anhänger des europäischen Einigungsgedankens so wohl nicht vorstellen können. Noch Anfang 2015 hätten es politische Kommentatoren kaum für möglich gehalten, dass ausgerechnet der ungarische Ministerpräsident Viktor Orbán eine zentrale Rolle in diesen Diskursen einnehmen und dass er auf dem Höhepunkt der Flüchtlingskrise sogar zum „Gegenspieler" von Angela Merkel hochstilisiert werden würde.

Bestimmend für die Ausbildung der ungarischen Migrationspolitik waren neben den sich anbahnenden Ereignissen des Jahres 2015 auch viele andere, meist historisch tief verwurzelte Faktoren. Fremdherrschaft, Besetzung und Besatzung waren leidvoll wiederkehrende Erfahrungen der ungarischen Geschichte. Nach dem Mongoleneinfall und 150-jähriger osmanischer Besatzung war es das Haus Habsburg, das das Land befreite und im selben Moment sich einverleibte. Zuvor war das Land dreigeteilt, in der Mitte die Türken (im Budapester Villenviertel windet sich die „Türkenunheilstraße" bergauf, kaum einen Kilometer entfernt steht die von Viktor Orbán und Recep Tayyip Erdoğan im Oktober 2018 wiedereröffnete restaurierte Gül-Baba-Türbe, und für die geschichtsbewussten Ungarn ist dies überhaupt kein Widerspruch), im Nordwesten Habsburg, im Osten das autonome Fürstentum Siebenbürgen. Abgekoppelt von Europa, entwickelte sich in Siebenbürgen ein ganz besonderes Ungartum, in dem Calvinismus und Identitätsbildung prägend waren.[2] Das Unterpfand der ungarischen Staatlichkeit wie einen heiligen Gral gegen Eindringlinge und Übeltäter, gegen Fremde und Unbekannte, gegen absolute Monarchen und ausländische Reiche zu verteidigen, stand dabei im Mittelunkt: „Cum Deo pro Patria et Libertate" war das Motto der Siebenbürgischen Freiheitsbewegungen. Die Rolle der Reformation kann in diesem Zusammenhang nicht hoch genug eingeschätzt werden. Es ist daher auch keine Überraschung, dass die zahlenmäßig nur mittelgroße Reformierte Kirche Ungarns (mit etwa 20 Prozent der Gläubigen des Landes) in der Politik und im öffentlichen Leben bis hinein in die Regierungskreise auch heute noch eine so bedeutende Rolle spielt.[3] Im 20. Jahrhundert erfüllte sich nach dem Trauma der Erfahrungen mit der massenmörderischen Nazi-Ideologie und der Katastrophe des Zweiten Weltkrieges sowie nach der jahrzehntelang andauernden Willkürherrschaft des kommunistischen Regimes – abgesichert durch die „vorübergehend in Ungarn stationierte Rote Armee" – endlich der lang ersehnte ungarische Traum von Freiheit, nationaler Identität und Selbstbestimmung.

Vor dem Hintergrund dieser geschichtlichen Erfahrungen reagieren die Ungarn deswegen in ihrer eigenen Art auf die Herausforderungen der „modernen Völkerwanderung". Die Verteidigungsstrategie der politischen Führung in der Migrationsfrage stößt – über alle Parteigrenzen hinweg – im Land auf eine breite Zustimmung. Ein diesen Trend verstärkender Aspekt ist die Einschätzung vieler Ungarn, dass die Europäische Union mit ihrer

Hauptstadt Brüssel ein neues „Riesenreich" sei. Viele Ungarn können nicht akzeptieren, dass als Folge der Teilung der Souveränität auf europäischer Ebene letztlich die Brüsseler Bürokratie darüber entscheidet, mit wem die Landesbevölkerung zusammenleben solle. Die ungarische Regierung hat mehrfach betont, dass sie die nationale Migrationspolitik eines jeden EU-Mitgliedslandes akzeptiere. Ausgehend von den Einwanderungserfahrungen vor allem der westeuropäischen Länder hat die Regierungskoalition aber entschieden, eine eigene Migrationspolitik umzusetzen. Dies solle wiederum, so die ungarische Argumentation, ebenso von den anderen EU-Ländern akzeptiert werden.

Im Jahr 2015 erreichten nicht nur die deutsch-ungarischen, sondern auch die ungarisch-europäischen Beziehungen einen Tiefpunkt. Dabei hatte sich die politische Führung des Landes ungewollt als Gegenspielerin zur deutschen Willkommenskultur positioniert bzw. wurde dorthin gedrängt. Mit der Sicherung der Schengen-Außengrenze bewiesen die Ungarn, dass die sich aus dem staatlichen Souveränitätsbegriff klassischerweise ergebende Pflicht des Schutzes der Landesgrenzen erfüllbar war. Niemand in Ungarn antizipierte die gesellschaftliche und politische Dynamik, die zu einer „Willkommenskultur" in Deutschland im Spätsommer 2015 führte. Nach dieser Hochzeit der Flüchtlingsaufnahme fand die deutsche Regierung aber wieder zu einem auch für andere europäische Länder akzeptablen Lösungsansatz zurück – Flüchtlingsabkommen mit der Türkei, Flüchtlings-Obergrenze, „2015 darf sich nicht wiederholen" und dergleichen. Die Aufnahme und vor allem die Verteilung der Flüchtlinge und Migranten bleibt aber weiterhin eine schwierige Frage für Europa, auf die bisher noch keine allgemein akzeptierte Antwort gefunden werden konnte.

Recht haben und Recht bekommen sind zwei Paar Schuhe – dieses deutsche Sprichwort wird seit jener Zeit auch von den Ungarn verstanden. Denn andere Länder folgten der strikten Grenzschutzpolitik Ungarns und seiner rigiden Ablehnung illegaler Migration; dies wurde anscheinend nur anders kommuniziert. So betrieb der österreichische Bundeskanzler Sebastian Kurz schon als Außenminister konsequent die Schließung der Balkanroute, dennoch stand nicht er, sondern der ungarische Ministerpräsident Viktor Orbán im Mittelpunkt der massiven Angriffe der Befürworter von durchlässigen EU-Außengrenzen. Dieser Tatsache wurde sich die ungarische Regierung zunehmend bewusst. Sie nahm die ihr unterstellte Rolle an, verschärfte noch die Rhetorik und erklärte sich zum „Burgkapitän" der Feste Europa, zum Verteidiger Europas oder auch zum Garanten der jüdisch-christlichen Werteordnung. Als Folge der Migrationskrise verschärften sich die Polarisierung in Europa und vor allem der Gegensatz zwischen Ost und West. Im Mittelpunkt der Diskussion steht seitdem die These von Krastev/Holmes, dass das „Licht erloschen" sei.[4] Es scheint, dass die politische Strahlkraft des Westens erheblich nachgelassen hat und die Länder in Mittel- und Osteuropa sich stärker an eigenen Traditionen, am Glauben und an ihrer nationalen Identität orientieren.

Das gemeinsame Narrativ von Mittel- und Osteuropa

In ihrer Einstellung zu Geschichte, Kultur und Politik sind sich die Menschen in den Ländern Mittel- und Osteuropas sehr ähnlich – aber auch in ihrer Ablehnung der massiven Zuwanderung.[5] Sie wollen so leben, wie sie bisher gelebt haben und ihre Gesellschaften aus sich heraus entwickeln. Dabei akzeptieren sie die Gesellschaftsentwürfe der alten EU-Mitgliedsländer, fordern aber ihrerseits im europäischen Verbund mehr Respekt und Anerkennung für ihre Vorstellungen. Für viele wirkte es wie eine Änderung der europäischen Geschäftsgrundlage, als in der Europäischen Union im Herbst 2015 die verpflichtende Verteilung der Flüchtlinge mit qualifizierter Mehrheit beschlossen wurde. Es ist eine Binsenweisheit, dass sich die Europäische Union nach der großen Erweiterungsrunde im Jahr 2004 weiterentwickelt hat. Viele Mittel- und Osteuropäer fragen sich aber zunehmend, ob sie heute noch souverän und selbstbestimmend das Leben in ihrem Land gestalten können oder ob die Brüsseler Institutionen dies weitgehend übernommen haben. In Polen, Tschechien, Slowenien, Ungarn und der Slowakei stellte sich vor diesem Hintergrund zunehmend die Frage nach der Selbstachtung. Der Wunsch nach einer stärkeren Besinnung auf die eigenen Kräfte nahm stetig zu. Mit Befremden wird in diesen Ländern zur Kenntnis genommen, dass das Streben nach Selbstbestimmung in Europa keine Selbstverständlichkeit ist, denn niemand würde z.B. anzweifeln, dass die Deutschen über das Leben in Deutschland entscheiden müssten und nicht andere. Bei den „neuen" EU-Mitgliedsländern klingt immer noch der Ausspruch des französischen Präsidenten Chirac nach, jene Länder hätten „eine gute Gelegenheit verpasst, einfach mal den Mund zu halten". Hier Europa wieder zusammenzuführen, Vertrauen zu schaffen und „Politik auf Augenhöhe" zu gestalten wird ebenso eine eminente Herausforderung für die 2020er Jahre werden wie auch die richtige Balance zwischen Ost und West, Nord und Süd, Klein und Groß zu finden.

Die Pflöcke, die die Politik gerade in Ungarn einschlägt, stehen als markante Wegmarken bisweilen allein auf weiter Flur und treffen in Europa vielfach auf Entrüstung und Argwohn. Doch diese politischen Entscheidungen basieren überwiegend auf einfachen und grundsätzlichen Überzeugungen, die von einem Mehrheitswillen getragen werden: Nicht mehr, sondern weniger Zuwanderung. Nicht weniger, sondern mehr Kinder. Nicht Verbot von Einfamilienhäusern, sondern Unterstützung für das Eigenheim. Kein Wohlfahrtsstaat, sondern eine Gesellschaft, die auf Arbeit aufbaut. Nicht hohe, sondern niedrige Steuern. Nicht Umverteilung, sondern Investitionen in wachsenden Wohlstand. Nicht Ehe für alle, sondern Ehe von Mann und Frau. Viele dieser Zielsetzungen werden auch von den Bürgern anderer Länder der Region geteilt. Dass eine solche Politik im heutigen Europa vielfach auf Ablehnung stößt, liegt auch daran, dass diese Themen in vielen Ländern den Nerv der noch nicht abgeschlossenen Diskussion über die zukünftige gesellschaftliche Ausrichtung treffen.

Ungarn und Visegrád

Die am 15. Februar 1991 damals noch von drei Staaten gegründete Visegrád-Gruppe besteht heute aus den vier Ländern Polen, Ungarn, Tschechien und der Slowakei. Sie findet ihre historischen Vorläufer im Dreikönigsabkommen im gleichnamigen ungarischen Ort im Herbst 1335. Zu jener Zeit kamen die drei Könige aus Polen, Ungarn und Böhmen überein, ihre Handels- und Militärbeziehungen auszubauen und auch politisch gemeinsam vorzugehen. Die vor 30 Jahren wiederbelebte Gruppe verfolgte anfangs die Zielsetzung, sich gegenseitig auf dem Weg in die euroatlantischen Strukturen zu unterstützen. Nach der erfolgreichen Integration drohte das Projekt inhaltlich entleert zu werden. Doch es kam anders. Die massiven Umwälzungen des Jahres 2015 zeigten einmal mehr, wie wichtig es für die Länder Mittel- und Osteuropas ist, mit einer Stimme zu sprechen. Sie verbindet politisch eine gemeinsame Sprache – jenseits von Parteipolitik, denn seit Spätherbst 2015 tragen ihre Regierungen unterschiedliche parteipolitische Farben. Mit einer konsequenten Politik gerade in Sachen Migration und Bewahrung der christlichen Werte des Kontinents spielen sie eine immer größer werdende Rolle im vielstimmigen europäischen Konzert. Sie sind zum Machtfaktor geworden, nicht nur politisch, sondern auch wirtschaftlich.[6]

Die „V4" verstehen sich aktuell als dynamischste Region in Europa. Schon 2015 war ihr Handelsvolumen mit Deutschland um

50 Prozent höher als das von Deutschland mit Frankreich. 2019 stieg diese Kennziffer schon auf 70 Prozent. Sie lehnen staatliche Verschuldungspolitik ab und haben aus ihrer historischen Erfahrung gelernt, dass ganz im Sinne der „schwäbischen Hausfrau" Ausgaben immer auch Einnahmen entgegenstehen müssen.

Sie formulieren zunehmend selbstbewusster ihren Gestaltungsanspruch und hoffen, zusammen mit Deutschland zum Motor einer sich erneuernden Europäischen Union zu werden. Dabei liegen sie mit ihren Vorstellungen von Fiskal- und Klimapolitik, einer nachhaltigen, innovativen und leistungsbereiten Wirtschaft, schneller Digitalisierung sowie mit der Ausweitung militärischer Fähigkeit auch im europäischen Verbund auf einer Linie mit Deutschland. Die „V4" haben sich zu einer Region gemausert, die auf eigenen Beinen stehen kann und will und mutig einen Beitrag für Europa zu leisten imstande ist. „Einheit in der Vielfalt und Vielfalt in der Einheit: Das ist das Geheimnis Europas", erklärte Ministerpräsident Orbán im Februar 2021 anlässlich der Feiern zum 30. Jahrestag der Gründung des Bündnisses der Visegrád-Länder.[7] Er forderte starke Nationalstaaten mit politischen Entscheidungsträgern, die den Mut hätten, auch Unbequemes anzusprechen. Das Potenzial der „V4" zu erkennen und für die Zukunftsgestaltung des Kontinents stärker zu nutzen, bleibt eine der großen Herausforderungen der deutschen Europapolitik nach den Bundestagswahlen 2021.

Europa heute

Dieser Beitrag sollte nicht die feinen Verästelungen der ungarischen Europapolitik darlegen, er ist auch nicht bestrebt, einzelne EU-Fachpolitiken einer Kritik oder Würdigung zu unterziehen. Er will vielmehr eine Perspektive von Europa aufzeigen, die in Deutschland heute nur unzureichend bekannt ist. Ungarn hat seine Wurzeln und seinen lang angestammten Platz in Europa.

Dass dies von westlichen Kritikern immer wieder in Frage gestellt wird, schmerzt die Ungarn sehr. Die Richtungsentscheidung, das Land europäisch fest zu verankern, traf der Heilige Stephan für Ungarn vor mehr als tausend Jahren. Diese Entscheidung bleibt die Richtschnur der ungarischen Europapolitik. Die ungarische Regierung strebt weiterhin ein „Europa der Vaterländer" an, und die große Mehrheit der Ungarn will in der Europäischen Union bleiben. Sie wollen Demokratie, Rechtsstaat, Wohlstand und Sicherheit auf der Grundlage einer pluralistischen Werteordnung. Es sind vor allem die Zwischentöne, die den Unterschied in Europa ausmachen. Diese Unterschiede zu verkraften und zu respektieren, Meinungsunterschiede in einer offenen und kontroversen Debatte mutig und beherzt auszutragen und sich den drängenden Zukunftsfragen zu stellen – das sollte Europa in den 2020er Jahren kennzeichnen.

Anmerkungen

[1] Publicus: *A túlnyomó többség az EU tagság mellett – a Fidesz szavazók ötöde azonban kilépne az unióból* [Überwältigende Mehrheit für die EU-Mitgliedschaft – aber ein Fünftel der Fidesz-Wähler würde die EU verlassen], 22. März 2022, URL: https://publicus.hu/blog/a-tulnyomo-tobbseg-az-eu-tagsag-mellett-a-fidesz-szavazok-otode-azonban-kilepne-az-uniobol/ [Abruf am 31.10.2023].

[2] Wien, Ulrich A.: *Wirkungen des Calvinismus in Siebenbürgen im 16. und 17. Jahrhundert*, in: Dingel, Irene / Selderhuis, Herman J. (Hrsg.): Calvin und Calvinismus. Europäische Perspektiven, Göttingen 2023, S. 127-154.

[3] Antall, József: *The World Meeting of Hungarian Calvinists*, in: Jeszenszky, Géza (Hrsg.): József Antall, Prime Minister of Hungary. Selected Speeches and Interviews (1989-1993), Budapest 2015, S. 398-401.

[4] Krastev, Ivan / Holmes, Stephen: *Das Licht, das erlosch: Eine Abrechnung*, Berlin 2019.

[5] Gallup's Migrant Acceptance Index, veröffentlicht in: Esipova, Neli / Fleming, John / Ray, Julie: *New Index Shows Least-, Most-Accepting Countries for Migrants*, 23 August 2017, URL: https://news.gallup.com/poll/216377/new-index-shows-least-accepting-countries-migrants.aspx [Abruf am 31.10.2023].

[6] Bauerová, Helena: *Migration Policy of the V4 in the Context of Migration Crisis*, in: Politics in Central Europe 14.2 (2018), S. 99-120.

[7] Kroll, Frank-Lothar: *Identität und Differenz: Das Problem einer integralen europäischen Geschichte*, Berlin 2023.

Sachliche Kritik oder reine Parteipolitik?

Die EU-Kommission aktiviert den seit Anfang 2021 geltenden neuen Rechtsstaatlichkeits-Konditionalitätsmechanismus zum ersten Mal, und zwar gegen Ungarn. Dabei wird der Entzug von 7,5 Milliarden Euro an EU-Mitteln in Aussicht gestellt, sofern das Land keine Schritte gegen die von der EU-Kommission unterstellte angebliche Korruption unternimmt. Nicht nur in Ungarn, sondern auch in anderen Mitgliedsländern der Europäischen Union erscheinen die verästelten Mechanismen, Verfahren und Entschlüsse von EU-Gremien oftmals rätselhaft und wenig transparent. Daher ist es immer wieder wichtig, eine Differenzierung vorzunehmen, welches Organ welche Entscheidung trifft, inwiefern darauf reagiert werden kann und was die konkreten Rechtsfolgen und etwaige finanzielle Konsequenzen sind. Besonders im Falle von Ungarn ist eine Unterscheidung dringend erforderlich.

Defizitverfahren

Sollte in einem EU-Mitgliedsland das Budgetdefizit erwartungsgemäß mehr als 3 Prozent des Bruttoinlandsprodukts erreichen, ermahnt die Kommission das Land mittels einer sogenannten Frühwarnung („Blauer Brief"). Ist diese Marke konkret überschritten, befasst sich der Rat für Wirtschaft und Finanzen mit dieser

Frage und kann ein formales Verfahren einleiten. Sollte das Land sein Defizit nicht in den Griff bekommen, dann drohen Geldstrafen, die aber vom Ministerrat mit qualifizierter Mehrheit verhängt werden müssen. Viele südeuropäische Länder konnten von der Sonderregelung profitieren, nach der in einer schweren Wirtschaftskrise keine Sanktionen drohen.

Diese Schritte haben nach Kritikern insgesamt zu einer Aufweichung der Stabilitätskriterien geführt, viele Länder verstoßen dauerhaft gegen diese Vorgabe. Ungarn hingegen entwickelt sich gegen diesen Trend. Das seit den Anfangstagen der EU-Mitgliedschaft des Landes laufende Defizitverfahren konnte durch solides Haushalten und gute Wirtschaftspolitik bereits im Jahr 2013 formal beendet werden. Damals erkannte die EU-Kommission an, dass Ungarn erfolgreich das Defizit zurückgefahren hätte. Im Bereich soliden Haushaltens sind die Länder Mittel- und Osteuropas vorbildlich und kaum von den sparsamen skandinavischen oder nordeuropäischen Ländern zu unterscheiden.[1]

Vertragsverletzungsverfahren

Im Falle mangelnder Umsetzung von EU-Richtlinien in nationales Recht leitet die EU-Kommission sogenannte Vertragsverletzungsverfahren ein, beispielsweise bei der Pkw-Maut gegen Deutschland. Auch gegen Ungarn wurden zahlreiche Vertragsverletzungsverfahren auf den Weg gebracht. Zu Beginn des Jahres 2022 waren insgesamt 60 Verfahren gegen das Land anhängig. Diese betreffen vor allem technische Angelegenheiten und in der Öffentlichkeit kaum wahrnehmbare oder diskutierte Detailfragen. Zum Vergleich: Gegen Deutschland waren zum selben Zeitpunkt 68 solche Verfahren eröffnet. Das Intervall der Vertragsverletzungsverfahren bewegt sich von 31 (Dänemark) bis 106 (Spanien), wobei die Südeuropäer in der Spitzengruppe sind.

Ungarn bewegt sich im untersten Drittel und steht im Vergleich zu den anderen Staaten relativ gut da. Trotzdem herrscht in der breiten europäischen Öffentlichkeit der Eindruck vor, als hätte Ungarn immer wieder gegen EU-Auflagen verstoßen. Zur Wahrheit gehört indes, dass gerade aufgrund vieler vermeintlicher Verstöße und behaupteter Mängel die Entscheidungen der ungarischen Regierung besonders streng überwacht werden.

In fast allen gegen Ungarn gerichteten Vertragsverletzungsverfahren konnten sich Regierung und Kommission einigen. In den wenigen Fällen, in denen eine Einigung nicht möglich war, hielt sich Ungarn immer an die Entscheidungen des Gerichtshofes der Europäischen Union und setzte diese selbstverständlich um.[2]

Artikel 7-Verfahren

Das 1998 eingeführte Rechtsinstrument soll die Verletzung der EU-Werte ahnden und kann im Extremfall zum Stimmrechtsentzug des betreffenden Landes führen. Erstmals wurde seitens der Kommission das Artikel 7-Verfahren gegen Polen eingeleitet. Dem Land wurde zum Vorwurf gemacht, das Justizsystem umgestaltet zu haben. Auch gegen Ungarn kam es zur Eröffnung eines Artikel 7-Verfahrens, nämlich durch die Annahme des sogenannten Sargentini-Berichts im Europäischen Parlament im September 2018. Die damalige Beschlussfassung listete eine Reihe angeblicher Mängel in Demokratie, Justizwesen, Medienfreiheit, Wissenschaftsfreiheit, Religionsfreiheit und in vielen weiteren Bereichen in Ungarn auf.[3]

Rechtsexperten weisen allerdings immer wieder darauf hin, dass Artikel 7-Verfahren des Parlaments eindeutig einen starken parteipolitischen Gehalt haben, weitaus mehr als Entscheidungen der Kommission, die als Sachwalterin und Hüterin der Verträge auf Grund von rechtlichen, fachlichen und sachlichen

Gesichtspunkten entscheidet. In der Tat ist die lange Liste eine fast lückenlose Ansammlung im Wesentlichen aller Bereiche, in denen es seit dem Amtsantritt der konservativen Regierung von Viktor Orbán Reformen gegeben hatte. Der Bericht differenziert aber gar nicht danach, ob die zuvor teilweise von der Kommission beanstandeten Maßnahmen nicht in etwa korrigiert wurden, was bei den meisten zutraf. Aus diesem Grund witterten Kritiker dieses Beschlusses eine rein parteipolitisch bedingte Vergeltungsaktion gegen Ungarn.

Weitere Beschlüsse des Europäischen Parlaments

In diese Kerbe schlugen viele politische Beobachter, die in den diversen Stellungnahmen gegen Ungarn wie dem Tavares-Bericht 2013,[4] dem Sargentini-Bericht 2018[5] oder dem Delbos-Corfield-Bericht 2022[6] ein nach demselben Schema angelegtes politisches Unterfangen sahen, das von den links-grünen-liberalen politischen Formationen ausging und die ungarische Regierung wegen ihrer konservativen Politik angriff. In der Tat sind die Wegmarken der Ungarn ein Gegenentwurf zur grünen, linken oder gar zur Identitätspolitik, die in vielen Ländern um sich greift. Viele Maßnahmen unterliegen tatsächlich einer anderen politischen Beurteilung, wenn man Konservative oder beispielsweise Grüne und Linke befragt.

Problematisch wird es, wenn Dogmen der linken und grünen Identitätspolitik zu angeblichen Werten der EU verklärt werden und Aktionen gegen Länder gestartet werden, die diesem Trend aus eigener Überzeugung nicht folgen. Das Europäische Parlament ist in den letzten Jahren zu einem Forum parteipolitischer europäischer Auseinandersetzungen geworden, in denen auch einzelne Politikfelder von Mitgliedsländern Gegenstand der Debatten werden.[7]

Ungarn und die Wiederaufbaufonds

Zur Milderung der wirtschaftlichen Folgen des Coronavirus beschloss der Europäische Rat Ende 2020 eine Reihe an Maßnahmen mit verschiedenen Finanzinstrumenten und mehreren Wiederaufbaufonds, in deren Mittelpunkt die sogenannte Aufbau- und Resilienzfazilität mit etwa knapp 700 Milliarden Euro steht. Nach den Verteilungsplänen sollten Ungarn aus diesem Finanztopf etwa sieben Milliarden Euro zustehen, also etwa eine Milliarde pro Jahr im Finanzzeitraum von 2021 bis 2027.

Jedoch wurde der Wiederaufbauplan von Ungarn von der Europäischen Kommission bis dato nicht akzeptiert. Viele Kritiker sind der Meinung, dass das ungarische Kinderschutzgesetz vom Juni 2021[8] ein Dorn in den Augen der EU-Administration gewesen sein könnte.

Insbesondere sollen nach Meinung der EU-Kommission Verbesserungen im System der öffentlichen Ausschreibungen erfolgen und bei Gesetzesvorhaben breitere gesellschaftliche Konsultationsmechanismen greifen. Bei Korruptionsentscheidungen der Staatsanwaltschaft sollte der Rechtsweg offenstehen. Hierbei ist sich die ungarische Regierung sicher, eine Einigung erzielen zu können, so dass auch hier dem Mittelabruf nichts mehr im Wege stehen sollte. Davon zu unterscheiden ist allerdings die Anwendung des sogenannten Rechtsstaatlichkeits-Konditionalitätsmechanismus.

Konditionalitätsmechanismus

Unmittelbar nach dem Sieg des konservativen Parteienbündnisses aus Fidesz und KDNP am 3. April 2022 gab EU-Kommissionspräsidentin Ursula von der Leyen in Brüssel bekannt, den Konditionalitätsmechanismus gegen Ungarn zur Anwendung bringen zu wollen. Der Mechanismus sieht die Streichung von EU-Mitteln vor, wenn einem Mitgliedsland schwerwiegende Versäumnisse im Umgang mit EU-Geldern nachgewiesen werden konnten. Durch systematische oder einzelne Verstöße gegen die Grundsätze der Rechtsstaatlichkeit sei die wirtschaftliche Führung der Europäischen Union gefährdet, so die Voraussetzung. Im Falle von Ungarn sah die Kommission dies als gegeben an. Im Mittelpunkt der Auseinandersetzungen steht das öffentliche Vergabewesen. Damit kann die Kommission die Auszahlung des Ungarn regulär zustehenden Geldbetrages aus dem ordentlichen Haushalt des Finanzrahmens 2021-2027 blockieren.[9]

Maßnahmen von Ungarn

Anfang September 2022 beschloss die ungarische Regierung, die Einrichtung einer unabhängigen Korruptionsbekämpfungsbehörde voranzutreiben und diese bis Mitte November einzurichten. Außerdem soll eine Task Force zur Korruptionsbekämpfung ins Leben gerufen werden. Diese soll paritätisch mit staatlichen und nichtstaatlichen Akteuren besetzt sein. Ebenso soll eine Kontrollbehörde zur Überprüfung des öffentlichen Vergabewesens gegründet werden. In der vielzitierten Debatte um den Beitritt Ungarns in das Geltungsgebiet der Europäischen Staatsanwaltschaft (EPPO) ist Ungarn der Auffassung, dass sich nicht alle Mitgliedsstaaten an dieser Einrichtung beteiligen müssten, schließlich seien ihr ja vier weitere Länder – Dänemark, Irland, Polen, Schweden – nicht beigetreten. Es gehe hier auch um die Frage der nationalen Souveränität. Nach Auskunft des ungarischen Generalstaatsanwalts leitet die ungarische Staatsanwaltschaft in allen von der europäischen Antikorruptionsbehörde OLAF empfohlenen Fällen ein formales Verfahren ein.

Als erstes konkretes Gesetzesvorhaben wurde schnell, schon am 19. September 2022, die Drucksache Nr. T/1202 im Parlament eingebracht.[10] Deren Inhalt ist eine Reihe von Einzelregelungen, um die Bedenken der EU-Kommission zu zerstreuen. Beispielsweise sollen die staatlichen Finanzbehörden offiziell Amtshilfe für OLAF leisten können. Ferner sollen Mitglieder der Kuratorien von öffentliche Aufgaben erfüllenden Stiftungen bei Unvereinbarkeitsfällen an der Entscheidungsfindung nicht teilnehmen. Außerdem werden einzelne Bestimmungen des Gesetzes über die öffentliche Vergabe geändert.

Justizministerin Judit Varga zeigte sich zuversichtlich, auf alle Kritikpunkte der EU-Kommission im Zusammenhang mit dem Rechtsstaatlichkeits-Konditionalitätsmechanismus einzugehen und diesen offensiv und schnell zu begegnen. Sie verhandelte diese Punkte mehrfach in Brüssel und gab an, dass das angestrebte Maßnahmenbündel von der Kommission akzeptiert werde. Außerdem verwies sie darauf, dass Ungarn noch nie EU-Gelder verloren hätte. Es ist in der Tat zutreffend, dass in der Vergangenheit konkret formulierte sachliche Bedenken seitens der Kommission von den ungarischen Entscheidungsträgern stets zur Zufriedenheit aller Beteiligten zerstreut wurden.

Fazit

Wie in der Vergangenheit, so ist auch jetzt davon auszugehen, dass die sachlich formulierten Anliegen der Europäischen Kommission bei den ungarischen Regierungsverantwortlichen auf fruchtbaren Boden fallen und abgearbeitet werden. Diese haben immer wieder hervorgehoben, auf konkrete fachliche Beanstandungen positiv zu reagieren, wie auch bereits bei früheren Einwänden. Schließlich geht es um den europäischen Rechtsrahmen, zu dem sich auch Ungarn eindeutig bekennt.

Anders hingegen verhält es sich bei politisch motivierten Angriffen seitens einer gegnerischen Mehrheit im Europäischen

Parlament. Diese werden in Ungarn kaum ernstgenommen und motivieren die Ungarn vielmehr, sich in ihrer Politik nicht beirren zu lassen. Ungarn zeigt nämlich aller Welt, dass eine dezidiert konservative Politik Erfolg haben kann. Die Angriffe gegen diese Politik werden als Bedrohung der nationalen Souveränität aufgefasst, die den freiheitsliebenden Ungarn aufgrund ihrer historischen Erfahrungen sehr wichtig ist.

Anmerkungen

1 Spengler, Frank: *EU-Defizitverfahren gegenüber Ungarn beendet*, in: KAS Ungarn Länderbericht, Juni 2013, URL: https://www.kas.de/documents/252038/253252/7_dokument_dok_pdf_34811_1.pdf/49120530-9c79-6fa7-65e5-2d73738cb20f?version=1.0&t=1539662760614 [Abruf am 31.10.2023].

2 Europäische Kommission: *Entscheidungen zu Vertragsverletzungen*, Datenbank, URL: https://ec.europa.eu/atwork/applying-eu-law/infringements-proceedings/infringement_decisions/?lang_code=EN&r_dossier=&noncom=0&decision_date_from=&decision_date_to=&active_only=0&DG=TAXU&title=&submit=Search [Abruf am 31.10.2023]. / Europäische Kommission: *Vertragsverletzungsverfahren nach Ländern*, Datenbank, URL: https://taxation-customs.ec.europa.eu/infringement-cases-country_de [Abruf am 31.10.2023].

3 Europäisches Parlament: *Bericht – A8-0250/2018 (BERICHT über einen Vorschlag, mit dem der Rat aufgefordert wird, im Einklang mit Artikel 7 Absatz 1 des Vertrags über die Europäische Union festzustellen, dass die eindeutige Gefahr einer schwerwiegenden Verletzung der Grundwerte der Europäischen Union durch Ungarn besteht (2017/2131(INL)))*, 4. Juli 2018, URL: https://www.europarl.europa.eu/doceo/document/A-8-2018-0250_DE.html [Abruf am 31.10.2023].

4 Europäisches Parlament: *Bericht – A7-0229/2013 (BERICHT über die Lage der Grundrechte: Standards und Praktiken in Ungarn (gemäß der Entschließung des Europäischen Parlaments vom 16. Februar 2012) (2012/2130(INI)))*, 24. Juni 2013, URL: https://www.europarl.europa.eu/doceo/document/A-7-2013-0229_DE.html [Abruf am 31.10.2023].

5 EP 2018.

6 Europäisches Parlament: *Bericht – A9-0217/2022 (ZWISCHENBERICHT über den Vorschlag für einen Beschluss des Rates gemäß Artikel 7 Absatz 1 des Vertrags über die Europäische Union zur Feststellung der eindeutigen Gefahr einer schwerwiegenden Verletzung der Werte, auf die sich die Union gründet, durch Ungarn (C9-0000/2022 – 2018/0902R(NLE)))*, 25. Juli 2022, URL: https://www.europarl.europa.eu/doceo/document/A-9-2022-0217_DE.html [Abruf am 31.10.2023].

7 Hartlapp, Miriam / Lorenz, Yann: *Die Europäische Kommission – ein (partei)politischer Akteur?*, in: Leviathan 43.1 (2015), S.64-87. /

Treib, Oliver: *Die Umsetzung von EU-Richtlinien im Zeichen der Parteipolitik: Eine akteurszentrierte Antwort auf die Misfit-These*, in: Politische Vierteljahresschrift 44.4 (12/2003), S. 506-528.

[8] *2021. évi LXXIX. törvény a pedofil bűnelkövetőkkel szembeni szigorúbb fellépésről, valamint a gyermekek védelme érdekében egyes törvények módosításáról* [Gesetz LXXIX aus dem Jahre 2021 über ein härteres Vorgehen gegen pädophile Straftäter und zur Änderung bestimmter Gesetze zum Schutz von Kindern], URL: https://mkogy.jogtar.hu/jogszabaly?docid=A2100079.TV [Abruf am 31.10.2023].

[9] Schlegl, Kristóf: *Ungarn und der Wiederaufbaufonds der Europäischen Union* (Faktenwissen Ungarn Nr. 2022/05), URL: https://magyarnemetintezet.hu/de/faktenwissen-ungarn/faktenwissen-ungarn-ungarn-und-der-wiederaufbaufonds-der-europaischen-union [Abruf am 31.10.2023]. / Europäischer Rat: *Konditionalitätsmechanismus für die Rechtsstaatlichkeit: Rat beschließt Aussetzung von 6,3 Mrd. € aufgrund mangelnder Abhilfemaßnahmen Ungarns*, 12. Dezember 2022, URL: https://www.consilium.europa.eu/de/press/press-releases/2022/12/12/rule-of-law-conditionality-mechanism/ [Abruf am 31.10.2023].

[10] Országgyűlés [Nationalversammlung]: *Drucksache T/1202. Az Európai Bizottsággal való megegyezés érdekében egyes törvények módosításáról* [Änderungen bestimmter Gesetze, um eine Einigung mit der Europäischen Kommission zu erzielen], 19. September 2022, URL: https://www.parlament.hu/irom42/01202/01202.pdf [Abruf am 31.10.2023].

Europa ohne Grenzen

Mit der Öffnung der Grenze zu Österreich am 2. Mai 1989 bewies das spätkommunistische Ungarn Mut und Menschlichkeit. Die durch diese Entscheidung ausgelöste internationale Kettenreaktion beförderte letztlich die deutsche und die europäische Einheit. Auch die deutsch-ungarischen Beziehungen wurden durch dieses wichtige Ereignis des Wendejahres 1989 aufgewertet.

Der offiziellen Öffnung der Grenze Ungarns zu Österreich am 11. September 1989 gingen eine Reihe von diplomatischen und politischen Ereignissen voraus, allen voran der Abbau der Grenzbefestigungsanlagen ab dem 2. Mai 1989 sowie der Grenzdurchbruch im Rahmen des Paneuropäischen Picknicks am 19. August 1989.

Der Kampf um die Jahrestage

Noch in den Nachwendejahren wurde der 27. Juni 1989 als ein prägendes historisches Datum wahrgenommen und nicht nur von offiziellen Stellen entsprechend ausgiebig gefeiert. An diesem Tag durchschnitten die Außenminister von Österreich und Ungarn, Alois Mock und Gyula Horn, den Grenzzaun zwischen ihren Ländern und damit symbolisch ein Stück des „Eisernen Vorhangs". Die Bilder der beiden Politiker, die offensichtlich mit der großen Drahtschere in ihren Händen eher schlecht als recht zurechtkamen, wurden international mannigfach verbreitet und prägten sich schnell und nachhaltig in den Köpfen der Menschen ein. Das Bild war das Bild der ungarischen Grenzöffnung schlechthin, auf das alle gewartet hatten. Dabei wussten viele nicht, dass an der Stelle, an der die beiden Politiker aufeinandertrafen, gar keine Grenzbefestigungsanlage mehr bestand, dass sie vielmehr eigens für diese Aktion wieder aufgebaut worden war.

Tatsächlich hatte Ungarn bereits am 2. Mai 1989 damit begonnen, die Grenzanlagen zu demontieren, und noch am gleichen Tag hatten Angehörige der Grenztruppen an den beiden Standorten Hegyeshalom (Straß-Sommerein) und Sopron (Ödenburg) vor internationaler Presse dies offiziell bekannt gegeben. Insofern existierte im Juni 1989 zwar noch an vielen Grenzabschnitten der berühmt-berüchtigte „Eiserne Vorhang", doch just am Ort des Aufeinandertreffens von Mock und Horn in der Nähe von Sopron gab es ihn seit dem 2. Mai nicht mehr.

Noch Jahre nach dem Ereignis kursierten in Ungarn verschiedene Interpretationen der Ereignisse des 27. Juni 1989. Im Gegensatz zu vielen anderen, schwerer zugänglichen Abschnitten, ist die von den Außenministern begangene Stelle leicht mit dem Pkw erreichbar. Heute wissen wir, dass schon am 2. Mai 1989 aus genau diesem Grund Vertreter der internationalen Presse an denselben Ort gebracht worden waren, um über den Abbau zu berichten.

Der inszenierte Durchschnitt des Maschendrahtzauns am 27. Juni war eine österreichisch-ungarische Aktion von großer PR-Bedeutung, und in der Tat sollte die Wirkung medial verbreiteter Bilder und Botschaften nicht verkannt werden. Für die eigentliche historische Entwicklung waren jedoch die Ereignisse des 2. Mai 1989 bzw. das Paneuropäische Picknick am 19. August 1989 viel bedeutsamer. Diese Einsicht setzte sich jedoch erst gegen Ende der 1990er Jahre durch. Sehr oft geht nämlich in Ostmitteleuropa mit der Besetzung historischer Daten und Fakten auch das Streben nach der Deutungshoheit über ein historisches Ereignis einher. Von daher stehen die verschiedenen Jahrestage auch für eine unterschiedliche Geschichtsinterpretation.

Für Politik und Öffentlichkeit in Österreich und Ungarn sowie für die auch in Deutschland nicht wenigen Bewunderer von Gyula Horn war er die entscheidende Person der Ereignisse des Jahres 1989. In Wirklichkeit waren die Dinge komplexer, und einen einzigen „Helden" gab es nicht. Auch ist es wichtig zu wissen, dass Horn erst am 10. Mai 1989 zum Außenminister ernannt worden war, also zu einem Zeitpunkt, als der Beschluss zum Abbau der Grenzanlagen schon lange feststand und zudem durch das Innen- und nicht das Außenministerium implementiert worden war.[1]

Die Vorgeschichte

In den Jahren nach dem gescheiterten Ungarnaufstand von 1956 suchte die kommunistische Staats- und Parteiführung Ungarns die Gunst der Bevölkerung mit kleinen Freiheiten und einem im Vergleich mit den übrigen Ostblockstaaten höheren Lebensstandard zu erkaufen. Nach wie vor allerdings existierte in Ungarn ein Einparteiensystem mit Zensur, Unterdrückung und eingeschränkten Menschenrechten. Insbesondere aber für viele Bürger der DDR galt Ungarn als verlockendes Reiseland und die touristischen, kulinarischen und kulturellen Angebote rund um den Plattensee (Balaton) wurden von Ost- und Westdeutschen gleichermaßen goutiert. Der See war damit ein beliebter Treffpunkt für Deutsche von Hüben und Drüben. Die vermeintliche romantische Ungarn-Idylle machte sich die Stasi zunutze, die am Balaton und in Budapest ein dichtes Netz von Aktivitäten zur Beobachtung der eigenen Staatsbürger entfaltete und eine mögliche „Republikflucht" der Urlauber aufzuspüren versuchte. In der Tat liegt die Vermutung nahe, dass der Anblick von westdeutschen Autos, Banknoten und Konsumgütern in nicht wenigen DDR-Bürgern Fluchtgedanken aufkommen ließ. Die Mehrheit der Urlauber kehrte jedoch am Ende der Ferienzeit jedes Jahr wieder zurück in den real existierenden Sozialismus der DDR.[2]

Für die Ungarn hingegen war der Preis ihres etwas höheren Lebensstandards eine schleichende Staatsverschuldung, die seit Mitte der 1980er Jahre immer mehr anstieg und das Land an den Rand eines finanziellen Bankrotts brachte. In dieser Situation erwies sich der im November 1988 frisch ins Amt gewählte und mit 40 Jahren erstaunlich junge Ministerpräsident Miklós Németh als Pragmatiker, der mehr war als nur ein Reformkommunist. Németh glaubte spätestens seit 1984 nicht mehr an die Möglichkeit einer Reform des Sozialismus, sondern orientierte sich an einem möglichen Systemwechsel und wollte marktwirtschaftliche Reformen durchsetzen. Damit gehörte er innerhalb der führenden Ungarischen Sozialistischen Arbeiterpartei zu einer Minderheit, die sich gegenüber dem orthodoxen kommunistischen Kurs der Mehrheit durchsetzen musste. Bezüglich der Grenzanlagen setzte Németh allerdings eine Kette von Ereignissen in Gang, deren Ende er selbst nicht hatte erahnen können. Nach Durchsicht des Budgetentwurfs für das Jahr 1989 entdeckte der Ministerpräsident nämlich einen mit einem Code versehenen, finanziell recht hoch dotierten Posten, dessen Bedeutung erst auf Nachfrage eruiert werden konnte: Es ging dabei um die Erneuerung der Grenzbefestigungsanlagen.[3]

Der Abbau der Grenzbefestigungsanlagen ab dem 2. Mai 1989

Die hohen Kosten für die ungarischen Grenzbefestigungsanlagen wurden unter anderem durch deren besondere technische Beschaffenheit verursacht. Ende der 1960er Jahre war die mehr als 200 Kilometer lange Grenze gen Westen mit einer Signalanlage des

Typs SZ-100 ausgestattet worden, die bis zu zwei Kilometer vor dem eigentlichen Grenzverlauf stand. Diese damals in Flüchtlingskreisen wohl kaum bekannte Vorrichtung sorgte übrigens für nicht wenige dramatische Fluchtszenen, bei denen sich die Menschen schon in Österreich und damit in Sicherheit glaubten, aber doch noch von ungarischen Grenztruppen aufgegriffen wurden. Seit den 1960er Jahren bis 1989 wurden die Grenzverletzer an die DDR-Behörden überstellt. Erst im Spätsommer 1989 ging Ungarn dazu über, die Flüchtlinge aus der DDR nach einer Verwarnung laufen zu lassen – ebenso übrigens wie die rumänischen Staatsangehörigen, von denen viele ethnische Ungarn waren. Diese Ungleichbehandlung war auch Thema für Németh; er gab zu bedenken, dass diese Praxis von der immer selbstbewusster werdenden Bürgergesellschaft zu Recht kritisiert werden könnte. Staatsminister Imre Pozsgay hatte bereits im Herbst 1988 bei seinem Besuch in Győr (Raab) erklärt, dass die Grenzsperre nicht nur technisch, sondern auch politisch und moralisch überholt sei.

Die veraltete Signalanlage löste ständig Fehlalarme aus, woraufhin die Grenzsoldaten aufwändig anrücken mussten. In der Mehrzahl der Fälle verirrte sich jedoch lediglich ein Vogel oder ein Feldhase in den weitreichenden Signalanlagen. Die damaligen Berichte der Grenzkommandatur gehen von einer Zahl von jährlich bis zu 4.000 Falschmeldungen aus. Für Németh war klar, dass von den drei möglichen Varianten – Überholung der Anlage, Ersetzung durch ein modernes System oder völliger Abbau – die dritte Option in Frage kam. Dies war nicht nur die kostengünstigste Lösung, auch politische Gründe sprachen gegen den Weiterbetrieb der technischen Grenzsperren. Zunächst hatten die Ungarn bereits ab dem 1. Januar 1988 die Möglichkeit, einen sogenannten Weltpass zu beantragen. Damit konnten die Staatsbürger des immer noch kommunistischen Ungarn frei in jedes Land der Welt reisen, was im Ostblock als unerhörte Neuerung galt. Infolgedessen sank der Anteil der Ungarn bei den illegalen Grenzübertritten kontinuierlich: Im Jahr 1988 wurden diese zu über 98 Prozent von Ausländern vollzogen, die überwiegend aus den sozialistischen „Bruderländern" stammten (meist rumänische oder DDR-Staatsangehörige). Überdies ließen auch der zunehmende Tourismus und die allgemeine Öffnung des Landes die Signalanlage als Anachronismus erscheinen.

Der streng geheime Abbau der Anlagen begann dann bereits am 18. April 1989. Die Grenztruppen wurden sorgfältig über die vorgesehenen Arbeiten informiert und erhielten Anweisungen hierzu. Zum Teil konnten sie an abgelegenen Abschnitten an der Dreiergrenze zu Österreich und zur Tschechoslowakei das Demontieren üben, sogar Schulungsvideos soll es gegeben haben. Die völlig überraschende Verkündung des Abbaus der Grenzbefestigungsanlagen wurde in überhastet einberufenen internationalen Pressekonferenzen in den frühen Morgenstunden des verregneten 2. Mai, einem Dienstag, in Hegyeshalom (Straß-Sommerein) und Sopron (Ödenburg) vorgenommen. Erst am Vorabend waren die internationalen Korrespondenten hierzu geladen worden. Den DDR-Bürgern, die in der Lage waren, Westfernsehen zu empfangen, wurde somit schnell klar, dass sich in Ungarn große Ereignisse ankündigten. Die Zahl der Reisegesuche nach Ungarn schnellte daraufhin in die Höhe.

Heute wissen wir, dass das Politbüro in der Sitzung vom 28. Februar 1989 den Abbau der Grenzanlagen zwar nicht formal beschlossen hat, doch dass bezüglich der Maßnahme Einvernehmen herrschte, da sich niemand dagegen aussprach. Einige fürchteten aber die antizipierten Reaktionen der DDR-Führung. Miklós Németh informierte den Generalsekretär der KPdSU, Michail Gorbatschow, anlässlich seines Antrittsbesuchs am 3. März in Moskau von dem geplanten Vorhaben. „Das ist eure Verantwortung", soll Gorbatschow den überlieferten Protokollberichten zufol-

ge lapidar geantwortet haben. Die von Németh mit Nachdruck vor-
gebrache Sorge um die Reaktion der DDR wischte Gorbatschow
offenbar ganz bewusst vom Tisch: „Ich weiß gar nicht, was ich
sagen soll." Nach Lesart einiger Historiker passt diese Einstellung
zur Politik des Staats- und Parteichefs, die darauf hinauslief, den
Dingen ihren Lauf zu lassen und abzuwarten. Das gleiche Muster wiederholte sich nach dem Paneuropäischen Picknick und der
endgültigen Grenzöffnung am 10. September 1989. Interessanter-
weise wurde die Staatsführung der DDR nicht im Vorfeld, sondern
erst durch die Medien informiert. Aufgrund der Zusicherung der
Ungarn, die Grenze weiterhin zu bewachen, wurde der Abbau der
Grenzanlagen jedoch fälschlicherweise nur als „grenzkosmetische"
Maßnahme aufgefasst – ein folgenschwerer Irrtum.[4]

Das Paneuropäische Picknick und die Grenzöffnung

Die Sommermonate bescherten Ungarn stets eine große Zahl
von DDR-Touristen, doch im Jahr 1989 war alles anders als sonst:
Die Ostdeutschen wollten nicht in die DDR zurückkehren, sondern harrten in Ungarn aus. Beflügelt durch die Nachrichten über
den Abbau der Grenze und über den pro-westlichen Reformkurs
der ungarischen Machthaber, hofften sie auf ihre Chance. Bis zur
Grenzöffnung im September wurden an der Westgrenze Ungarns
7.200 Personen aus der DDR aufgegriffen, 6.200 gelang die Flucht.
Am 13. August 1989, dem 28. Jahrestag des Mauerbaus, musste
die Botschaft der Bundesrepublik Deutschland in Budapest wegen
Überfüllung durch Flüchtlinge aus der DDR geschlossen werden.
Die Vorsitzende des ungarischen Malteser-Caritas-Dienstes Csilla
Freifrau von Boeselager organisierte daraufhin selbstlos mit dem
Pfarrer der katholischen Gemeinde „Zur Heiligen Familie" Imre
Kozma eine provisorische Aufnahme und Versorgung der Men-
schen aus der DDR in Zugliget und in Csillebérc.

Inoffizielle Schätzungen gehen davon aus, dass sich über den ganzen Sommer 1989 hinweg bis zu 200.000 Ostdeutsche in Ungarn aufhielten. Die Kunde vom Paneuropäischen Picknick am 19. August 1989 an der österreichisch-ungarischen Grenze in der Nähe Soprons fand auf eine mysteriöse Weise ihren Weg zu den in Ungarn weilenden Menschen aus der DDR. Der Grenzdurchbruch, der dort erfolgte, ist vielfach, auch mittels Konferenzen und Publikationen der Konrad-Adenauer-Stiftung, gewürdigt und von der Nachwelt als der entscheidende Katalysator der Wende interpretiert worden. Die Flucht von etwa 700 Menschen an diesem Tag über die ungarisch-österreichische Grenze brachte das DDR-System an den Rand des Zusammenbruchs, und die Kraft der Bürgergesellschaft zeigte Ungarn als hoffnungsvollen und menschlichen Ort. Schließlich ließ auch der Tod von Kurt-Werner Schulz an der Grenze zu Österreich zwei Tage später in der ungarischen Führung die Einsicht reifen, dass die Grenze letztlich für Flüchtlinge aus der DDR dauerhaft geöffnet werden müsse.

Die offizielle Grenzöffnung erfolgte dann in der Nacht vom 10. auf den 11. September 1989. Tausende jubelnder DDR-Bürger reisten gen Westen, in die Bundesrepublik Deutschland – und die DDR war ihrem Ende ein gutes Stück nähergekommen. Noch heute mahnt eine Gedenkplakette an der Nordseite des Berliner Reichstagsgebäudes an diese historische Entscheidung.[5]

Anmerkungen

1 Tóth, Imre: *Menekültkérdés és határnyitás. A magyar és a német diplomáciai szolgálatok szerepe az 1989-es menekültválság megoldásában* [Flüchtlinge und Grenzöffnung. Die Rolle der ungarischen und deutschen diplomatischen Dienste bei der Lösung der Flüchtlingskrise von 1989], in: Múltunk 4 (2009), S. 4-38. / Nagy, László: *Das Paneuropäische Picknick und die Grenzöffnung am 11. September 1989*, in: Stiftung Paneuropäisches Picknick '89, URL: https://www.paneuropaipiknik.hu/uploads/document/10/tort-hatter-de-5ce50689d5742.pdf [Abruf am 31.10.2023].

2 Richers, Julia: *Die Ambivalenz der sechziger Jahre: Ungarn zwischen Repressionen und „Gulaschkommunismus"*, in: Boškovska, Nada / Strobel, Angelika / Ursprung, Daniel (Hrsg.): „Entwickelter Sozialismus" in Osteuropa. Arbeit, Konsum und Öffentlichkeit, Berlin 2016, S. 237-265.

3 Oplatka, Andreas: *Der erste Riss in der Mauer September 1989 – Ungarn öffnet die Grenze*, München 2009.

4 Ehrhart, Christof: *Transformation in Ungarn und der DDR. Eine vergleichende Analyse*, Wiesbaden 1998. / Slachta, Krisztina / Orgoványi, István / Tóth, Imre: *Vom Ausbau bis zum Abbau. Die Geschichte des Eisernen Vorhangs in Ungarn*, in: Zeitschrift des Forschungsverbundes SED-Staat: ZdF 45 (2020), S. 56-67. / Tóth, Imre: *Historischer Hintergrund*, in: Stiftung Paneuropäisches Picknick '89, URL: https://www.paneuropaipiknik.hu/de/geschichte [Abruf am 31.10.2023].

5 Nagy, László: *Das Paneuropäische Picknick und die Grenzöffnung am 11. September 1989*, in: Stiftung Paneuropäisches Picknick '89, URL: https://www.paneuropaipiknik.hu/uploads/document/10/tort-hatter-de-5ce50689d5742.pdf [Abruf am 31.10.2023]. / Karner, Stefan / Lesiak, Philipp (Hrsg.): *Der erste Stein aus der Berliner Mauer. Das Paneuropäische Picknick 1989*, Graz 2019.

Verzeichnis der ursprünglichen Druckorte

I. Nation und Geschichte

Ungarns Freiheitsdrang. Zuerst in: Budapester Zeitung,
9. Juli 2022: *Der Freiheitsdrang der Ungarn. Essay über den
Individualismus und Freiheitsbegriff im ungarischen Denken.*

So fremd und doch so vertraut. Bisher unveröffentlicht.

Ungarn – Tradition und Erneuerung. Zuerst in: Budapester
Zeitung, 5. Juli 2023: *Individualisten und Freiheitskämpfer.
Ungarn zwischen Tradition, Schisma und Erneuerung.*

Papst Franziskus in Ungarn. Zuerst in: Tichys Einblick, 1. Mai
2023: *Eine neue Friedensallianz? Papst Franziskus in Ungarn.*

II. Ungarische Positionen

Ungarns Selbstbehauptung. Zuerst in: Budapester Zeitung,
12. November 2022: *Die Selbstbehauptung Ungarns.*

Die Staatspräsidentin. Zuerst in: Die Tagespost, 28. Februar
2022: *Katalin Novák: Frischer Wind in Budapest.*

Das ungarische Wahlsystem in Theorie und Praxis.
Bisher unveröffentlicht.

Ungarns Position im Ukrainekrieg. Zuerst in: Budapester
Zeitung, 25. Juni 2023: *Höhere Friedensaffinität durch
stärkere Betroffenheit. Ungarns Position im Ukraine-Krieg.*

III. Ungarn und seine Nachbarn

Polen und Ungarn – ein gespaltenes Verhältnis? Zuerst in:
Budapester Zeitung, 10. Juni 2022: *Die Gretchenfrage der V4.
Polen, Ungarn und ihr gespaltenes Verhältnis zu Russland.*

Ein Fall für zwei. Zuerst in: Tichys Einblick, 1. April
2022: *Warum der polnische EVP-Chef Tusk im
ungarischen Wahlkampf gegen Orbán auftritt.*

Mehr Mitteleuropa wagen. Zuerst in: Budapester Zeitung,
11. April 2021: *Mut zu mehr Mitteleuropa.*

Paneuropäisches Picknick. Zuerst in: Webseite der Konrad-
Adenauer-Stiftung. Rubrik „Geschichte der CDU",
19. August 2019: *Paneuropäisches Picknick bei Sopron.*

IV. Ungarische Blicke auf Deutschland

Debatten um Ungarn – Debatten um Deutschland?
Zuerst in: Tichys Einblick, 21. Mai 2023: *Debatten
um Ungarn – Debatten um Deutschland?*

Bürgerliche Politikgestaltung. Zuerst in: Budapester
Zeitung, 3. August 2023: *Politikangebot aus Ungarn.
Bürgerliche Politikgestaltung in Deutschland und Ungarn.*

Ein deutsches Dilemma. Zuerst in: Budapester Zeitung,
10. Februar 2023: *Utopie Friedensverhandlungen.
Deutschland im Ukraine-Krieg.*

Deutschland und Frankreich – ein Blick aus Mittelosteuropa.
Zuerst in: Cicero, 6. Dezember 2022: *Blick aus
Mittelosteuropa. Der deutsch-französische Motor stockt.*

V. Deutsche Blicke auf Ungarn

Ungarische Wegmarken. Zuerst in: Budapester Zeitung,
7. September 2022: *Seien Sie mutig und neugierig!
Ungarische Wegmarken – Schein und Wirklichkeit.*

Konservative Pfeiler in Gesellschaft und Politik.
Zuerst in: Weltwoche 07/2023, 16. Februar 2023:
Erfolgsmodell Ungarn, mit Zoltán Szalai.

Ende eines Mythos. Zuerst in: Budapester Zeitung,
24. September 2022: *Missverständnisse und Trugschlüsse.
Schiefe Ungarnbilder in der deutschen öffentlichen Wahrnehmung.*

Deutsche ziehen nach Ungarn. Zuerst in: Corvinák,
18. August 2023: *Attraktive Aspekte – Immer mehr
Deutsche ziehen nach Ungarn. Was ist der Grund dafür?*

VI. Ungarn in Europa

Drei Herausforderungen für die Europäische Union. Zuerst
in: Tichys Einblick, 23. März 2022: *Herausforderungen
der Europäischen Union – Perspektiven aus Ungarn.*

Ungarn in Europa. Zuerst in: Hamilton, Daniel S. /
Kirchhof, Gregor / Rödder, Andreas: Zeitenwende?
Zur Selbstbehauptung der Europäischen Union
in einer neuen Welt, Tübingen 2022: *Ungarn
verstehen. Perspektiven aus Mitteleuropa*, S. 47-54.

Sachliche Kritik oder reine Parteipolitik? Zuerst in:
Preußische Allgemeine Zeitung 39/2022,
30. September 2022: *Ungarn am europäischen Pranger.*

Europa ohne Grenzen. Zuerst in: Webseite der Konrad-
Adenauer-Stiftung. Rubrik „Geschichte der CDU",
2. Mai 2019: *2. Mai 1989: Beginn des Abbaus der
Grenzanlagen zwischen Ungarn und Österreich.*